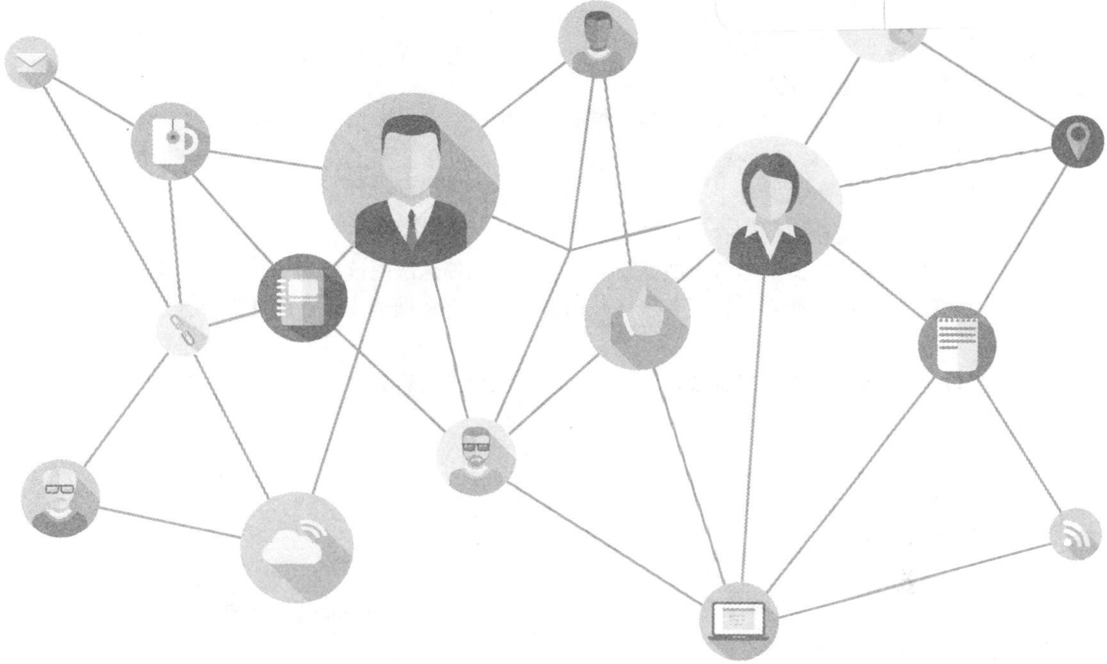

从微商小白到赚钱达人

品牌运营团队管理全攻略

宋为◎著

電子工業出版社
Publishing House of Electronics Industry
北京•BEIJING

内 容 简 介

选择做微商就意味着选择了创业，可传统的微商模式已经适应不了新媒体时代。要想继续获得月收入十万元、百万元的微商运营收益只能进行自我革命，弱化原有的运营策略与方法，选择更具竞争力的运营模式。

本书从对自己心理优化着手，由浅入深地讲述了在运营新微商过程中必须掌握的策略、方法、技巧。读完这本书，你能轻松地掌握选产品的诀窍、引流量的秘诀以及各个环节的运营规律。值得一提的是，本书对数十个新微商运营方面的观点误区进行了分析讲解，因为一个正确的观点认知，有时能让我们的收益直接增长十倍。

本书穿插了大量的微商运营实战故事、图表，意图使这次阅读成为一趟有趣、有料的知识旅行。本书适合微商从业者、管理者、产品运营人员、有意低成本创业的达人等人群阅读。

图书在版编目（CIP）数据

从微商小白到赚钱达人：品牌运营团队管理全攻略 / 宋为著. —北京：电子工业出版社，2017.11
ISBN 978-7-121-32690-5

Ⅰ. ①从… Ⅱ. ①宋… Ⅲ. ①网络营销－品牌营销 Ⅳ. ①F713.365.2

中国版本图书馆 CIP 数据核字(2017)第 223261 号

策划编辑：董 雪
责任编辑：牛 勇
印 刷：三河市双峰印刷装订有限公司
装 订：三河市双峰印刷装订有限公司
出版发行：电子工业出版社
北京市海淀区万寿路 173 信箱 邮编：100036
开 本：720×1000 1/16 印张：19.75 字数：256 千字
版 次：2017 年 11 月第 1 版
印 次：2017 年 11 月第 1 次印刷
印 数：3000 册 定价：59.00 元

凡所购买电子工业出版社图书有缺损问题，请向购买书店调换。若书店售缺，请与本社发行部联系，联系及邮购电话：（010）88254888，88258888。

质量投诉请发邮件至 zlts@phei.com.cn，盗版侵权举报请发邮件至 dbqq@phei.com.cn。

本书咨询联系方式：010-51260888-819，faq@phei.com.cn。

前言

每一次商业变革都会淘汰一批人，留下一批人。改革开放造就了温州神话，互联网成就了马云、马化腾。新微商时代改变了很多人的命运，皆因他们跟上了这个时代，掌握了改变自己命运的机会。

微商成为了当今时代的一大主题，改变了很多草根创业者的命运。不过，在微商发展得如火如荼之际，很多人做微商时仍会遇到以下这几个问题。

第一，产品质量问题。

许多人因为朋友介绍选择了微商，但并不清楚产品的品牌美誉度、质量好不好。这就导致大量的微商在加盟一个品牌后，因产品质量不过关引起大量的退货、投诉。微商初期做的是熟人生意，结果因为产品质量问题，连朋友都没得做。

第二，品牌支持。

加盟有实力的品牌会获得更多的推广，还有售后资源的支持。一款产品的运营归根结底是一个团队的运营，如果被加盟的品牌有很强的技术、推广实力，微商的收益会很可观。

第三，价格问题。

加盟一个品牌后，我们发现代理也是有层级的。如果做微商不能赚取充足的利润，自己该如何生存？情怀无价，但衣食住行是有价的，我们需要足够的物质条件来支撑情怀。所以进货价要有一定的优势，否则要么因为价格太高卖不出去，要么因为利润太少挣不到钱。

第四，营销推广问题。

很多代理商拿到货后发现它们没有想象中那么好卖，拼命地在朋友圈刷屏也没卖出多少。这种情况也会出现在淘宝卖家身上，就是流量问题——加粉难，成交更难。和大家说一个很现实的情况，可能很多微商没有意识到，目前微商大多数还是采取金字塔式的代理模式，它成就的往往都是顶层的人，其余的人虽然每天起得比鸡早、睡得比狗晚，但真正进自己口袋的钱却少得可怜。

那么在这种现状下，微商真正的出路在哪里呢？笔者认为，未来绝对是抱团打天下的时代，一个人苦苦摸索 100 年不如 100 个人好好摸索 1 年来得效果好。微商未来最核心的 3 个要素将是产品、团队营销、商业模式。

有 99%以上的微商小白只能想到利用囤货、朋友圈刷屏等别人早已用过的营销手段做微商，他们看不到微商赚钱的商机和它低成本的盈利模式，也不知道如何利用微商营销去吸粉、快速获取客户，更不知道在不久的将来，这些早期的金字塔代理模式的传统微商会成为时代的牺牲品，而最好的证明就是早期利用这种粗放式微商模式做得风生水起的品牌，已经开始慢慢“退场”。如果微商小白还按照自己的想法做微商，结果只有一个：失败！

其实不用说太多，问题已经摆在面前，微商小白要利用新方法、新模式做微商才会有一条出路。相信此刻，微商小白已经迫不及待地想知道自己的出路在何方？别急，本书将全面剖析微商未来的商业机会，教你从微商小白快速成长为微商大咖，同时它还是一本帮助传统微商迅速转型的创业宝典，能帮大家解决在转型时遇到的难题。

本书根据笔者多年从事微商以及微信营销的经验，历经一年零七个月创作而成。书中的案例均来自笔者自己或身边很多从事微商小伙伴们的亲身经历，而且他们中的很多人都是从一名微商小白开始做起的，如今他们中的很多人都成为了年薪百万元的业内翘楚。通过学习本书，相信很多微商小白都能够找出做微商的正确方法和技巧，快速从一名微商小白成长为微商界的大咖。

轻松注册成为博文视点社区用户（www.broadview.com.cn），扫码直达本书页面。

- **提交勘误**：您对书中内容的修改意见可在 提交勘误 处提交，若被采纳，将获赠博文视点社区积分（在您购买电子书时，积分可用来抵扣相应金额）。
- **交流互动**：在页面下方 读者评论 处留下您的疑问或观点，与我们和其他读者一同学习交流。

页面入口：http://www.broadview.com.cn/32690

目录

1

新微商时代到来，微商小白入门课

新微商时代已经来临，专业化、职业化才是微商的未来走向。对微商小白创业者来说，应先全面认识微商，为自己建立一个专业化的微商销售体系做准备。本章的内容是专门为微商小白创业者打造的，方便大家从零开始学习如何做一名能赚钱的微商。

1.1 做微商，从认识自己开始

对于什么是微商，很多人可能会单纯地认为微商就是在微信上卖东西，其实在微信上卖东西只是微商运营的一方面，真正意义上的微商会利用移动互联网思维和手段进行商业活动。例如微信、微博、陌陌、易信、手机淘宝等，在这些平台上都可以进行微商活动。可见，微商的推广范围是很广的。

不过，对微商小白来说，做微商要从认识自己开始。你要先问问自己适不适合做微商？再看看自己的腰包有没有闲钱做微商？还要看看自己是否有足够的时间做微商？

如果以上这些你都没问题，最后还要问问自己，是否只想靠微商赚一些小钱，不想多折腾？如果你有这样的想法，我劝你最好趁早放弃。因为小打小闹的微商时代已经过去了，在现在这个新微商时代，做微商就是为了赚大钱。当然，前提是你要能折腾、会折腾。

1.1.1 你适合做微商吗

自微信火了后，随之而来的微商也火了。在微商刚兴起的时候，几乎全民都在做微商，有些人是真赚钱了，而有些人却亏本了。那么，到底什么样的人才适合做微商呢？

有些人说我学历不高，适合做微商吗？有些人说我工作经验不足，适合做微商吗？有人说自己在年龄上没有优势，还适合做微商吗？可能很多人在做微商前都有这样或那样的顾虑，其实，做微商不看学历、不看工作经验、不看年龄大小，基本上没有什么限制性的外在条件。下面以我之前接触到的几个微商为例，说明一下什么样的人适合做微商。

一次偶然的机会让我认识了张美瑶，她之前是一位公司白领，每月工资 3000 元，虽然每天朝九晚五，工作也没有压力，但这让她感觉自己的前途堪忧。有一次，她在网上买了一款面膜，用过之后感觉其补水护肤效果很好。而且她还了解到，这款面膜的厂商在招代理，后来，她从天使代理一路走到核心总代，在短短 7 个月的时间里，张美瑶从消费者的身份转型为受益者，月收入过 10 万元，而且还收获了自己的爱情。

刘潇是我一位朋友的孩子，他的家境条件还算富裕，但高中辍学后就天天泡酒吧、打篮球，这让朋友操碎了心。刘潇也说，当时他根本不知道自己的未来在哪里，只能混日子。不过，他对运动类的产品很感兴趣。在一位朋友的推荐下，他成为了运动类微商，在他人的帮助和指导下，逐渐成长为长沙地区的总代，现在他也有了自己的小团队，每天都在出货！收钱！交朋友！现在平均月收入 10 万~15 万元，还给自己买了一辆价值 100 多万元的车。如今，“混混”两个字已经从他的字典里面消失了，他未来的目标是组建一个几千人的大团队，并让他的团队遍布全国。朋友欣慰地说：“儿子终于上道了。”

我是在一个酒会上认识李小萌的，她之前在一家美容院上班，对各种护肤产品都有研究，这就为她以后做护肤品的微商打下了坚实的基础。她做微商上手很快，2 个月的时间就组建起了自己的一支小团队，6 个月时，团队人数就发展到 700 多人，她自己的平均月收入已超过 20 万元。而且她还带出很多月收入过万元甚至接近十万元的代理。现在她不仅在当地给父母买了房子，还在北京给自己买了一套房子。

成功的微商案例有很多，当然倒下去的也不少。在微商创业前千万不要再相信“只要有手机，是个人都能做微商”、“简单操作就能月收入过万元”的大话了，那都是骗人的。做微商虽然门槛低，但要想做能赚钱的微商，还是需要一定的能力和技巧的，并不是像有些人说的那样“人人都可以靠微商赚钱”。如果你现在还想着发个朋友圈、弄个微信群等就能轻轻松松赚钱，那你就大错特错了。

做微商需要一定的技巧，但技巧性的东西完全可以在以后做微商的过程中学习，而一个人的品质、性格、脾气以及处事能力等，并不是一朝一夕就能发生翻天覆地的变化的。因此，判断一个人是否适合做微商，还要从个人的内在出发，具体表现在以下（图 1-1）几个方面。

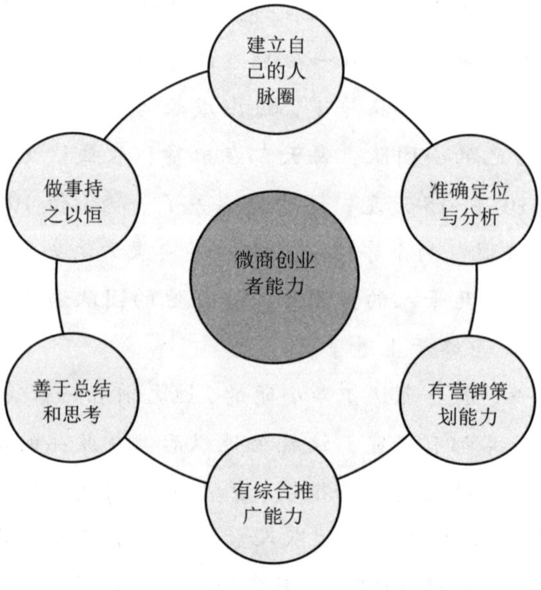

图 1-1　微商创业者应具备的能力

1. 建立自己的人脉圈

选择了微商就意味着选择了创业，创业者需要建立一个属于自己的人脉圈。人脉圈也是分等级的，可能有些人的人脉圈都是一群底层上班族，也有些人的人脉圈是一群公司高管人员，还有一些人的人脉圈是一群资产上千万元的老总。圈子不同，你接触的资源自然也不一样。举个简单的例子，有个朋友是做干果类的微商，他平常喜欢参加一些线下活动，即使有些活动需要付费也会积极参加，在活动中他结交了很多高管或者老总级别的人。每当逢年过节的时候，这些人脉资源给他带来最重要的客户，干果是非常适合送礼或给员工发福利的，公司要给员工发什么福利，不就是高管或者老总一句话的事。

新微商时代是资源共享的时代，微商创业者要学会建立人脉圈，不仅仅要与粉丝建立关系，也要与同行或者其他微商创业者建立关系，还要与一些网络平台的运营者、管理者等建立关系。假如你与百度推广的一名员工关系比较好，这时你可以借用他们的资源帮助你推广；或者你与某平台的管理员交换资源，进行互推，流量自然而然也就有了。因此，微商小白创业者如果想单枪匹马地做微商，而不是建立属于自己的人脉圈去做，那这样的人是不适合微商创业的。

2. 准确定位与分析

定位对微商小白创业者来说是非常重要的，它关系到微商创业能否成功。如果创业者没有提前做好定位，而是盲目去做，不仅不能创造出更大的价值，而且运作起来还很麻烦。因此，微信小白创业者要有在面对整个局面时，对微商本身进行定位分析的能力。

要做好定位，微商小白创业者应先从企业本身、行业特点、当下市场、受众用户等各方面进行全方位的分析。一般来说，一个成功的微商创业者要做好以下（图 1-2）十大定位。只有定位好，微商创业的运作才能变得更加顺畅。

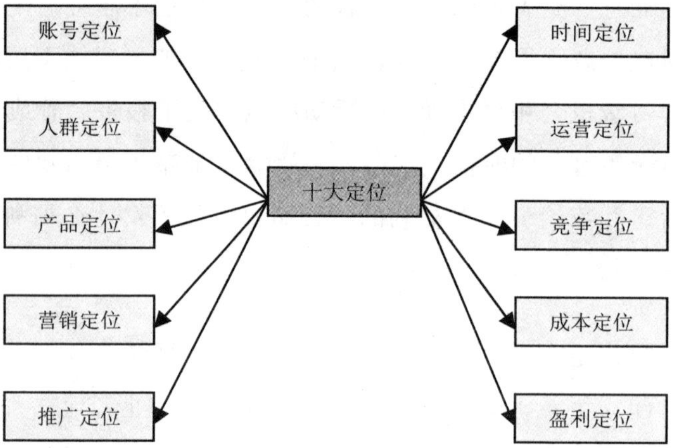

图 1-2　十大定位类型

3. 有营销策划能力

做微商不是你的努力有多少，回报就有多少的。有些人整天辛辛苦苦地刷着朋友圈，但却没有什么效果，这让他们很苦恼。其实，要想做好微商，光努力是不够的，还要有一定的营销策划能力。如果你的思维现在还停留在发广告这一层面，认为发一条广告出去，就会有人来买单，那你对微商的了解也太表面化了。

微商要通过发广告来推销产品，但它最忌讳的就是发“纯广告”。所谓纯广告就是广告的内容只介绍产品名称、价格、功能等，这会让粉丝感觉被骚扰了。因此，你的广告要让人看着舒心，能产生购买欲，这样才是一次成功的微营销。为了让广告看起来不像广告，微商创业者在对产品进行营销策划时，要以满足粉丝的需求和欲望为核心，设计和规划有创意的内容，从而让平台上的粉丝主动购买产品。以上这些内容会在第2章中详细介绍。

4. 有综合推广能力

让客户主动找到你并成为你的粉丝，这应该只有极少数平台能做到，而且还有一个前提是这些平台前期做足了推广，已经有了一定的名声。对微商小白创业者来说，让客户主动加你几乎是不可能的，前期只有靠自己主动去加粉丝，但这不是长久之计，因此，微商小白创业者要想方设法地推广自己，比如通过百度贴吧、论坛、微博、微信公众号等平台去做推广，这样粉丝才能自然增加，而且基本都是精准客户。这些具体的引流推广技巧，也将在第2章做详细的介绍。

5. 善于总结和思考

如果只顾着埋头苦干，而不去学习成功的微商创业者是怎么做的，这绝对不行。微商小白创业者要在向别人学习的过程中总结和归纳出对自己有价值的东西，并且能够很好地用语言组织到位，同时融入自己的思想。你要为微信公众号引入流量，每天都要观察后台数据、粉丝情况、文章传播情况，然后总结出哪些地方做得好，哪些地方需要改善。

一名合格、出色的微商创业者一定要具备敏捷的思维，看到一些有价值的内容，就要思考如何让自己的内容更有价值，如何提高图文转化率，如何让更多人分享转发自己的内容，如何吸引更多的受众用户关注等。总之，一个不善于总结和思考的人，是不适合做微商的，特别是在新微商时代，这样的人更不适合微商创业。

6. 做事持之以恒

做微商是一个需要长期经营的事，如果你抱着“三天打鱼，两天晒网”或者“一夜暴富”的想法来做微商，我劝你还是好好上班，微商不适合你，即使你踏入了，也赚不了钱，还会浪费一笔资金。

“持之以恒”这四个字打败了绝大多数的微商创业者，初期大家都兴致勃勃地代理产品、做内容，等热度散去之后，又开始犯懒了，这样的人是不可能在新微商时代中存活下来的。网红卢松松就是做自媒体的，他坚持了几年才有今天的成就，你敢说你能付出和他同等的努力吗？如果你敢，那你就适合做微商。纵观那些草根成功进行微商创业的案例，没有哪一个不是长期经营的。

做微商没有你想的那么容易，但也没那么难。如果你具备以上几条特点，或者在自己的学习和努力下也能形成这种能力，那么，你就适合微商创业。其实，做微商最重要的还是肯努力、肯付出、善于学习。我见过很多从几百元起家的微商小白：有的是普通的石油工人；有的是全职带娃的宝妈；有的是平凡的教师；有的是经济不独立的主妇；还有五十多岁的中年大姐。他们都是经过几个月甚至几年的时间，从一名连微信都不会玩的小白，逐渐成长为管理上千人团队的“大咖”。

如果你打算做微商，即使现在是一个“小白”，觉得自己很迷茫、渺小，甚至没有存在感，也不知道自己的价值何在，只要你认为自己能耐得住寂寞，肯坚持不懈地努力做下去，你就是最适合的那个人。而且微商还很有可能帮你冲破这些弱小标签，带你发现一个全新的世界，获得全新的生命。

1.1.2 你手里的资金适合做微商吗

对个人微商创业看来说，虽然对资金的门槛要求不高，但“零投入就能赚大钱”这种说法也是不科学的。微商的前期投入没有确定的界限，可能你投入 100 元可以做微商，也可能你需要投入 100 万元才能做微商。总之，做微商就看你的资金实力有多强，能玩的盘子有多大。

有这样一位“微商女神，她是一名从名牌大学毕业的法律硕士，有十年传统企业销售高管的工作经验，多次带领团队获得销售冠军；2014 年，她毅然转型做微商。如今，她一手打造的微商企业员工从最初的 40 多人发展到 580 多人，代理人数高达 30 万，堪称国内人数最多、规模最大的微商团队。

在代理团队中，员工们大多数都是“80 后”、“90 后”，有家庭宝妈、美容师、公司职员、大学生……这些人都有一些共同的特点，其内容如图 1-3 所示。

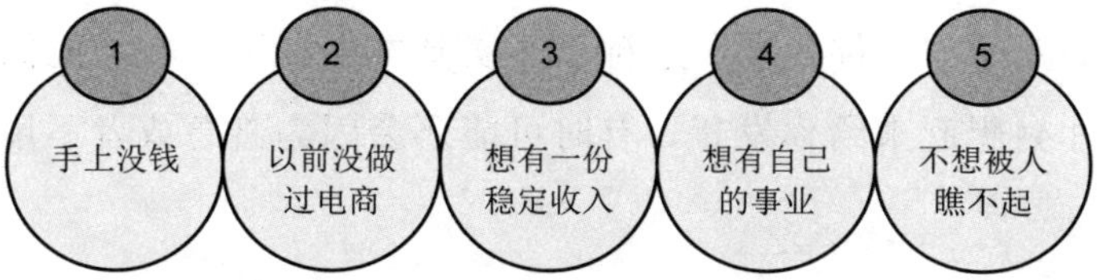

图 1-3 “微商女神”代理团队成员的共同特点

“微商女神”每月投入 30 万元的费用用于产品推广和引流。从 2014 年开始做微商起，由她操盘的商品，多款都成为微商爆品，每个月的流水轻轻松松就能过千万元，而跟随她的代理，月收入几万元、十几万元的微商不计其数。

在微商界中，“微商女神”是玩得比较大的，她能每月花费30万元做推广，肯办一场耗资200万元的活动，这种花费不是一般人能做到的。但是，在她团队下面的大部分人刚开始仅投入几百元，也做起了微商创业。可见，做微商创业，资金多少不重要，重要的是你有多大的能力。

有些想做微商的小伙伴手上有资金，怕就是怕囤货。囤货是不可避免的，要想做大，囤的货只会更多，而那些遇到困难就退缩的微商创业者却时常抱怨，自己囤了货卖不出去。现在有些厂家为了解决一些微商创业者的后顾之忧，提供“一件代发”服务，这样就能实现“零投入，不用拿货，无风险”。因此，这种做微商的方式又吸引了一批人加入。但如果选择以这种方式做微商，你是很难做大的。毕竟天上不会掉馅饼，别人替你担风险，还代发商品，那你拿的价格肯定比不需要代发的人拿得高，这样你的利润就会少很多。

此外，“一件代发”这种方式除了单品价格高、利润少以外，还容易伤害客户的利益。因为厂家不可能及时发货，他们只给那些批量购货的人及时发货，对于“一件代发”这种小买卖基本上都不上心。他们只有在闲的时候，才会想起来给你发货，有时可能还会因为着急或者不用心，把货发错了。

前段时间我有个朋友抱怨说，自己在做微商的同学那里买了一件某品牌的内衣，谁料到，她的同学是“一件代发”的那种微商，手上没有货。朋友之所以抱怨，是因为她前前后后折腾了一个多月，才拿到自己满意的内衣。

当时朋友下单后，等了十多天才收到快递，原来厂家的订单比较多，根本没有时间给她发货。终于等到了快递，在满心欢喜之时，却发现穿不了，原来是厂家发错了尺码。她的同学查看了自己下的订单，没有错，问题还是出在厂家发货环节。于是不得不退货，这样一来一回至少一个月。毕竟，几乎没有客户愿意接受买一件现货商品却一个月都拿不到。

客户辛辛苦苦等了十几天，结果却发错了货，这让客户怎么想，肯定是对你的信任度大减。而且有时“一件代发”只提供随机发送，不能让客户随便挑选。还有一种矛盾，由于微商创业者手上没有货源，因此就不知道厂家有哪些货源、没有哪些货源，在发布产品信息时只能都发出去。有时候客户看上了一件，由于厂家更新信息不及时，让厂家发货时，厂家却说缺货，客户又看上一件，再次询问又说缺货，这不是明摆着自己砸自己的饭碗吗？

对于“一件代发”这种方式，一是厂家发货慢，二是产品容易弄错。这样做微商不伤客户的心才怪。再者说，如果因发错货而产生的物流费还要微商自己掏腰包，这样一来一去，根本赚不了几个钱，甚至还有可能亏本，这才真的是出力不讨好，帮自己的上家数钱（图 1-4）。因此，要做微商，虽然“一件代发”这种方式基本不用投入资金，但我却不建议大家采取这种方式。

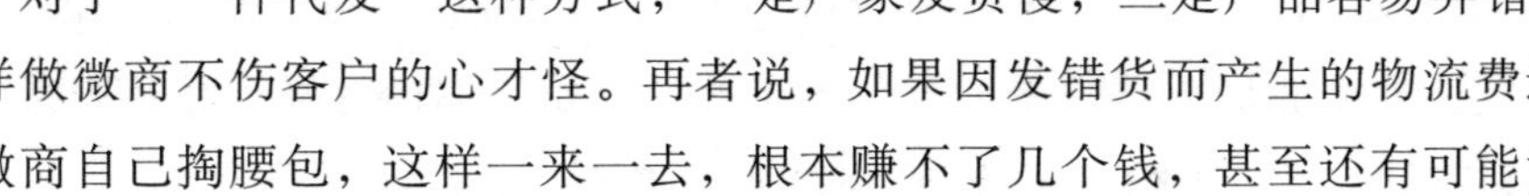

图 1-4　一件代发不靠谱

在商业社会，风险大，利润才大，空手是套不到白狼的。假如做“一件代发”，你的上家基本不会教你做微商的技巧，比如如何扩大朋友圈、如何准确引流。对微商来说，朋友圈做大了，才有足够多的好友买你的东西；学会引流技巧，才能让那些不认识你的陌生人加你微信，买你的货，或者做你的代理。尤其是微商小白创业者，更需要一个专业的上家悉心教导你、培训你如何做微商。而选择“一件代发”后，根本没有上家一对一的专业培训，因此，很多以前做过“一件代发”微商的，后来都没做成功。

而且如果你手里没有货，就很难有卖出去的动力，也不可能有信心保证你的产品质量非常好。对于一款自己都不知道好坏的商品，你怎么会卖得好呢？所以，我不支持一件代发。而且空手休想套白狼，天上不会掉馅饼。若想赚钱，你就安安心心地进点货卖，有了货，你才会有做推广的动力，你的货才能更快地被卖出去。

做微商创业，投入的资金相比其他创业要少很多，况且做微商重要的不是资金投入多少，而是“分享经济”和“共享经济”，它只是在一定程度上释放了社会上的一些闲置资源。另外，微商具有的这种低门槛属性，也能让社会底层人群享受时代红利的优势。如果你拥有好产品及完善的微商模式，必将从传统电商的手中分得一杯羹。

1.1.3 你有足够的时间做微商吗

待业在家的人可以做微商，大学生可以做微商，宝妈可以做微商，上班族也可以做微商。总之，做微商，不看你有没有时间，而是你会不会利用时间。一个优秀出色的微商，一定是一个会管理自己时间的人。那些说自己没有时间做微商的人，大多数都不懂得管理自己的时间，导致很多时间被浪费掉了。

王美玲是我认识的宝妈中最让人佩服的，她有两个孩子，自从结婚之后，就一直做全职家庭主妇，全家的开销都靠丈夫一个人的工资。俗话说：“经济基础决定家庭地位”，这一点不假，丈夫的脾气变得比结婚前大很多。可是，年龄大的孩子上幼儿园每天需要接送，年龄小的孩子才一岁多，全职工作对她来说，时间太紧张了。

微商让她找到了赚钱的出路，在开始做微商卖母婴产品之前，她已经有 5 年没就业了。虽然前期做的时候，她感觉很吃力，不过，经过 6 个月的不懈努力，她从小代理变成大代理，月收入从几千元到几万元。如今，她已经变成大区代理，团队人数超过 500 人，现在的月收入已经超过了 15 万元，直接秒杀丈夫的月工资。

王美玲既要做家务，又要照看两个孩子，你说她忙不忙，但是她却能把自己的微商事业做得红红火火的。如果你要说你没有时间做微商，难道你比王美玲还忙吗？

另外，很多人也总是感叹自从做了微商之后，时间总不够用。有空的时候看看微信群，回复一下私信，这些看起来工作量不大，可是很费时，时间一下子就过了。再加上每天还要做一些推广，发出一条推广信息前可能要研究半小时，别说还要做图呢？假如一天发布五条推广信息，至少也要用一个小时。但是到最后，感觉真正想做的事情并没有做，或者没有做好，被很多乱七八糟的事干扰。

虽然有些做微商的人从早上睁开眼睛的那一刻就开始忙碌起来。可是这样一天天忙下来，却发现自己并没有什么收获。有这种感触的人，说明他们不会管理自己的时间。做微商毕竟不是每天更新朋友圈、回复私信就可以的，还要不停地学习新的知识、不停地关注微商动向提高自己敏锐度，还要整理账目等，琐碎的事情特别多，如果你没有时间管理意识，很容易就会把自己的生活过得一团糟。

有些做得好的微商，除了基础好、资源好外，还有一个关键因素就是他们都能管理好时间。凡是做得好的微商，你会看到他的朋友圈很热闹，互动也不少，群里也经常有他的影子，会出席各种活动，还写很多文章。

这些人似乎总能比其他人拥有多一倍的时间，能在短时间内做出好的业绩，即便同时要处理多个活动，也能顺利完成目标。为什么大家每天的时间都是 24 个小时，他们能事事处理妥帖，而有些人却总感觉时间不够呢？原因就在于，前者在工作时具有超高的效率，做事井井有条，不拖泥带水。可能你会觉得不可思议，其实只要方法正确，每个人都能训练出这种能力。所以说，要想做好微商，你没必要每天都加班加点地干，只需做好时间管理、更加巧妙地高效工作即可。

所谓时间管理，就是每天要做好计划，并充分利用好时间。对每天做推广、与粉丝互动、发货、混群、发朋友圈、参加上家培训和与代理沟通等这些工作做好规划，在不同的时间段开展不同的工作，而不是每天盲目地一会儿做这个，一会儿又做那个，整天弄得自己手忙脚乱的。图 1-5 展示了时间管理规划的内容，大家可以借鉴一下。

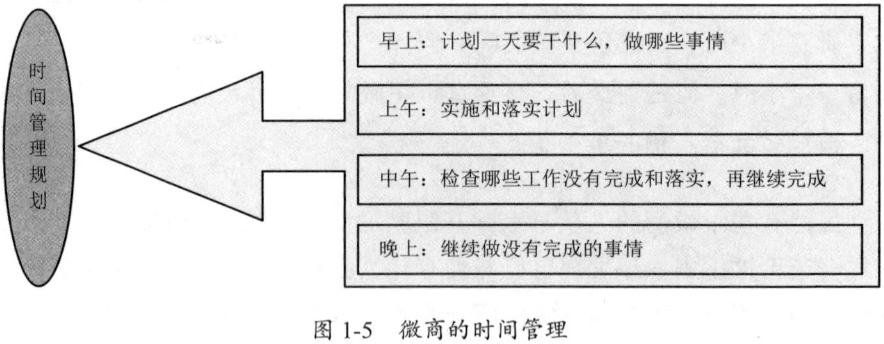

图 1-5　微商的时间管理

到底应该如何利用，才能把时间的价值发挥到最大呢？首先应学会分割自己的时间，比如早上起床，你可以坐在马桶上刷朋友圈，逛一些重要的微信群；在乘车上班或下班期间回复微信；抽出安静且不被打扰的一小时写一篇软文……利用这些碎片化的时间看微信，不仅能很好地利用起来，也能打发时间，让每分钟都得到充分的利用。

著名管理学家科维提出一个“象限”时间管理理论，他把工作按照重要和紧急两个维度，划分成四个“象限”，其内容如图 1-6 所示。

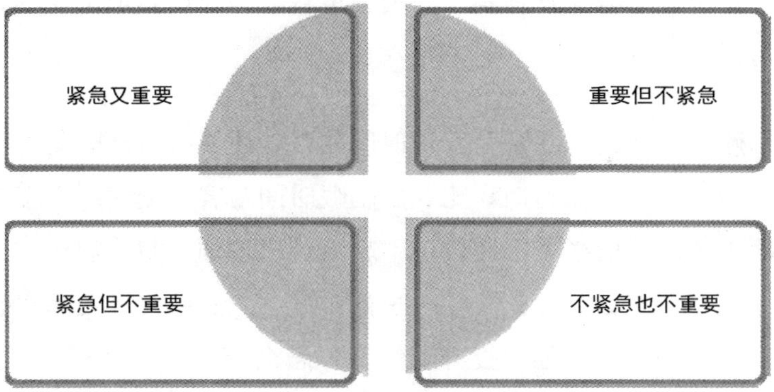

图 1-6　时间划分四“象限”

- 紧急又重要，比如人事危机、客户投诉、即将到期的任务、财务危机等。
- 重要但不紧急，比如建立人际关系、新的机会、人员培训、制订防范措施等。
- 紧急但不重要，比如电话铃声、不速之客、行政检查、主管部门会议等。
- 不紧急也不重要，比如客套闲谈、无聊信件、个人爱好等。

科维这个时间管理理论的核心是人要把主要的精力和时间集中在那

些重要但不紧急的工作上，这样可以做到未雨绸缪，防患于未然。成功者往往在最重要但不是最紧急的事情上花费最多的时间，而低效率人士的一个显著特点则是优先完成一些紧急但并不重要的事。因此，大家要学会如何把重要的事情变得紧急。

在时间管理上也有一个“二八定律”，即用80%的时间来做那些只占20%却最重要的事。在生活中肯定会有一些突发困扰和迫不及待要你解决的问题，如果你发现自己天天都在处理这些事情，那表示你的时间管理并不理想。一个好的时间管理者，一定会了解哪些事情是最重要的，哪些事情是最有生产力的。

微商小白创业者，除了会管理时间之外，还要会挤出时间。比如你在和朋友吃饭或者出去旅游时，能利用闲暇时间与客户交流，不忘与他们互动；在晚上休息前的半个小时中，不忘给代理培训，与他们沟通；在周末闲暇的午后写些东西，或者学习一些新知识……如果你每天都在想方设法挤出时间做微商，思考如何提升业绩，你怎么会做不好呢？

微商创业也是创业，踏上微商这条路之后，你的身份就是一名创业者、管理者了，你的工作应该是高效、有节奏、有目的、有计划的。比如从早上八点到晚上睡觉之前，你已经计划好在不同的时间段做些什么，让自己有规律地做事，然后再养成这个习惯，这样你就是一个好的时间管理者，也就不用担心自己没有时间做微商了。

1.1.4 做微商不易，你准备好了吗

微商自兴起之后，便一直保持着高速发展的状态，同时也缔造出一大批草根人群成功创富的经典案例，各种底层人员通过微商逆袭，草根成了

高富帅，宝妈变成白富美。不过，微商作为一种新生事物，多多少少会存在一些问题。因此，现在的微商小白创业者必须要面对一些现实，其内容如图 1-7 所示。

图 1-7 微商要面对的现实

1. 竞争激烈

2016 年上半年，《中国微商行业发展研究报告》公布微商从业规模已经达 1257 万人，而且还一直保持着增长的态势。而且现在除了很多因个人愿意进入微商创业的人外，一些年轻态的中小型企业也开始转型做微商。

在如此激烈的微商竞争中，微商小白创业者要想有所作为，已经不能像微商刚兴起的那段时间，刷刷朋友圈就能轻轻松松赚钱。如今，你需要付出更多的努力才能把微商做得又大又好。

2. 产品饱和

微商在刚兴起的时候，发展模式堪称“简单粗暴”，不过，在经历几年的打磨之后，现已逐渐褪去各种杂乱不齐的棱角。如今，只在朋友圈发发广告就能卖出产品的微商时代已经一去不返，化妆品的微商市场也已经达到饱和状态，目前正趋于稳定。因此，如果微商小白创业者选择面膜、护肤品等已经饱和的产品做微商，是很难做出好成绩的。

贾芸是一名大三的学生，她在2017年暑假被某面膜厂商的销售代理拉进一个群，结果没经得住“忽悠”，盲目相信了“微商很容易赚钱“面膜销路很好，利润空间很大”的说辞，成了某品牌的面膜代理商。

贾芸是一个性格比较活泼的女孩，她经常与朋友圈的好友互动，这对她做微商还是有一定的好处的。介入面膜代理之后，她先是自己囤了一部分货，将面膜销售对象锁定为自己的朋友圈好友和亲戚。不过，做面膜微商并不像她想的那么容易，她发现好多人都在做面膜电商，费了好大劲之后，最好的月利润也在2000元左右。后来，在她这里买面膜的人越来越少，她也就懒得再弄了，5个月后，她就彻底放弃不做微商了，踏踏实实地准备论文，等着毕业找工作。

贾芸此次做微商失败，最大的原因还是在产品选择上出了问题。国内面膜产业自微商兴起后，也进入了“野蛮”生长期。据奥美集团数据显示，国内大大小小的面膜品牌在两年间增长了4倍。目前，市场上的知名面膜品牌至少有500多种，并以每年约30%的速度持续增长。当然，面膜行业高歌猛进的背后，是面膜销售大军在微信朋友圈里的急剧膨胀，在微信上卖面膜的卖家估计已达800万人。

在微商刚兴起的那段时间里，卖面膜日进斗金还算不上暴富神话。但现在却迥然不同了，原来卖面膜的朋友一个月流水能高达700万元，现如今她的月流水只能维持在10万元左右。在这种现状下，很多微商都开始转行卖别的产品。试想，在别人都使劲往外跑的时候，你还往里面进，那能做好吗？

虽然有些微商产品已经饱和，但这并不能说明微商已经走到了尽头。相反，经历过洗牌后的微商有着极强的爆发力。对微商产品而言，它正朝着多元化的方向发展，向更多的行业渗透，这意味着微商的机会会更多。不仅是多元化，微商还在朝着专业化、规范化的方向发展，以此形成一个拥有良性竞争环境的生态圈。

3. 信任度缺失

微商如硬币一样，也有正反两面，它经历过了数年的发展，然而在飞速增长的数据之下，也有不尽如人意的地方，因为微商缺乏相关的规范标准、监管体系和维权机制，导致产品质量参差不齐、大幅杀价、暴力刷屏等现象肆意蔓延，朋友圈变卖场，专杀熟人，甚至出现一些类似传销的手段以及一部分微商被他人并购。正是这些乱象的出现，现在有一部分人开始对微商持不认可的态度，还有些人更是反感和唾弃。微商行业要想继续走下去，还要努力解决经营、质量、维权等问题。

不过，任何一个新生的事物在发展过程中都会存在一些问题，这些问题往往被放大化，而一些好的方面往往被弱小化。但还有很多人看好微商这一行业的发展规模和发展前景。目前做微商的关键是选出质量优质的产品，做好售后服务，好好管理代理团队，只有让客户认可你，团队才能发展壮大，你的微商才能越做越大。

1.2 初识新微商，小白入门必知

在新微商时代，以前一些做微商的技巧已经过时了，如果现在你还采用之前的方法做微商，很容易就会失败。作为一个微商小白，在做微商之前，要学习一些新微商入门的基础知识，比如如何定位产品、如何选择行业、如何选择货源、如何利用交易工具、如何进行交易以及如何控制交易成本等。下文将针对以上这些内容进行详细的讲解。

1.2.1 产品定位：卖什么样的产品

开店的目的就是卖东西，这点不管开实体店还是做微商都是不会变的。所以，做微商必须要选好产品。但在具体的实施过程中，选择永远大于努力。很多人的第一步就走错了，没选对产品，耗费了大量的时间和精力不说，结果也不尽人意。这时就开始怀疑自己是否适合做微商，“深思”之后，认定自己不适合，二话不说果断放弃微商，另觅出路，这样的结果也是最可悲的，所以，在做微商之前，一定要费尽心思想好自己要卖什么产品，解决好这第一个问题，以后的问题才能迎刃而解。

当然，在选择产品前，大家还要先确定好自己的产品定位，清楚自己是专做一个产品，还是同类产品都做？是做大家都做的产品，还是少数人做的差异化产品？是做网络爆款，还是做一些大众化产品……微商小白创业者对产品定位一定要做到心中有数，具体来说，要注意以下（图 1-8）几个方面。

图 1-8　产品定位时的注意点

1．产品类型适合自己

选产品要切合实际，不能盲目跟风。首先，选产品一定要选择适合自己的类型。一般来说，大部分微商小白创业者往往缺乏微商运营技巧，而最适合他们选择产品的方法就是分析自己的朋友圈，这当然要从你的职业、兴趣、爱好等方面来分析，看看自己的朋友喜欢什么类型的产品，分析一下自己是否适合销售这样的产品。

王梓是一名游泳爱好者，他的微信、QQ、微博好友大多数也都是游泳爱好者。几个月前，他打算做微商，鉴于自己的兴趣爱好，他便以游泳衣、游泳镜、游泳圈等周边产品作为切入口。随后，他通过熟人介绍和查找网上的信息，挑选了几家货源批发厂商，从这些批发厂商的厂商口中，王梓了解到这其中的可观利润值得他为此拼一把。很快，他的“店铺”就受到了很多游泳圈内

好友的关注。由于物美价廉，慢慢地，他的产品获得了大家的好评。如今，他手下的代理就有几十个，而且自己的微商事业也越做越顺手。

王梓很清楚自己想要干什么，并良好地利用了自己的优势资源，所以，他的微商事业做起来很顺利。对微商小白创业者来说，如果你有自己固定的朋友圈，就从朋友圈好友的需求分析，选择他们需要的产品，这无疑是一个最好的切入点，但前提是必须保证你所选的产品让自己有利可赚。

2．产品是快消品

产品方向选对了，也并不意味着就搞定了一切。很多时候你明知道某个产品方向最适合你的朋友圈，但是这类产品不适合做微商，比如你喜欢健身，对健身器材很有了解，但这种产品就不适合做微商。因为微商一般以零售为主，大批量售货几乎是不可能的，因此，微商产品的复购率要高，应是快消品，即使用寿命短、消费速度较快的商品。而像健身器材这种产品，客户买一件就能使用好几年，等到客户再次购买，估计黄花菜都凉了。

虽然现在再做面膜微商已经不现实了，但我们不妨以面膜为例，说说微商产品的适合类型，毕竟微商产品最开始爆红的就是面膜。面膜是典型的快消品，一般两到三天贴一次，一盒面膜如果是五片的话，差不多能用两个星期，一个月大概需要用两盒面膜。所以，像面膜这种复购率高的快消品，很适合做微商。

3．产品品质要过硬

微商产品质量一定要过关，一旦货物质量不行，影响的不只是你个人的信誉，还会断送你的微商前途。所以，在选择销售哪种产品时，无论你想卖什么，或者你正在卖什么，一定要选择正品，千万不要选择三无产品或者是小作坊产品。而且你还要对该产品知根知底，哪怕前期辛苦点，也要多去“蹲点查访”产品质量。如果你的产品品质过硬，使客户用着放心，为其带来价值，那么客户会更加信任你，也能提高你对产品的信心，让客户为你的微商事业背书。

做微商一定要注重个人品牌营销，只有好的产品才能持续发展，这点是毋庸置疑的，因为信任一旦决堤，将永远无法挽回。所以，绝对不能把客户的信任当做儿戏。

4．竞争相对小

对微商小白来说，选择的产品竞争要相对要小一些，太激烈反而很容易坏事。事实也证明，现在很多人在微信里面卖衣服、鞋子、包包这些商品，结果往往不是很理想。现在玩手机的人几乎都有在淘宝、京东等电商平台购物的经历，其中衣服、鞋子和包包是电商平台卖得最好的类目，如果你还要卖这些东西，就等于直接和淘宝、京东等电商大佬们竞争，这样的竞争一定是非常激烈的，况且这些产品在电商平台上的价格也很有优势。

而且竞争力大的产品，很多都已经形成“大鱼吃小鱼，小鱼吃虾米”的生态圈，因此，你再做这样的商品不仅吃力，也很难做大。但是如果你选择做像洗护、农产品、干果等这种竞争小的产品，情况就会不一样了，可能在一百名微商里面，有几个做这种产品的就不错了，而且这些都是生活必需品，家里人人都要用，几乎天天都要吃，这些产品的利润也是相当可观的。

5．产品通用性强

微商要想做大，招代理是必不可少的一步，产品则是招代理的关键。你所选的产品必须要有一定的市场、购买人群，并且这个人群能不断扩大，满足业务的扩张，这样你的代理基数群才大，很多做微商的人也愿意代理这种类型的产品。对于招代理的具体方法和技巧，本书将在第 3 章做详细介绍。

现在还是说产品选择，你所选择的产品通用性一定要强，比如现在有些代理做的是一款保护手机的贴膜，这类产品的通用性就很强。因为不管是五六十岁的老人，还是只有几岁的小孩，他们都会玩手机，这类产品的市场是很大的。长时间玩手机对眼睛的伤害很大，这是很多人的痛点，而能保护眼睛的手机膜就很好地解决了用户的这一痛点，所以，“保护眼睛+保护手机屏幕”这种手机膜的市场潜力还是很大的。因此，微商小白在选择产品时，一定要注意这一点。

6．单一品牌或单一公司产品销售

做单一品牌或单一公司产品销售的这类微商，是微商行业中做得最多的。他们在朋友圈、QQ 空间等一些社交平台上发布的内容基本围绕着单一品牌的产品进行。这类微商一直专注于某个大品牌销售，他们卖来卖去，都围绕着同一个品牌。

从产品策略上分析，那些以多产品、多概念、多品牌为主的杂货铺形式的微商模式基本上是行不通的。原因是乍一看这样的经营模式好像产品足够丰富，比较好做，其实恰恰相反。因为客户一般都是很钟情的，如果觉得某一品牌下的某类商品不错，他们就会认准这个牌子的这款产品。

霸王洗发水当年选择成龙做代言，只做一款中药洗发水，业绩一年可达 20 亿元，后来商家耐不住寂寞开始做霸王凉茶、霸王护肤品，做的东西多了，消费者反而记不住了，现在“霸王”品牌的产品基本上在市面上销声匿迹了。

王老吉就很专注，坚持只做凉茶。这样大家在购买凉茶的时候除了王老吉想不起来第二家。我们做微商也是一样，选择产品一定不要太杂，越简单越好，这样才能让大家记住你。我建议只做简单的一款产品，让你的微信好友在购买这类商品的时候能第一个想到你。做简单不做太复杂反而更容易成功！

如果做多产品，除了粉丝们会对你产生不信任感外，还代表每一个产品你都没法大批量投入，货源量越少你拿货的价格就越高。像很多做“杂货铺”的微商，他们不可能对每一种产品都拿很多的货，这就使每类商品的成本价很高，要想赚钱，其零售价格就高了。客户也不傻，他们一般都会货比三家，在相同质量下，他们肯定会选择价格更低的那一家。所以说，做微商的产品多而杂，反而赚不到钱。

总之，微商小白在选择产品时应尽量遵循“薄利多销不如暴利多销”的原则，同时应注意以下（图 1-9）三点：

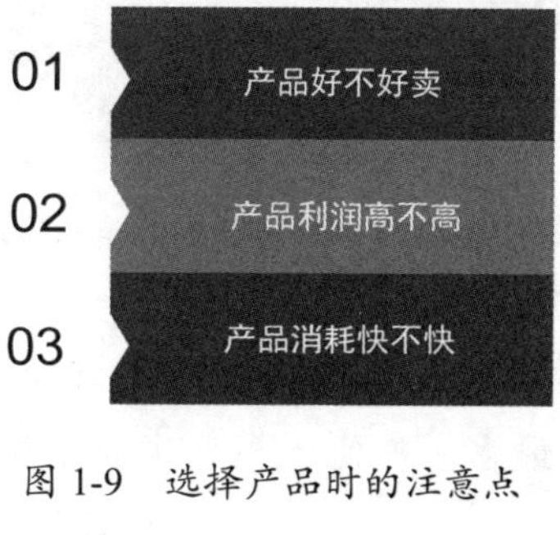

图 1-9 选择产品时的注意点

对以上（图 1-9）三点来说，产品好不好卖决定着出货速度，虽然说“没有卖不出去的货，只有卖不出去货的人”，但产品好不好卖对微商小白来说很重要，如果你对自己的销售能力有着充分的自信，可以选择性忽略这点。产品好卖能使大多数新手小伙伴们快速上手。再者，产品的利润高代表着你赚得会越多，产品消耗快，可以让你的客户快速复销。

1.2.2 行业选择：专注于做哪一领域

2017 年是微商转型的一年，相比前些年，微商培训大会多了起来，行业选择也发生了改变。下面先来分析一下微商的市场状况，复购率高的产品有美妆、生活类商品、食品，在入驻微信公众平台的中小微商销售的商品销量排行中占据市场前三，其占比情况如图 1-10 所示。从图可见，占比 61%的美妆行业销量遥遥领先于次位的生活类商品。

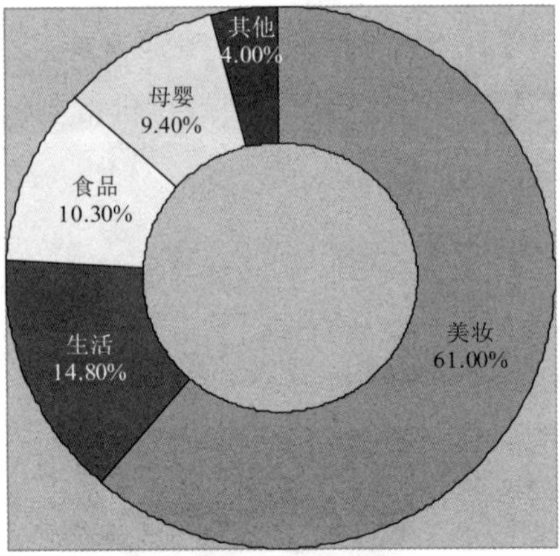

图 1-10 微信公众平台产品销量占比图

下面再从商品品类来分析，微信公众平台品类别占比情况如图 1-11 所示。其中，食品品类最多，占比 31%，生活及美妆类产品次之，分别占比 21%和 13%。

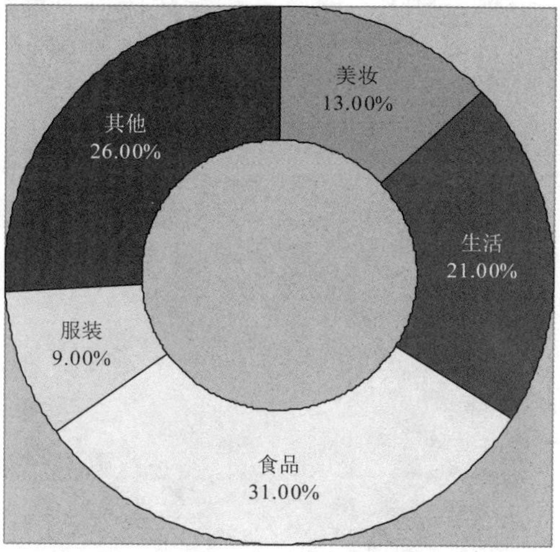

图 1-11 微信公众平台品类别占比图

从图 1-10 和图 1-11 中的数据来看，微商行业无论是从种类还是从销量，美妆、生活类商品及食品这三类消费品都占据了很大的比重，其共同点如下：

- 生活必需品。
- 需求价格弹性低。
- 品类丰富。
- 异质性大。
- 价格相对低。

正是由于这三类消费品有以上五点特征，才使得它们的购买决定时间短、复购率高，并成为微商在移动端购物的突破口。

在了解了微商三大主流行业后，下面再从微商用户的性别和年龄两方面分析行业的分布情况。目前，微商以年轻女性为消费主力，根据易观智库的数据，微商用户男女占比及微信用户年龄分布情况分别如图 1-12 和图 1-13 所示。

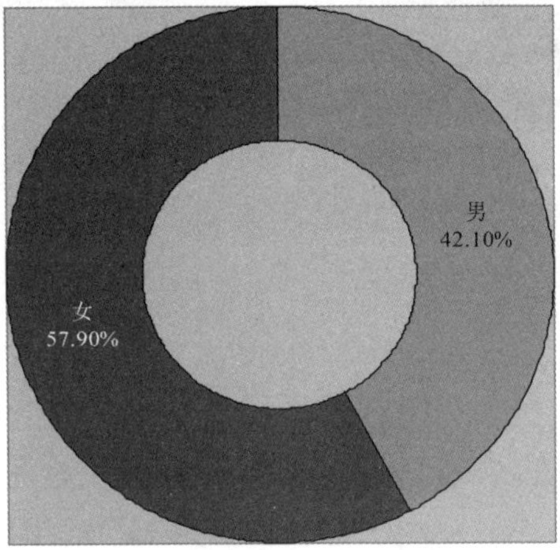

图 1-12　微商用户男女占比图

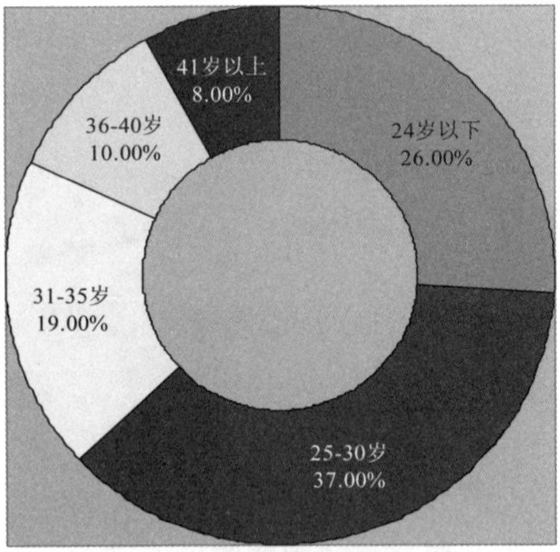

图 1-13　微信用户年龄占比图

从图 1-12 和图 1-13 可见，以女性和年轻人为主的用户结构对微商行业主营的商品品类产生了极大的影响。正是由于年轻女性爱美的特性，拥有照顾家庭的意识，才带动了美妆、服装、生活、母婴等商品的销量。在微商中，女性的消费特征得到了放大，形成了微商行业以美妆和生活产品为主导的营销格局。接下来再从学历及收入分布来看，54.1%的用户学历为高中及同等学历以下水平，72.5%的用户月收入在 4000 元以下，总体来看，微商用户有低学历、中等收入的特点。

目前，虽然美妆类产品在微商中的占比依旧遥遥领先，但并不适合现在的微商小白创业。前文也说过，美妆行业的竞争非常激烈，而且也早已饱和，对多数微商小白来说，美妆行业已经不合适了，应选择一些稍微“冷门”的行业，如果你选择市场饱和度高的产品，一没经验，二没人脉，三是市场已被占领，竞争压力大，即使削尖了脑袋往里挤几乎也不可能力挽狂澜。如果你还继续选择代理这些产品，亲，你的勇气够用吗?

从微商目前的行业现状来看，健康行业有望引领微商火爆的第二波浪潮。随着一些乱象的出现，微商行业也采取了一些相应措施。未来，微商行业会逐步向规范化转型，即由美妆品牌乱战引领的第一波行情向大健康领域过渡。

很多传统企业在“互联网+”趋势的影响下，开始重视起微商行业门槛低、渠道广等优势。还有一些用暂时无法拿到直销牌照，但又期望通过直销改善营收状况的药企也纷纷与微商展开密切合作。据相关信息显示，广东省营养健康产业协会有 1100 余家会员企业，其中 90%的企业都已加入电商和微商的行业。未来，健康蔬菜、养生食品、保健药品以及药材等商品会在微商市场中形成一片蓝海。而且就目前而言，这些还是微商里最好做、竞争最少的行业。

另外，上文已经提到女性是庞大的微商购物人群，这类庞大的人群自然也衍生出一些女性市场。比如，内衣行业也开始火爆起来，因为现在越来越多的女性开始注重女性健康，且我国是乳腺癌发病率增长最快的国家之一，据中国抗癌协会公布的统计数字显示，我国近年来乳癌发病率正以每年 3%的速度递增，成为城市中死亡率增长最快的癌症，而且发病年龄也有年轻化的趋势。于是，一件好的内衣便成了许多女性注重的选择。

况且内衣是每个女性的必需品。女性出门可以不化妆，但是不能不穿内衣。而且一件内衣的寿命一般在 3~6 个月，回购率还是蛮高的。所以，内衣行业的市场空间还是非常广阔的。

总之，随着社交网络的快速发展，微商将不再局限于微信；随着微信对交易平台的完善，微商也将不再局限于朋友圈和微店；随着政府对“互联网+”创业的大力号召，微商更不会局限于在线上开拓市场。

1.2.3 货源选择：从哪些地方进货

寻找货源对做微商的人来说是最关键的一环，拥有了好货源，就等于成功了一半。因为有了好的货源，你才能得到好的产品、好的价格，而产品和价格是你同其他网店竞争的最大优势；有了好的货源，你才能没有任何后顾之忧，一心发展自己的客户，进而把自己的微商事业做得更强更大。

刘思琪是 2017 年 3 月踏入微商行列的，她属于某面膜品牌的三级代理，拿货价根本不占优势，大部分面膜卖出去的价格不超过 100 元。像刘思琪这样的微商代理，基本就在这个品牌的“底层”挣扎。

慢慢地，刘思琪也意识到了这一点，于是，她开始一边继续在朋友圈推销没卖出去的10多盒面膜，一边又加入了另一个新品牌，这次她要做一级代理。然而一级代理并不是那么好当的，除了投入多以外，还要发展自己的代理。为了做一级代理，她向新品牌的负责人转了3.5万元的面膜款，每天还会按时听上家的培训课。

不幸的是，刘思琪还没来得及大展身手，央视就曝光“毒面膜”案件，她所卖的面膜就位于此行列，随后她的上家也不见了踪影。这时才发现除了微信和QQ外，她从未与这个上家见过面，仅有的手机号也提示关机。

现在，刘思琪家中囤有40多盒面膜没卖出去，而且还有价值一万多元的货没有收到。没办法，她只得重新找工作上班。另外，因为“毒面膜”事件，她已被朋友圈的很多朋友屏蔽，现在是“人财两空”。

总结刘思琪失败的教训后，可以发现她既没有跟对好上家，又没有找准好货源。而选择货源的三大标准如图1-14所示。

图1-14 选择货源的标准

1. 高利润

微营销不是淘宝，很难一天卖出很大的量，所以想要挣大钱就需要选择利润高的产品，比如电子产品、母婴产品、女性健康类产品等。否则忙活半天，货源找好了，客源也加得很多了，最后也挣不了几毛钱，还不如转行做别的。

微商小白在挑选质优价美的货源要遵循的三大原则如图 1-15 所示。

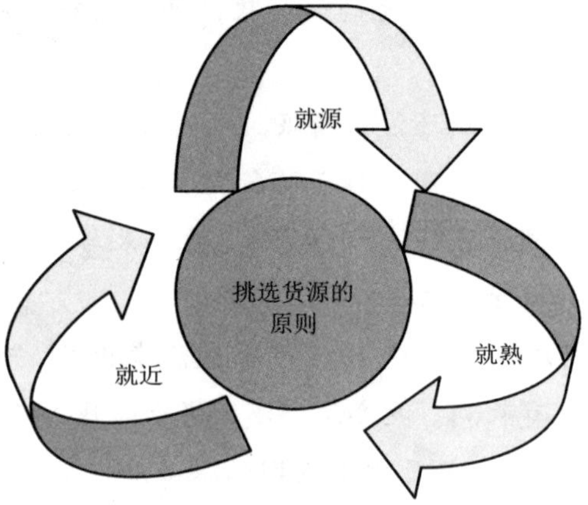

图 1-15　挑选货源的原则

原则一：就源。

微商要做大，发展自己的代理自然是不二之选。为了适应长期发展的需要并保证利润最大化，要从货源上游批发产品，当然最好直接从厂家发货。这样才能保证发出的产品价格最低，自然可以招到最多的代理。

原则二：就熟。

做微商的产品要尽量选择自己熟悉的圈子，什么是圈子？就是熟悉的人员，比如作为一位宝妈，她这个圈子里的人大部分应该都已经结婚生子了，那么就可以从小孩玩具、奶粉等产品考虑，这些产品是熟悉圈子中的朋友们购买力最强的产品，而且这些产品还是可以由自己亲身体验的，能增加他人的信任感。

原则三：就近。

如今，选择土特产作为微商产品也是一个不错的选择。最好尽量选择家乡的特色产品，比如新疆的朋友可以选择做新疆大枣、南京的朋友做南京板鸭之类的，等等，这样大家会认为你的产品是正宗的，就愿意光顾你。

2. 一手货源

对现在的微商小白创业者来说，拥有好的货源就能够真正抢占微商市场。然而现在市面上的货源一抓一大把。你拿到的真是一手货源吗？还是已经被你的上家或者上上家加了好几倍的价格？再说已经被翻了好几倍价格的产品对你做微商还有优势吗？你甘愿做人家的二三手甚至更多手代理，辛辛苦苦为别人做嫁衣吗？

微商要怎么做才能找到一手货源呢？其实，寻找一手货源最简单的办法就是找批发市场的档口（“档口”是广东话，即商店），也就是批发的门店、批发的代办点等。但是，微商们在找批发市场的档口时，还要注意，开这些档口的多半是私人提货批发给做小生意或者小门店的人，也有个别的服装厂之类的在服装批发聚集的地方开个厂家批发档口，也就是批发直营店。微商们如果提的货多，最好找厂家批发档口，这样能保证提的货价格最低，质量最好。从厂家批发档口提的货也算是厂家货，那些刚刚入行的新生们口口声声说要找的厂家货，其实就是这些。

虽然从厂家批发档口拿货是最好的，但很多有工厂有做开了的档口厂家，他们往往已经积累了一定的客户，因此，他们会放弃高租金的档口，在产品出来后定时给自己手头上的客户开几次订货会。这些厂家有时会做宣传，微商投资者就需要关注这些厂家的宣传信息，抓住成为他们的客户的机会。如果这些厂家不做宣传，也没熟人介绍，新手们基本上是找不到他们的，所以微商投资者还要建立自己的关系网，充分利用自己手上的人脉资源，让他们为自己穿针引线，找到能让自己赚得更多的一手货源。

3．上家靠谱

在选择货源时，还要注重对上家选择。微商小白创业者在选择上家时应注意哪些问题，以及应该选择什么样的上家？对于自己选择的上家，首先应了解他们是否具备以下（图 1-16）特点。

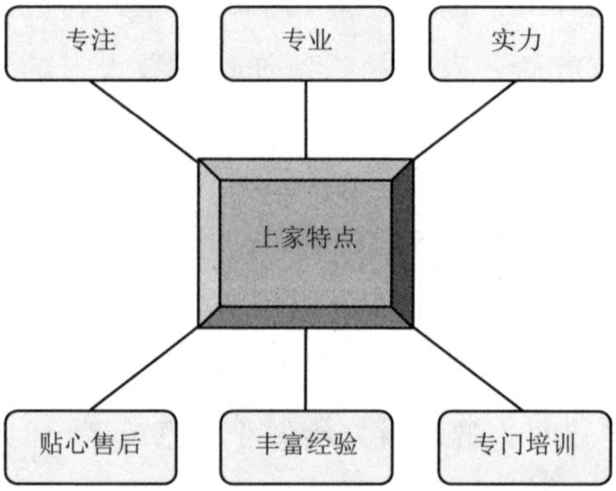

图 1-16　上家应具备的特点

针对微商怎么找上家这个问题，一些营销专家和微商高手提醒那些想通过做微商创业的人，让他们最好选择市场上的一些知名度高的大品牌。基于微商用户群的特殊性，现在还没有规范的监管制度，很多人都有所顾忌，没有信心去买一些不了解的产品，但很信任市面上的一些大品牌，他们认为这样的产品有保证，顾虑也少。而且随着微商进一步发展壮大，它朝着正规化发展，而优秀的大团队势必将取代小团队和个人微商。所以，对微商小白创业者来说，背靠大树好乘凉，选择一家强大的团队才是明智之选。

另外，微商们在确定自己的上家之前，必须要问清并确认这些货源是否具有高质量、高资质等条件。经过多方打听和信息搜集，如果微商们确定上家销售的产品没有问题，再进行下一步的确认工作，即上家是否为代理提供培训及售后服务。

最后，你还要看上家的品质，如果你的上家很懒散，在他的带领下，你的精神状态不可能会好。反之，如果你的上家是一个非常负责的人，他会时刻督促你学习、出货，不会忽视你，而且一个专业的上家还会给你带来很好的培训，能够把自己专业的经验传授给你，让你在微商之路上少走弯路，能够更快地成长。说白了，好的上家能帮你快一点赚钱。你只有把上述这些都弄清楚了，才能确定他是否是适合自己的上家。

1.2.4 交易工具：借助哪些交易平台做微商

微商起初都是通过朋友圈刷图、私聊下单来推销产品，付款也基本都是利用微信的红包、转账功能。但随着微商越做越大，再利用这些方式下单、付款，显然是不现实的，因为这时如果再一一维系老客户，不仅时间成本很高，甚至经常会把订单统计错或者误发、忘发订单。而且这种交易方式的可信度不高，对微商来说，采用完善的交易体系和信任机制是必不可少的。

目前，市面上比较常见的微商交易平台有微信小店、拍拍小店、京东微店、微卖、口袋购物、有赞商城、微盟等。微商小白如果能提前掌握这些交易工具，不仅方便管理，而且还能省很多事。这些交易平台的具体操作过程将在本书的第 5 章第 2 节中进行详细介绍，这里不再赘述。

不过，微商小白在选择这几种微商交易平台时，还要根据自身的资金和资源做出适合自己的选择。建议有资本和实力的微商做京东或者拍拍微店，因为它们自带自然流量，而且官方指导也非常到位。至于微店、有赞等基于第三方公众号的商城系统，虽然基本上都是免费的，但其开发模式可以方便地管理微信公众号，在手机端可直接当客服，而且其后台管理订单等功能都很不错。这些平台对微商小白来说，都是非常好的选择。

1.2.5 交易手段：微商卖东西有哪些技巧

罗振宇有很多身份，脱口秀主持人、自媒体人、说书人、卖书人……你很难给他的职位下一个准确的定义，不过他有很多粉丝，是名副其实的超级网红，这是毋庸置疑的。罗振宇在微信朋友圈卖书，2016 年 1 月 12 日还开了自己的天猫店，10 天销量 100 万元。

现在很多人都想不通，为什么罗振宇在微信卖东西非但不被人拉黑，反而还有很多人主动加他的微信，而自己在微信上卖东西总是时不时地被人拉黑？这些人遇到困难就开始抱怨在微信上卖东西不靠谱，却从来不思考自己是否存在问题，所以，他们在微信上卖东西，是不能取得成功的。

同样是在微信上卖书为什么罗振宇能让人们乐于掏腰包买书，而有些人则费了九牛二虎之力也没卖出去一本。其原因自然还是在微信上卖书的方式方法不同。罗振宇之所以能成为一名成功的微商，其市场回报源于他运营良好的社群，而得以形成社群的原因，则在于他的“罗辑思维”为粉丝提供了当今社会必不可少的“知识”。这些“知识”以通俗易懂的方式能被快速地传递给亟待养分的青年们，他们很乐意购买罗振宇推荐的书籍。

那么在微信上究竟应该怎么样卖东西呢？其内容如图1-17所示。

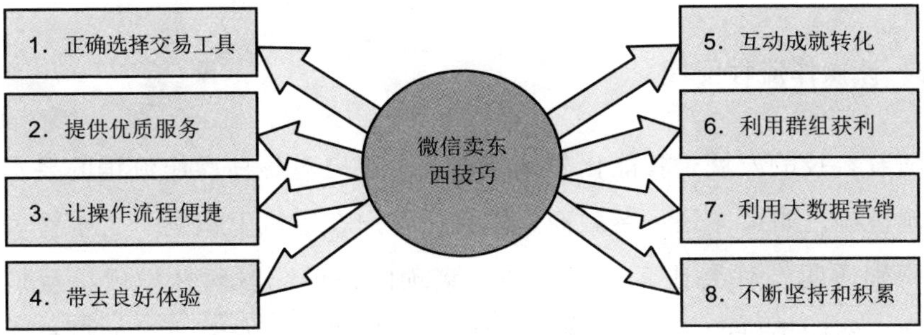

图1-17 微信卖东西技巧

1．正确选择微商工具

几乎没有人能忍受一个微信好友一天到晚在朋友圈里面发广告；也没有人可以在工作时间忍受一位商贩在窗外用高音喇叭不停地吆喝……既然大家都讨厌这种做法，那你还这样做，这不是撞枪口上了吗？要想做一名专业微商，首先你要弄清楚如何选择微商工具。罗振宇用公众号卖东西；张大奕用直播卖衣服；吴晓波利用自媒体卖酒；雷军用小米论坛卖手机……对微商小白来说，要选择自己比较擅长、能引人注意的引流工具推销自己的商品，这样才不至于被人“踢”出去。

2．提供优质服务

做产品的商家，产品不好，服务再好也没用；产品好，服务不好也没用，只有产品好服务也好，才最有用。微商的验货和交易过程都是在互联网上完成的，对于这种看不见摸不着的交易，服务更加重要。如果有人在线向你咨询，无论他是一个想直接买东西的人，还是只是看看，你都要拿出自己的服务精神，体现你的专业度，否则你会丧失一名客户，或者一名潜在客户。

3. 让操作流程便捷

随着科技的发展，智能化越来越普及，客户对各种操作流程的要求也越来越挑剔。如果你是一名微商，你会让客户在手机上识别一个米粒大的图形识别码吗？你会让客户进行非常繁琐的注册吗？科技发展给我们带来便利，例如手机的 NFC 支付、微信支付等手段，日新月异的科技让我们感受到便捷。便捷带来的好处就是转化率！手机的屏幕很小，客户的心很浮躁，在这个时代，你必须让客户的购买流程非常便利。

4. 带去良好体验

良好的体验能带来很多回头客。那些认为用户体验只体现在页面的理解是错误的。其实，体验包含页面、物流、客户的使用、客服的回访以及发生问题以后服务维修的过程等。而且大家还要明白，每一次销售都是起点而不是终点，所以体验是微商与传统生意的不同之处。

5. 互动成就转化

目前，国家还没颁布有关微商的政策规定，客户是否利用微商买产品取决于他对你的信任度。而与陌生人建立信任度的最好办法就是互动。互动的频率多了，相互之间的关系也就近了，信任度自然会大大提升。

6. 利用群组获利

QQ 群、微信群是现在很多小微商都采用的微商引流方法，因为群组效应能使引流更顺利。下面举一个群组效应的例子：你请十个人吃饭，他们中的八位是你的客户，剩下的两位是你的意向客户，这时其他八位都对你的产品赞赏有加，剩下的两位毫无疑问，很快也会成为你的客户。如果微商小白懂得把意向客户和客户聚在一起，你将发现群组的作用是巨大的。当然，群组效应不仅适用于小商家，对大的企业也非常有效，小米论坛就是一个典型的群组。

7. 利用大数据营销

大数据营销是近几年非常流行的词汇，对许多传统企业来说，他们还没有反应过来，数据才是它们最大的财富。而获得数据的最佳来源是曾经购买过商品的客户。对微商小白来说，你面临的一个关键考验就是会不会用信息技术管理自己的客户。如果你通过对老客户提供关怀去激活他们的忠诚度，那么恭喜，你已经懂得了如何收集大数据。

8. 不断坚持和积累

在网络时代有一个令人困惑的商业原理——你的成本有可能是固定的，而收入会随着时间积累而增加。例如，有一个年产值达一千万元的家装公司，它有一百名员工；许多以网络为主要渠道的家装公司产值也突破千万元，而它所需要的员工数大约是十名，这就是微商的临界点。当然这个“点”的形成不是一蹴而就的，它需要长时间的坚持和积累才能逐渐形成一条线。

不过，微商的任何营销技巧都敌不过产品的质量好，微商交易的前提就是产品的质量要过关，这样营销才能形成良性循环。

1.2.6 常见误区：做微商有哪些弯路

在移动互联网时代，一切新事物既带来机遇又带来挑战。任何成功都不是随随便便来的，要跟上时代的变化。传统微商已经过去，新微商时代已经来临。微商们要转变思路，不要再靠刷朋友圈、发广告做微商了，也不要没有自己的主见，别人说什么、干什么你就做什么。

我曾遇到一个做微商的小姑娘，她听说加微信群能增加粉丝、提升销量。于是，她加了5000多个微信群，并以此为资本，把这些微信群当作大数据……现在很多做微商的朋友都很浮躁，急于求成，总想着靠某个产品、某个代理、某个上家大赚一笔，可是结果却不遂人愿。其实，做微商首先要改变自己的意识，那就是脚踏实地、勤勤恳恳，这样你才有可能赚大钱。

现在微商的发展开始慢慢趋于平稳，不过不管是微商新手还是老手，还是会遇到各种各样的误区从而走向歧路，很多微商抱怨赚不到钱，路一开始就走错了怎么能赚钱呢？下面就给大家说说新手做微商需要注意的一些误区，其内容如图1-18所示。

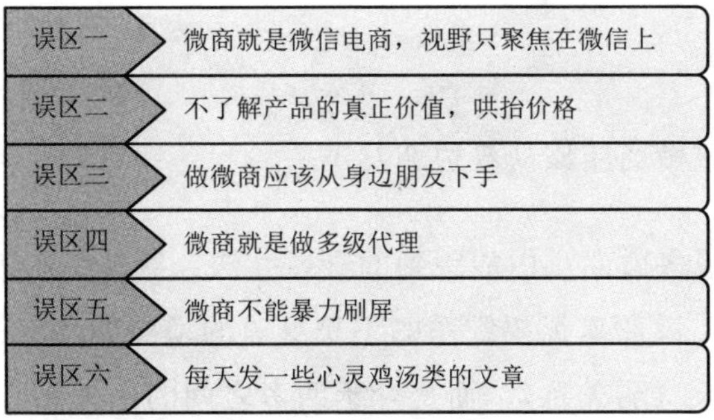

图 1-18 微商的常见误区

误区一：微商就是微信电商，视野只聚焦在微信上。

很多人都对微商的理解陷入了误区，其实，微商的“微”并不是微信，而是微小的意思。在移动互联网时代，做微商就是做关系，要以人为中心，把粉丝经营好了，赚钱的事自然也就成了。而微商要以人为中心，其着力点就应该在目标用户那里。对此，山西微商安红的经验是重视线下流量。如果你推广的是面膜、化妆品，那么线下的减肥店、美容店的用户群就很精准，这时你只需要直接把这些线下店的老板发展成代理就行。在线上做营销，你除了利用微信以外，还要重视 QQ 空间、微博、百度等引流渠道。

误区二：不了解产品的真正价值，哄抬价格。

这点误区在微商代理中算是比较常见的，下面以之前做得比较多的面膜微商为例，有些面膜的成本价格在 4 元左右，可是经过层层代理的加价，最后到客户手里时能达到 78 元。像这种不了解产品真正价值、哄抬价格，完全让价值和价格背离的做法，是不符合市场规律的。从长远来看，违背了市场规律的商品后果只有一个：淘汰。因为客户不傻，反而还很精明，你这次坑了他，他之后不可能再去光顾你，这种没有回头客的微商，迟早要关门。

误区三：做微商应该从身边朋友下手。

这可能是很多微商小白能想到的最好办法，可这根本不是长久之计，也不可能做大。微商真正要维系的不是身边的亲戚朋友（强关系），也不是街头的陌生人（弱关系），而是介于两者之间的中关系。简单来说，做微商就是先尽可能地多加人，但不能为了加粉丝而加很多“僵尸粉”，要注重好友的“质”，不能只注重“量”。有了精准的粉丝之后，微商再用自己的“魅力+互动”将弱关系转换成中关系，毕竟位于中关系行列的人是最多的。抓住了中关系人群，卖东西就不难了，而且这种做法也最长久，还能赚大钱。

误区四：微商就是做多级代理。

“多级代理”只是微商模式中的一种，还有做 0 代理的 B2C 型、优质服务型、集聚粉丝型、品牌影响型、 OTO 延伸型、C2B 社区型等，这些将在第 2 章第 1 节中做详细介绍。未来，微商肯定还会有更多的创新模式。

正是由于很多微商都采取“多级代理”模式，微商界才出现了很多重代理而轻产品的现象，让微商陷入招代理的怪圈中。但要知道，微商的最终的目还是卖产品。正确的微商营销方式应该是“卖产品给客户”，客户再推荐客户来买产品”。

误区五：微商不能暴力刷屏。

可能有很多人在做微商时认为，暴力刷屏是在自毁。其实，做微商可以暴力刷屏，但要分场合、分情况。比如，某微商总代有多个微信号，对那些管理代理的微信号，她可以采用暴力刷屏的方式，因为她的代理们是不会屏蔽她的。但是，对终端用户的微信号来说，是绝对不能暴力刷屏的，要采取“中和法”，即除了发广告，还要发一些其他的东西，比如你的兴趣爱好，可以拍拍美食、风景等，当然这些内容质量要高。

还有很多微商小伙伴被拉黑拉怕了，已经不好意思再发广告了，他们抱怨说：“我不敢发广告怎么办，我的朋友都说我烦，要屏蔽我。”通常有这种想法的人，他们的微商肯定做得很一般。像罗振宇这样的优秀微商，他们发的内容客户非但不屏蔽，反而还很喜欢看。因此，微商小白首先要做的就是让客户喜欢你的内容，欣赏你的内容，然后再吸引他们来主动购买产品。

误区六：每天发一些心灵鸡汤类的文章。

很多微商在招代理时，都会选择一些心灵鸡汤类文章，比如，月收入几万元、日收入几千元之类的文章。随着人们对微商的了解，这类文章已经过时了。因此，还是少发一些“心灵鸡汤”吧，多发一些有价值的内容，这样才能留住客户。

对微商小白来说，一定要清楚以上这些常见的误区，你才能少走弯路，并以最快的速度做好微商。

1.3 突破微商困境，把握新机遇

与之前的微商相比，现在的微商不再是在黑暗中独自摸索，也不再受制于任何企业，更不再局限于某些类别的产品，而是遍及任何产品。微商也与自媒体不同，不需要过硬的写作能力，也不需要在某个领域内独树一帜，只需要复制经市场验证过的营销方法，就能达到赚钱的目的。对现在做微商的人来说，这无疑是一次巨大的机遇，那他们如何才能抓住这次机遇呢？微商要让自己有无限上升的空间。然而对有些微商来说，他们永远处于最底层，被称作“网络民工”，干的最累的活，赚最少的钱，没有上升的空间，永远都在为他人做嫁衣。

对微商小白来说，为了让自己的微商事业有无限上升的空间，他们要奋力完成以下（图 1-19）几个阶段。

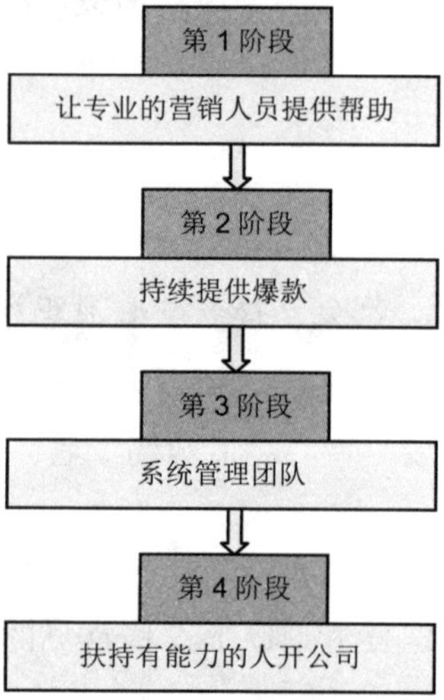

图 1-19　微商小白抓住机遇的做法

第 1 阶段：让专业的营销人员提供帮助。

微商小白要多学习一些专业的互联网营销知识，在有条件的情况下，可以向专业的营销人员寻求帮助，掌握营销和销售的基本功，加上自己选择的优质爆品，肯定能快速赚钱。

第 2 阶段：持续提供爆款。

做微商，产品是关键。而微商小白的营销能力是有限的，持续提供爆品能帮助他们快速积累客户。然后再配合一些专业的营销方法，微商小白也能持续性地赚钱。在此阶段，微商小白可以准备招代理、带团队。

第 3 阶段：系统管理团队。

等微商小白到成长到一定阶段，具备了一定的营销能力，又经过一些系统的训练，这时就可以管理团队，升级为团队讲师。

第 4 阶段：扶持有能力的人开公司。

微商将自己的平台做强、做大之后，就可以扶持有能力的人开公司了，在微商团队的支持下，每个上进的人都有机会成为新公司的股东和合伙人。

每个人都有成长的土壤，有上升的空间。做微商也是一样，不能只局限于小范围、小额的利润，要让自己在稳步前进中做强、做大。平台壮大之后，就要调动各方资源助你走向更大的成功，这样你的微商创业才是真正的创业，否则只能是一场小打小闹罢了。况且微商已经进入“品牌为王”、“技术为王”的时代，专业化、平台化是微商的发展趋势，所以，微商小白要抓住这样的机遇，在其中求生存、求发展。

1.3.1 传统微商 PK 新微商

如今，手机已成为现代人必不可少的生活用品之一。据中国互联网络信息中心（CNNIC）发布的《中国互联网络发展状况统计报告》显示，截至2017年6月底，我国网民规模已经达到7.51亿，半年共计新增网民1992万人，半年增长率为2.7%。互联网普及率为54.3%，较2016年年底提升1.1个百分点；截至2017年6月，我国手机网民规模达7.24亿，较2016年年底增加2830万人。网民使用手机上网的比例由2016年年底的95.1%提升至96.3%，预测手机上网的比例还将提升。

智能手机的普及催生了一个全新的商业模式——微商。微商是企业或者个人基于社会化媒体开启的新型业态，其发展历程如下所示。

2011年，一群做海外代购的手机玩家发现，微信具有沟通方便、能实时进行图文交流、营销成本低等特点，于是便把微信作为继微博之后的一块新热土。于是，这部分人迅速把生意战场转移到了微信。

2012年4月19日，微信发布了4.0版本，该版本让朋友圈增加了发表文字、图片、评论、点赞以及分享文章的功能。此功能一经推出，便迅速被一些营销人士利用，至此，以朋友圈代购为代表的微商开始盛行。

2013年，微信又推出支付功能，微信朋友圈内的卖货大潮更是汹涌而至，“微商”这个新名称也迅速进入人们的视野和生活。

2014年，微商进入火爆阶段，很多人和代理品牌都纷纷加入了微商大军，微信朋友圈开始售卖各种面膜、小吃、礼品等。在此阶段，一部分人更是逐步由买家晋级为卖家，全国微商从业人数疯狂增长，很多团队还对有创业意愿的代理进行系统的微商知识技能培训，微商更是成为很多创业者追捧的热点。

2015年5月，关于微商的舆论不断袭来。首先，某媒体爆料一名“90后”网红转战微商，卖毒面膜致人毁容。接着央视又对某些微商涉嫌造假、传销的新闻进行了追踪报道。微商这一行业以及这个行业的群体此时正处于风口浪尖，而当时如火如荼的化妆品美妆业，更是遭受了致命的打击，众多知名品牌坦言，“躺着也中枪”。这些报道出来之后，微商也开始进入拐点期，各类微商的业绩出现“断崖式”下滑，一时之间一些联系不紧密的代理团队都瓦解了，很多品牌一夜之间灰飞烟灭。与此同时，“新微商”一词出现了。

新微商的横空出世，让很多传统微商站不稳脚，那么新微商与传统微商到底有何不同呢？我利用表 1-1 列举了一些，如下所示。

表 1-1　新微商与传统微商的区别

	新微商	传统微商
区别一	全网营销，产品覆盖面广、销售渠道多样	仅在微信上做营销，产品覆盖面窄，销售渠道单一
区别二	不囤货、压货，线上+线下双线营销	层层压货、货品积压严重
区别三	团队成员黏性强，凝聚力高	团队成员很少沟通，人员流失率高
区别四	不乱要价、不乱串货	乱价、串货现象严重
区别五	有健全的售前、售中、售后服务系统	无完善的服务体系，不支持售后服务
区别六	产品质量有保障，顾客满意度高	三无产品居多，产品质量无保证，顾客投诉多
区别七	市场前景广，利益驱动力大	利益驱动不够，难以吸引实力团队加入
区别八	懂营销，知人性，终端客户多	微营销小白没有终端客户，小代理被动成为“终端”
区别九	精准的产品供应链与服务支持	产品管理混乱，供应链无法控制
区别十	熟悉互联网规则，清楚移动互联网发展趋势，会运用互联网思维做营销	不懂移动互联网规则，也没有互联网营销思维

随着新微商的一步步成长，目前，微商的特点主要有以下（图 1-20）这些。

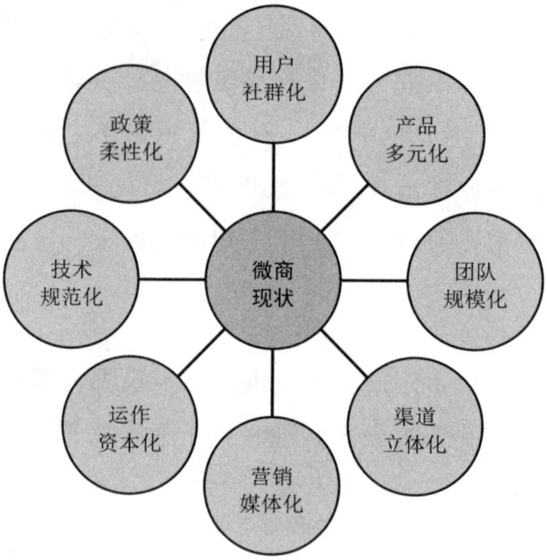

图 1-20　微商现状

现状一：用户社群化。

社群使一群具有共同价值观、兴趣爱好的人聚合在一起。用户社群化就是通过强有力的聚合利益将用户捆绑在一起形成社群，这群人是某产品的目标人群。

现状二：产品多元化。

微商产品多元化是指“小而美”的产品会逐渐崛起，那些具有独特风格和差异化的非标品也会越来越受欢迎。

现状三：团队规模化。

个体微商逐渐没落，团队微商已经兴起，他们投入巨额广告，建立大规模团队。

现状四：渠道立体化

微商正在向专业化方向发展，立体化的渠道结构逐渐形成。现在微商通过社交媒体分销就可实现在线交易，不需要层层囤货。

现状五：营销媒体化。

微商是在互联网虚拟的环境下销售，所以，营销和传播对微商来说至关重要，很多微商都采用媒体电商，这种方式也是最有效的。不过，微商无论是发动粉丝力量还是做网络推广，前提都得是产品必须具备吸引人的亮点（故事、情怀、归属感、信任度、溢价等）。

现状六：运作资本化。

个体微商逐渐被团队微商替代，随着微商团队越来越专业化、渠道越来越立体化，很多资本都开始投向微商领域。比如登陆新三板的服务于社交营销的点点客、荣获 1.5 亿 B 融资的微盟，这些资本巨头都在微商领域跑马圈地。

现状七：技术规范化。

简单粗暴的朋友圈卖货方式早在 2015 年下半年就开始没落，微商正朝着技术规范化发展，即通过技术手段帮助商家和分销商规范、调整销售渠道，从而获得便捷的交易流程。

现状八：政策柔性化。

微商政策柔性化主要表现在国家和微信官方两个层面：从国家层面来讲，微商某些营销方式已经濒临传销的边缘，尤其是不断地发展下线，这已经算得上是在线传销了，因此，国家出台政策，严厉遏制这种营销行为；从微信官方层面来看，对一些微商的恶意营销以及暴力刷屏破坏用户体验的行为，微信方面已经开始大力整顿、惩治。

1.3.2 国家支持微商，关注政策红利

宁波思埠董事长吴秀丽被称为“微商平民女神”，她从经营四家美容院失利转而做一名微商，再到建立一个思埠王国。思埠在国家号召“大众创业、万众创新”的新时期顺势而为，迅速地为政府提供“互联网+”思维以及全方位培训支持，在全国各地开展众创空间。在此期间，思埠更是得到政府大力支持，并赢得“最具创新商业模式创新奖”的殊荣。随后，在新时代下，思埠又开始建立新微商，创新改革旧微商体制，目的是为了完美解决乱价升级等难题，从而打造一个全新且全民参与的开放性、自由性新微商。

微商有力地迎合了国家“万众创新、大众创业”的号召，为一大批闲置人群创造出新的就业岗位。因为微商进入门槛低、成本低，适合大学生和家庭妇女等人群。此外，微店的出现也帮助一些地区解决了部分农产品滞销的问题。可见，微商在“惠农、支农”方面也做了不小的贡献。

在微商竞争日益激烈之时，也出现了一些乱象，这些乱象在一定程度上遏制了微商的发展。这时国家为了让微商能进一步发展，开始加强对微商的管理，国家工商总局出台微商法律法规。据国家权威媒体新华网报道，国家工商总局于 2016 年 7 月 1 日印发《关于进一步做好查处网络传销工作的通知》（以下简称《通知》），这是微商行业真正意义上的第一个法律

法规。这一政策的颁发，对微商来说无疑是一个天大的好消息。

据《通知》内容来看，国家监管部门对微商明确了以下三件事情（图1-21）。

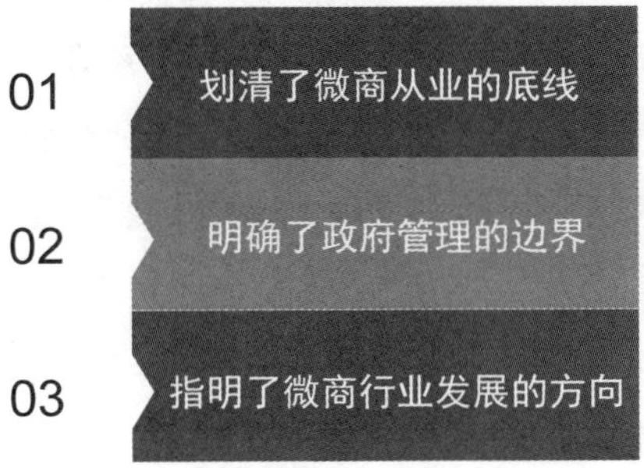

图 1-21 《通知》明确的方向

此外，《通知》的颁布带来了以下三大好处：

- 优化我国“大众创业、万众创新”的创业环境。
- 保护真正想凭借自身努力、改变命运的广大创业群体。
- 为微商这个新兴行业的健康发展提供了法制保障。

在《通知》中，国家倡议让更多的社会力量参与其中，从而让微商创业梦点燃中国互联网的未来。另外，央视等多家权威媒体也对微商做了多次正面报道，肯定了微商的未来。

每一次新政策的出台，都代表着一个时代的进步。国家推出《通知》这项新政策，对微商行业的发展有着里程碑式的意义，势必让微商迎来新一轮的春天。而且这无疑也给微商小白打了一剂强心剂。因此，在国家政策的支持下，微商的发展前景肯定会越来越好。

1.3.3 “微代理”面临的机会与挑战

“微商平民女神”吴秀丽是微商中最成功的“80后”女性之一，她抓住了微商带来的机遇，成就了一番巨大事业。她在微商行业整体处于低迷、团队代理激情下降、产品同质化严重以及爆款横行的情况下，看到微商发展到每一个阶段会出现的各种弊端。于是，她在坚持做好的产品的同时，更重视对新人的培训引导和关爱。最后，吴秀丽凭借自己的亲和力和勤奋，一步一个脚印地发展自己的微商事业，把思埠带上了一个新的微商巅峰。

如今，思埠在吴秀丽的带领下，掀起了“全民参与新微商”的大浪潮，她的团队稳固地拥有数万人紧紧跟随。

移动互联网时代已经到来，很多人利用QQ、微博、微信、论坛等社交工具，开启了新的营销模式——微商。然而可能还有很多人瞧不起微商这个行业，就像淘宝刚刚兴起的时候，一些人也同样瞧不起淘宝，后来慢慢发现淘宝中的商机了，只能眼巴巴地看着别人大把大把地数钱，自己眼红。也有人可能把“没时间、没精力”当作错失一个时代的代言词，殊不知，时间如海绵，挤一挤，总会有的；没时间可以将其当作副业；没钱，但是钱少也有钱少的做法。年轻就应该多尝试，切莫因为个人的慵懒，日后才去后悔，毕竟机会从来不等那些慵懒的人。

如今，微商处于转型期，它俨然已经成为继淘宝、京东等平台外的一块电商热点。你要是能抓住这次创业机遇，微商就有可能成就你。正如很多“80后”曾见到的那样，那些曾经卖BB机、DVD、红白机卡带先富起来的人，估计是穷怕了，胆子大，怕闲着，所以才去选择了一个日后看起来趋势最好的行业，最后，他们成功了。

任何创业都存在一定的风险。微商创业在充满机遇的同时，不可避免地也会存在一些风险。特别是在它从朋友圈向平台转型的过程中，势必会面临着更加艰难的挑战，其挑战主要表现在以下（图 1-22）三个方面。

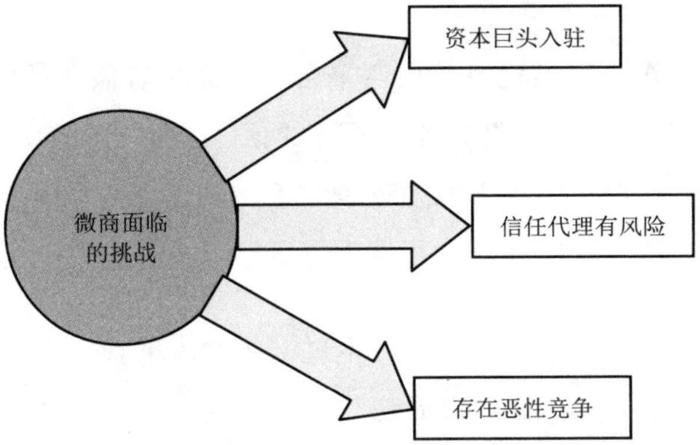

图 1-22 微商面临的挑战

1. 资本巨头入驻

微商现在 C2C、B2C、B2B 等形态模式，其中，C2C 微商的直接竞争对手是淘宝；以 B2C 品牌商为核心的平台微商的直接竞争对手则是京东。淘宝、京东这些电商巨头，微商是很难与之对抗的，因为无论是从体量、品类还是用户活跃度，微商的实力都与其相差悬殊。但是，微商在长尾产品和非大众产品上，还是能冲出重围的。

2. 信任代理有风险

微商是在移动社交下形成的一种信任销售，它利用人品和人脉背书，从而实现变现。不过，有些微商采用平台代销，不需要自己囤货、发货，只需一键将购买信息发送到各大社交平台上，再从中收取相应的佣金即可。但这种信任代理的方式把人与人之间原本就不怎么坚实的信任关系拉到了水平面上，如果平台方对上游供应链失去控制，那么用户的权益就得不到保障。

3. 存在恶性竞争

淘宝、京东、聚美优品等电商平台一直面临着假货的困扰，“打假”、“售假”、“造假”自然也是微商绕不开的话题。除了假货这种恶性竞争以外，有些平台还采用刷单来诋毁竞争对手。不正当的竞争手段层出不穷，其结果让微商的信誉度在一定程度上有所下降。

虽然微商依旧存在一些挑战，不过，从整体来看，微商正在朝着健康理性的状态发展，其强劲的发展趋势让微商创业者看到了希望。更何况微商开辟了社交电商的先河，而社交电商则是电商的未来。所以，微商带来的机会远远胜过使用它要面临的一些挑战。

1.3.4 新微商出现的爆发式新机会

目前在风口中的微商无疑给创业者或者想创业的人提供了一个良好的机会。如今，一个颠覆传统思维的微商模式引发千万人的思考；一套跨界异业的杠杆吸粉微商系统改变无数微商经营者的命运。其实，微商小白想在微营销时代生存下来，只需要理解两个核心名词：跨界和O2O趋势。

第一个核心名词：跨界

在1991年时，柯达的技术领先世界同行10年，但它在2012年1月被做数码的索尼干掉了；当索尼还沉浸在成为数码领头争的喜悦中时，就被做手机的诺基亚超越，濒临倒闭；不久，手机世界的老大——诺基亚又被做电脑的苹果给干掉了；360直接提供免费的杀毒软件，于是金山毒霸被淘汰；淘宝电子商务在2012年拥有一万亿元人民币的销量，逼得苏宁、国美这些传统零售巨头不得不转型，使李宁服装关掉了全国1800多家专卖店；马云出台余额宝，在18天内狂收57亿元的资金存款，开始强夺银行的饭碗……

产品的更新换代、商业模式的推陈出新总会让一部分人站起来，一部分人倒下。假如有一天你发现隔壁开理发店的美女，卖化妆品卖得比你好，不用觉得惊讶，因为这是一个充满跨界（图1-23）颠覆的时代，每一个行业都在整合、交叉、相互渗透。可能在另外一个人手里，你一直采用的囤货、高级代理低价找代理做微商就变成一种免费的增值服务，你将不可能赢得竞争，甚至还面临被淘汰的危机。

图1-23 跨界

说了这么多，不知道你醒了没有？如果还没醒来，就不用醒了，免得伤心，不要再干微商了，回家种田和打工干什么的都没这么郁闷。

微商们，今天你不敢颠覆跨界，明天就有人跨界过来打你！这么一个免费的机会你都不敢试吗？我相未来十年将是微商自媒体微营销时代，各种横空而出的品牌会遍布各个领域，小米、苹果他们两个只是开了个头而已，接下来微商将更换模式改写未来，旧思想会渐渐消失，逐渐变成历史。

如果你还不改变，那你将成为“刻舟求剑”的微商人。你瞧不起、看不见、不以为然的新的微商营销模式，现在正在以突飞猛进的形势取代传统金字塔式的营销模式（不管是传统店铺还是淘宝网商，或者说是看着还很新潮的金字塔微商囤货模式）。因此，微商要想发展壮大，必须要改变旧有的微商模式，跨界颠覆做新式微商。

第二个核心名词：O2O 趋势

有人说：“趋势就像一匹马，如果在马后面追，你永远都追不上，只有骑在马上面，才能和马一样快，这就叫马上成功！”

站在台风口（趋势）让风儿吹着走，不如来设想下我们的未来生活吧？晚上下班后决定在外面吃饭，拿出手机点击“附近餐厅”，对比附近的几家餐厅之后，你挑选了一家评价好、便宜又好吃的餐厅，在手机上领取一张会员卡，定好座位，等时间到了，直接去吃饭，不用排队；吃饭的时候，觉得哪个菜好吃，拍个照，发到微博或朋友圈晒一晒；朋友凭着你的分享在这里消费可以获得优惠，同时你也可以获得餐厅积分；吃完饭，去商场购物，看到喜欢的商品扫一下二维码，用手机比比价，然后在手机上点击送货时间和送货地址，不用拎着大包小包的东西逛街或排队付款……

这将是我们的未来生活，而且很快就会成为生活常态，这种生活常态下的商业模式就是 O2O 模式（图 1-24）。

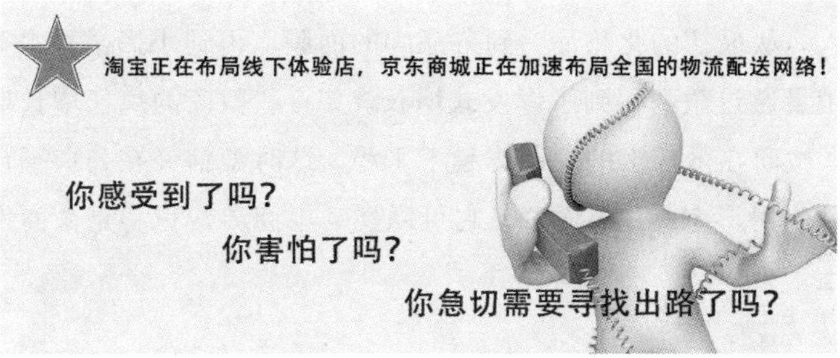

图 1-24　O2O 趋势

除了淘宝网、京东商城正在布局线下体验店以外，早在 2015 年 12 月份，亚马逊也率先布局线下，当当计划在 3 年开千家实体书店。微商未来的商业模式将会是全新的 O2O（线下实体店体验，线上虚拟店购买），通过结合线下的商务机会与互联网，让互联网成为线下交易的前台，让生活消费领域在现实中实现互动。

总之，随着微商的不断转型，它的一些得天独厚的优势也逐渐体现出来了。例如，微商作为淘宝电商之后的一股清流，传统企业可以借助自身产品的优势实现在微商渠道的突破。现在许多微商总代慢慢开始代理非面膜产品，对传统企业来说，谁先拥有这些总代资源，谁就抢占了微商的先机。于是，很多传统企业开始进入微商，这给微商创业者提供了机会，比如代销传统企业的产品、帮助传统企业开发新渠道等。可见，微商给创业者提供了爆发式的新机会。

1.3.5　小程序如何给微商带来第二春

1. “新品有戏”应用利用微信小程序实现商品销售转化

在电商群体中，微商是一个不容忽视的群体。在产品方面，微商几乎无孔不入，从最初的化妆品，到各品牌的面膜，再到小黑裙香水等，众多商品的销量通过微商得到了爆发式增长。如今，微商的疯狂增长期已经成为历史，微商在微信上的发展也趋于平稳。这时微信又在公众平台上新推出了一种应用形态——小程序，它可以搅动电商界，也将是微商发展的新一片沃土。

何为小程序呢？小程序是一种不需要下载安装即可使用的应用，用户通过“扫一扫”、“搜一搜”即可打开应用，实现应用“触手可及”的梦想。随着各项功能的不断更新、各种接口的不断开放，小程序与公众号实现了无缝关联，这些都会使微信商城的价值再度提升。尤其是小程序把二维码作为主要入口，它将会有很多和线下相结合的功能，以解决线下场景需求。

那么微信小程序为什么能帮助微商实现进一步发展呢？其理由如下所示。

- 微信作为第一大社交平台，它是基于好友熟人关系建立的，而小程序则背靠微信这棵大树，所以，在小程序上做微商，转化效果会非常好。
- 小程序开发基于微信的很多组件和接口，其体验几乎与原生 APP 相媲美，比传统 H5 网页的体验更优，鉴于此，小程序能够很好地传达服务体验，很容易产生精品爆款。
- 二维码扫描加好友、关注、付款等已经越来越被广大用户接受，在用户养成使用二维码的习惯时，小程序把二维码作为主要入口，而且带参数的二维码能很好地帮助用户做渠道分佣。
- 通过小程序可以实现很多个性化的服务，这种个性化的服务可帮助微商重新树立品牌体验，便于口碑传播。

下面以“新品有戏应用”小程序为例，看一下小程序是如何与微商紧密结合的。图 1-25 和图 1-26 是“新品有戏”应用小程序的各页面展示图。

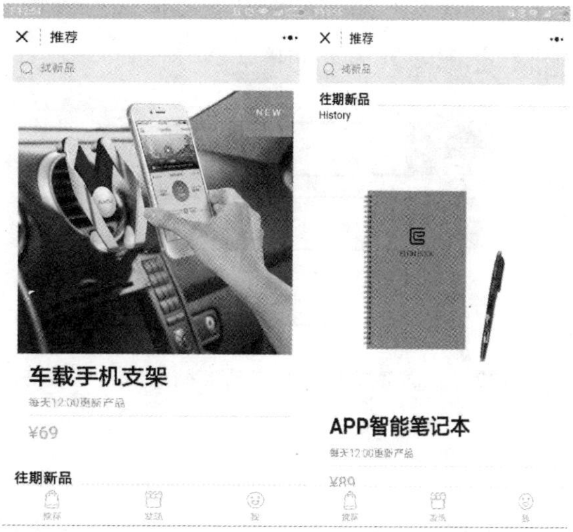

图 1-25　“新品有戏”应用界面 1

图 1-26　“新品有戏”应用界面 2

从以上（图 1-25 和图 1-26）展示图可见，“新品有戏”应用可以查看有哪些新品、有哪些往期新品，还可以查看个人订单、代金券、我的收藏等记录信息，以便用户查看产品信息以及对订单进行管理。这款小程序要如何实现商品销售转化呢？其内容如图 1-27 所示。

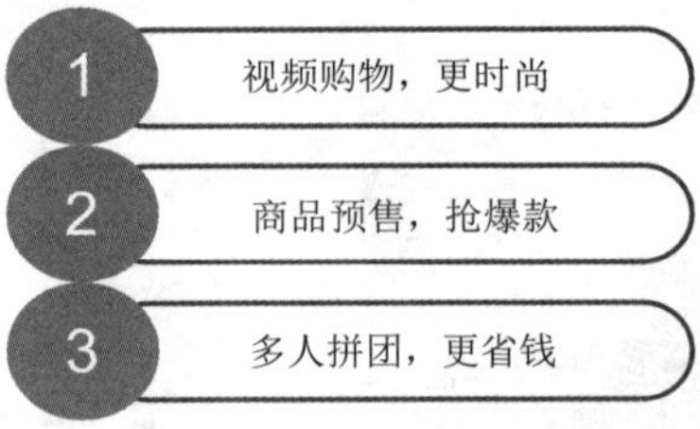

图 1-27 “新品有戏”应用商品销售转化的技巧

- 视频购物，更时尚

“新品有戏”应用拥有上传视频的功能，这种功能可以让商家给商品拍摄一个精美视频，将商品全方位地、直观地展现在用户面前，让用户的购物体验更真实，从而产生快速下单的转化。

- 商品预售，抢爆款

定制化服务已经越来越被人们所接受，比如服装、工艺品等品类的商品完全可以采取预售模式，即先把钱收上来，然后再生产。这样做的好处：一是可以有效地节省前期生产成本；二是可以通过预售准确地得知用户的需求反馈；三是可以减少存货库存，降低投入成本；四是可以定期制造精品爆款。

- 多人拼团，更省钱

通过微信好友关系，可以快速地将商品在朋友圈传播，还可以实现拼单、拼团，这样既可以为用户省钱，还可以为商家拓展新用户。

2. 微商利用小程序实现商品销售转化

既然小程序很适合微商发展，下面具体讲一下，微商到底应该如何借力小程序实现商品转化呢？其具体内容如图 1-28 所示。

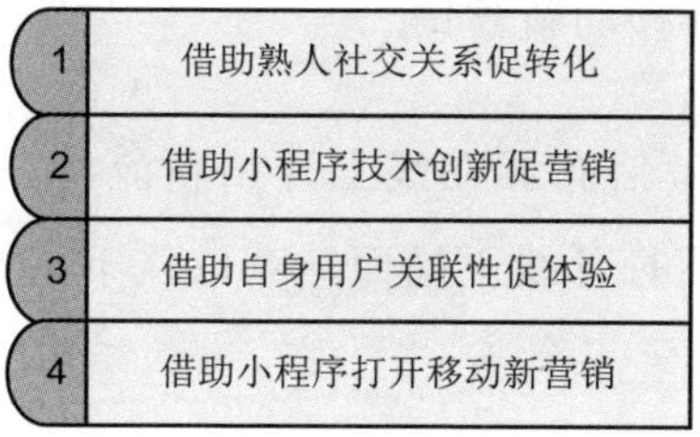

图 1-28 微商借力小程序实现商品转化的方法

- 借助熟人社交关系促转化

前文说过，可以通过小程序帮助微商实现快速转化微信的好友熟人关系，那么到底是如何转换的呢？例如，商家通过小程序开发微商类小程序，然后充分利用微信生态资源以及社交圈资源，比如：通过微信订阅号和服务号免费发布宣传推广信息，包括文字、图片、音频、视频等内容；利用社交圈资源进行圈层营销，通过熟人关系打开陌生人脉圈，层层向外扩展，壮大粉丝队伍，从而实现精准营销和引流。

- 借助小程序技术创新促营销

小程序是微信布局电商的新生态，在电商方面有非常多的技术创新点，比如微信群和微信好友可转发分享、带参数二维码、扫描二维码同步打开小程序等。微商也可以利用这些新技术为自己的产品或营销助力，让微商营销达到事半功倍的效果。

- 借助自身用户关联性促体验

微信本身所拥有的用户地址、微信卡券、微信客服等，都能与微商类小程序进行高度关联。这些关联帮助微商省去地址管理、客服沟通、返券等繁复性的工作，让微信商城购物更加便捷。

- 借助小程序打开移动新营销

小程序可以帮助微信商城在线上开拓新流量，在稳固线上发展的同时，也能帮助传统电商打开线下局面，获取线下资源流量，发展新零售。

2

十倍获利：模式、引流与成交方法

大家做微商肯定都是奔着赚钱去的，有些人赚得盆满钵满，但有些人却赔得血本无归。之所以很多人把微商做得一塌糊涂，归根结底在于，他们不清楚微商的经营模式、引流方法以及快速成交的手段，或者做得不对路。为了帮助微商小白解决这些难题，本章将教大家一些能够让微商十倍获利的模式、引流和成交方法，帮大家轻轻松松赚钱。

2.1 微商获利的六大运营模式

有些微商小白创业者，他们前期的关注点往往是如何加粉丝、如何招代理，却忽略了微商模式的重要性，这是一种本末倒置的做法。微商要想做大，必须依靠成功的模式，本节将向大家介绍几种微商常用的模式（图2-1）。

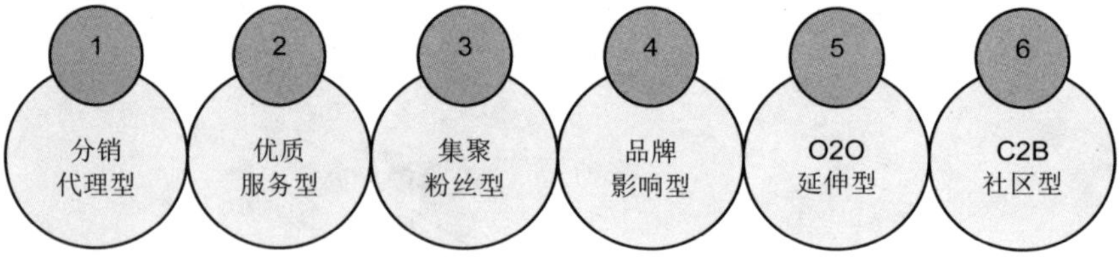

图 2-1 微商六大运营模式

2.1.1 分销代理型

对微商来说，代理模式已经成为一种相对滞后的微商模式，如今，分销代理模式逐渐被人们所接受。分销代理型是通过寻找代理分销商品或者囤货卖给代理，不直接或很少接触最终的消费者，通过代理商或分销商销售商品，并按照比例给他们发放销售提成。

分销代理型微商适合个人微商、有一定基础的微商和品牌企业微商来创业，下面概括了微信分销平台这种分销代理型的优点和缺点。

1. 分销代理型的优点

- 发展迅速、见效快，相对轻松。
- 能解决代理模式的囤货问题。
- 加入第三方监管，信任度增加。

- 能解决产品投诉问题，售后有保障。

总之，微商一旦建立了分销代理渠道，在整体销量上会有很大的突破。

2. 分销代理型的缺点

- 不直接面对客户，对代理和渠道的依赖性较强。
- 风险较大，一旦代理渠道被破坏，损失会比较大。

随着微商代理模式的逐渐没落，微店分销系统模式开始不断崛起，各式各样的分销系统平台也开始疯狂增长。其中，拍拍微店是最典型的，它拥有着品牌优势和完善的分销体系，依靠着京东这个强大的后盾。下面以HiShop和ECTouch微店分销系统打造的分销系统平台为例，讲一下分销代理模式。

案例一：HiShop微分销系统平台

HiShop是一家微分销系统平台，不仅为用户提供免费开源商城系统，而且还有B2C独立网店系统。HiShop专注微信分销解决方案，为企业和个人提供一站式服务，帮助用户快速搭建个性化微信商城。另外，HiShop结合分销代理模式，能快速招募分销商为用户销售商品，瞬间建立分销体系，抢占移动市场。

案例二：ECTouch微分销系统平台

ECTouch也是一家微信分销交易平台，它由ECTouch研发团队自主开发，帮助企业和个人提供一体化服务。不过，与HiShop不同的是，ECTouch是发动店员或朋友圈等移动端零售人员发展三级店铺的微信店中店系统，从而帮助企业和个人打造多层级微信营销模式。ECTouch的这种多层级微信营销模式可快速复制店铺，结合多级裂变分销模式后能快速招募分销商为用户销售商品，瞬间建立分销体系，以便快速抢占7亿微信用户移动市场。图2-2是ECTouch的微分销系统模式图。

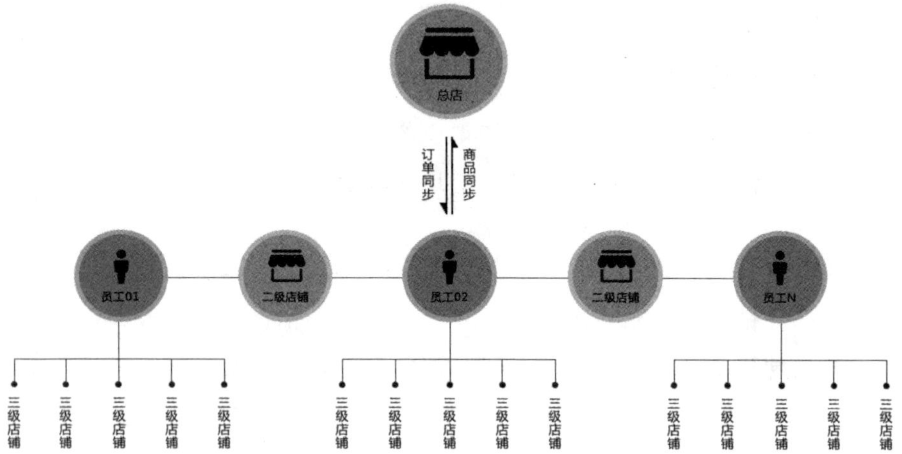

图2-2 ECTouch微分销系统

对微商小白来说，你可以把微信分销平台作为主要渠道，也可以作为兼职渠道。因为这些平台都是富有弹性的，你有时间就分享，没时间可以做其他要紧的事情，工作性质非常自由。

不过，微商小白要想在微信分销平台上大展身手，最需要做的工作就是积累粉丝，你要做一些能够引起他们关注的事情。一旦得到了粉丝的关注，他们就会对你的商品感兴趣。当然，优质的商品是前提，因为在微信分销平台上做生意，如果商品质量不够好，就不能积累良好的口碑，这对你的发展是非常不利的。

另外，微信分销平台也是一个走情感微营销的渠道，它拼的是人品，只要你人品好，产品又好，用户就会源源不断地来购买商品。而且你在此平台上发展的用户，可能会成为你的永久分销商（代理），尤其是那些给你做代理商的用户，他们对你的忠诚度是很难动摇的。

退一步说，假如你在微信分销平台上发展的直接消费者不太多，但如果招募分销商（代理）的成绩很好的话，同样可以获得很多分成。可以说，微信分销平台对微商来说是一劳永逸的。如今，微信分销平台正在吸引越来越多的人加入。

虽然微商模式逐渐从代理向分销代理发展，微商小白在选择一个微商模式前，仍要正确认识分销代理型的优点和缺点，看看这种微商模式适不适合自己。

2.1.2 优质服务型

做微商不只是在卖东西，同时也在做服务。对于采用优质服务模式的微商，其前提是要有一定的粉丝基数，然后通过优质服务与买家进行情感交流，提高老客户的忠诚度，提升重复购买率。此外，维护好了老客户，就能赢得良好的口碑，从而让老客户带来更多的新客户，这样一层一层地裂变，保持着微商经营的良性循环。

优质服务型适合个人微商创业，下面概括一下优质服务型微商的优点和缺点。

1. 优质服务型的优点

- 客户群稳定，重复购买率高。
- 自有客户能介绍更多的客户。
- 基数一定大后会形成裂变，利润丰富。

2. 优质服务型的缺点

- 对服务质量要求高。
- 对个人能力有要求，需要长期和客户建立信任关系。
- 见效周期长，起步阶段效益不明显。

很多成功的微商都强调，销售前的奉承不如做好售后服务。好的服务是保留永久客户的不二法门，如果你的服务能比同行做得更好，客户就会忠诚于你。因此，做微商不要总是想着如何销售产品，要思考如何给客户提供更好的服务。那要如何提供最优质的服务呢？就是急客户之所急，想客户之所想。而且无论是售前服务还是售后服务，你所提供的服务都要超出客户的想象，给他们惊喜。

刘薇就是一个不断用惊喜感动老客户的母婴类微商。比如，有位客户从她这里买一桶 3~6 个月婴儿喝的奶粉，她就会在物流袋中免费赠送一些小礼品，比如小袜子、小帽子、小玩具等，还会用微信给客户分享 3~6 个月婴儿的育儿知识。

刘薇是一个非常用心的微商，她会按照孩子的年龄给客户分类。平常，她还会按照各年龄段的需要给客户分享一些育儿小知识，比如在朋友圈分享一些自己精心制作的育儿小视频，教授大家如何给婴儿洗澡、如何给孩子练习走路、怎样做能开发孩子的大脑等。她做的事情，给客户感觉就是两个字——“用心”。所以，她的客户忠诚度很高，而且还有很多客户都是老客户介绍的，有些客户还做起了她的代理。而且很快她的微商事业就形成了一种良性循环。

如今，刘薇的客户链经过层层裂变，只算代理人数就已经发展到了 500 多人。而且，有些知名母婴品牌还专门找到她，想跟她进行深度合作。虽然现在刘薇的微商事业做得很红火，但她依旧不忘记给客户提供一些意想不到的惊喜和服务。

对服务来说，客户满意是最基本的要求，而给客户惊喜则是服务的最高标准。客户的感动都是从惊喜开始的，而时间长了，老客户可能会对你的服务产生审美疲劳，这时给老客户惊喜能重新感动他，让他更忠诚。另外，一个忠诚于你的客户，不仅会为你的服务和产品提出更多的建议和意见，还会随着你的进步，为你带来连续不断的订单。

做微商不要总想着把自己的产品卖给所有人，其实把微商做大的关键不是去抢一块更大的蛋糕，而是把自己手中的蛋糕做大，学会从中找出自己的忠实粉丝，强化客户的忠诚度。在“互联网+”时代，粉丝的力量是绝对不容忽视的，这些人带来的效益远远比你想象的要大。

然而很多微商走入了一个误区，就是只注重拓展新客户，对老客户的维护不太上心，这时出现一种顾此失彼的局面，就像狗熊掰玉米，掰一个丢一个，到头来发现，老客户流失，新客户则没发展几个，欲哭无泪啊。对这样的微商我只能说，他们不明白“开发新客户的是维护老客户成本的6倍”这一道理。

当然，优质服务型微商为了缩短周期，还要不断筛选客户质量，以两个月为一个周期，按照20%的增长幅度逐步扩大客户基数，把那些质量差的非精准客户淘汰掉，从而形成良性循环。

2.1.3 集聚粉丝型

集聚粉丝型就是通过不断添加好友，增加粉丝数量，然后推送大量广告以达到销售产品的目的。

集聚粉丝型适合个人微商创业，下面概括下集聚粉丝型微商的优点和缺点。

1. 集聚粉丝型的优点

- 简单、方便，操作就是不断加好友。
- 发广告到朋友圈或其他社交平台，技术含量相对比较低。

2. 集聚粉丝型的缺点

- 微信开始限制好友数量，需要借助第三方软件，但有被封号的危险。
- 竞争激烈，加粉丝越来越难。
- 高频率的广告推送会使受众产生厌恶和抵触情绪。

盲目地在庞大的粉丝人群中广撒网，以寻求目标客户的微商做法，现在是很难成功的。不过，大家如果能掌握一些引流的技巧（这点会在本章第 2 节中做详细介绍），这种集聚粉丝型微商依旧是一个不错的选择。

有这样一位月流水 10 万元的“90 后”姑娘，你如果不仔细看她的朋友圈，是很难看出她是做微商的。她经常在朋友圈分享一些关于护肤的小知识、美照、美食、美景等。但是，她的微信粉丝却源源不断，而且“僵尸粉”也很少。

同时这位姑娘还开通了微信公众号、新浪微博、百度百科以及各大论坛和贴吧的账号，然后每天在这些平台上分享各种护肤知识，但在这些内容里完全不提及自己的产品信息，只是在这些文章里插入自己的微信号。这种方式看起来很傻，但让人想不到的是，她却用这种方法将有需求的目标客户引流至自己的微信。

如今，每天都有 100 个左右的新客户主动关注她的微信公众号、微博，还有一些人主动加她的微信，询问产品情况。

集聚粉丝型微商最关键的一点就是掌握引流技巧，突破朋友圈刷屏的单一营销方式，利用好微信公众平台、微博、QQ、百度贴吧、百度论坛等社交工具，就不愁没有粉丝。当然，有了粉丝之后，还要用心维护粉丝，让粉丝自我裂变，你自然而然就会越做越大。

除了掌握一些引流技巧外，微商小白还要懂得利用自身的优势，分析客户的心理，下面用一个案例说明。

王梓是一名做母婴淘宝的微商，他就很会利用自己做淘宝的优势，即掌握所有买家资料，比如买家的电话、邮箱等。有了买家的一手信息，剩下就是加这些买家的微信，并和他们交朋友了。俗话说："一回生二回熟。"这些买家在他的淘宝店铺里面买过东西，加这些人的微信为好友，比随便摇摇加陌生人的精准度高很多。而且他在加好友时验证信息一定会这样写：亲，萌萌哒@小两口母婴答谢老买家，加微信送育儿大礼包。试问，还有几个人会拒绝呢？

除了主动加买家以外，王梓还有让买家主动加他的方法：买家想要啥他就给啥。他的方法其实很简单，就是给福利，大家都希望自己是最特殊的那个。不信，你看看下面的例子，"亲，早点给我发货好吗，我着急"、"亲，可以给我挑个好点的吗？"……试问谁买东西不着急用，谁不想挑个好的商品，这些都是大家想享受福利的心理表现。王梓就抓住了买家的这些心理，在自己的淘宝店铺中打上加微信可以享受优先发货、包装用纸箱等服务的信息。

无论是利用自身优势，还是送礼、享受优先发货服务等，王梓想尽一切办法的目的就是为了引起客户的注意，客户愿意停下来，你后面做的服务、惊喜才有意义。

总之，简单粗暴式的微商玩法已经落伍了，要想做好还需要多用心，比如，微商在发广告时，不要总是发一些产品信息、转账清单、发货清单等老一套的内容，要学会推送一些软文广告，让大家看不出来你发的是广告，并喜欢阅读你的“广告”。软文广告的写作技巧将在本章的第 3 节内容中做详细介绍，在此不再赘述。

2.1.4 品牌影响型

品牌影响型依托品牌的影响，在同类竞争中形成独有的优势。品牌有两种形式：第一种是创建自有新品牌，利用特定目标人群在社交平台上广泛传播，快速影响其他人参与传播，从而形成一种自传播、病毒式的裂变；第二种是原本的线下优质品牌纷纷转战微商，并依靠原先积累的影响力快速建立传播渠道，抢占微商红利。

品牌影响型微商适合品牌企业或者有一定基础的微商，下面概述一下品牌影响型微商的优点和缺点。

1. 品牌影响型的优点

- 竞争力强。
- 利润丰富。
- 发展稳定。

2. 品牌影响型的缺点

- 投资较大。
- 门槛高，需要有一支专业有经验的团队来经营。

不过，对微商小白来说，自创新品牌的挑战还是非常大的，毕竟现在已经不是商刚刚崛起的红利时期，当时由于竞争不激烈，创建微商渠道自品牌的机会还是很大的。而现在，一个新品牌要想被大众熟知，基本上都要投入很大的宣传营销费用，还要保证产品质量好、有特色。所以，对微商小白来说，现在最好选择一些现有的强势品牌来打入微商，这样便能依托其原有的影响力，迅速吸引消费者。

2.1.5 O2O 延伸型

O2O（Online To Offline）延伸型结合了线上和线下。不过，O2O 延伸型微商模式主要适用于销售环节需要在线下完成，或者对服务体验要求高的产品，比如餐饮、美容、教育等服务业，它们需要在线下进行交易或体验，然后再借助社交媒体平台进行传播，通过口碑相传，吸引更多的线上客户到线下门店去体验和消费。

O2O 延伸型微商适合产品体验要求较高的产品，下面概述一下 O2O 延伸型微商的优点和缺点。

1. O2O 延伸型的优点

- 结合线上和线下的优势。
- 拓宽了微商创业者的选择，可以从实体产品衍生到虚拟产品。
- 适合像汽车销售、房地产、建材、机械设备等大宗商品进军微商。

2. O2O 延伸型的缺点

- 有地域和区域限制。
- 线下体验中心需要场地。
- 资金投入较大。

李韬是上海一家茶店的老板，四十多岁，业余时间很多，几乎每天都在喝茶中度过。有一天，我在和李韬一起喝茶聊天时向他介绍了微信的玩法，并建议他做微商。没想到，他玩着玩着居然上瘾了，而且还有点无法自拔的劲头，有空就拿出手机倒腾。就这样，他在玩的过程中加了很多没有见过面的微信好友，而且很多都是像他一样喜欢茶的人。

微信给了本来就善于言谈的李韬一个很好的平台。只要有空闲时间，他就会和微信中的好友聊天，有时候群聊，有时候私聊，反正不管他以前认识还是不认识，只要聊得开，他都推心置腹地像好朋友一样和他们畅聊。时间久了，他虽然和有些人没见过面，但是在微信聊天中他们甚至比老朋友还亲。

彼此熟悉了之后，他们不免就会说一些生意上的事情，很多喜欢喝茶的微信好友听说李韬是开茶店的，而且还对茶有一番研究，就更愿意和他聊天了。他们中的很多人还主动到李韬的店里买茶叶，还有一些人直接让李韬发货，甚至有些好友的单位发福利，也会从李韬这里购买；一些关系不错的好友还给他提出建议，让他把头像换成自己店的 logo，这样其他好友就会一目了然，知道他是做什么的。听了好友的建议，李韬用自己店的 logo 作为自己的微信头像。为了让微信好友更加信任自己，李韬还经常定期邀请一些微信好友来自己的茶店里面品尝新茶。

如今，李韬微信里的好友也不断增多，很多人都是奔着他的好人缘来的，李韬更没想到的是，经过这样一番折腾，他茶店里的生意比以前更火了。这让他很是意外，玩微信居然玩出了业绩，而且还结识了很多不错的茶友，真是一箭双雕啊！

很多像李韬这样业余时间充裕的工作者都会选择用智能手机消遣时间，而像他这样利用闲暇时间既能赚钱又能消磨时间，无疑是最好的选择。

总之，O2O 延伸型微商模式充分利用了移动互联网的时间、空间优势，又结合线下客户体验的特色，让客户享受到更优质的产品和服务。不过，O2O 延伸型微商模式对产品和场地是有一定要求的，因此，微商小白要结合自身条件和产品要求，慎重地考虑是否要选择这种微商模式。

2.1.6 C2B 社区型

C2B（Consumer To Business，即消费者到企业）模式的营销方式是以消费者为中心，先通过消费者提出个性化需求，然后再让生产企业按需求组织生产产品。这种销售模式的社交属性较强，对消费者的需求具有快速反应、平台协作的处理能力。而且微商还具有商品品类丰富、异质性的特征，能在个性化需求定制的生产领域率先突破，从而引领个性化时代的变革潮流。C2B 社区型微商模式如图 2-3 所示。

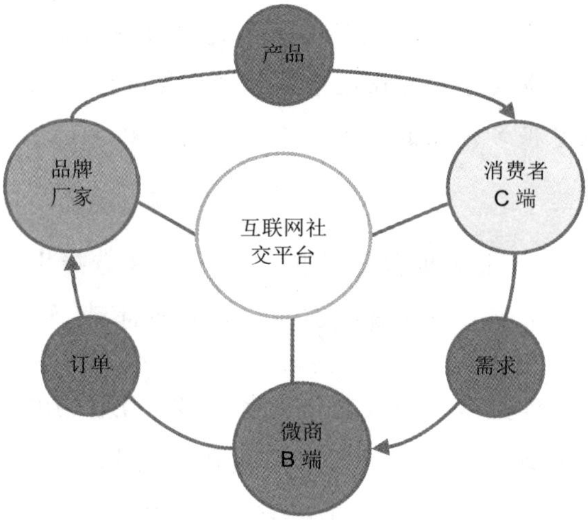

图 2-3 C2B 社区型微商模式

C2B 社区型微商对产品是有要求的，适合创意类、奢侈品等个性类、单价高的非标产品，也适合一些生鲜食品、水果类商品。

消费者 C 端要通过社交渠道聚合消费者需求信息。

相对于传统厂家和传统电商，微商 B 端在定制化生产和销售领域方面更为灵活，其优势主要有以下两点。

- 大部分微商都是销售一些差异化大的产品（如食品类）以及在传统电商平台中少见的个性化商品。所以，微商有异质化产品生产及销售的基础，对 C2B 生产模式有一定的优势。
- 微商的强社交属性，使其在信息传递、即时通信等方面具有优势。而 C2B 模式实行的是定制化生产，而在生产的过程中需要反复沟通，因此，强社交属性也是微商的优势。

一些有能力的品牌厂家根据客户需求进行产品设计、预售，并组织批量生产。

C2B 社区型适合个人微商和品牌企业微商，下面概述一下 C2B 社区型微商模式的优点和缺点。

1. C2B 社区型的优点

从微商角度来说，C2B 社区型的优点：微商根据客户的个性化需求定制产品，邀约厂商生产，实现以客户需求为引擎，使企业“柔性化生产”。

从消费者角度来说，C2B 社区型的优点如下。

- 可满足消费者多元化、个性化需求。
- 省时：消费者只需把自己的需求信息发布在 C2B 网站上，就会有很多商家上来竞标。
- 省力：不用费尽心思砍价，只要把自己能承受的价格报在 C2B 网站上，能接受这个价格的商家就会来竞标。
- 省钱：C2B 网站有很多有实力的商家，买家可以从中选择性价比好的商家进行交易。

正是因为 C2B 社区型有这种优点，以后会有越来越多的消费者参与其中。据《2015 年一季度微店报告》显示，产品销售增长率最高的产品就是那些相对低价、可定制化生产的“巧克力与蛋糕”，有些增长率甚至能达到 89%。可见，相对低价、可定制化生产、高异质性产品或将成为微商 C2B 社区型模式实践的先锋军。

此外，微商的 C2B 社区型模式将为那些不便保存、运输成本高、在传统电商平台不方便售卖的产品，比如生鲜食品、水果，提供一个新的销售平台，像是由各地分销商收集消费者需求信息，确认后由消费者预付款或者先付款，然后再发货；或者运营总部汇总订单信息组织进行生鲜食品、水果的现场采购、包装及配送，采鲜卖鲜，以集约化来最大限度地减少物流成本，也能让客户享受和批发商一样的价格。

从厂商角度来说，C2B 社区型的优点：厂商可实现以销定产、降低库存，同时减少销售环节、降低流通成本。

2. C2B 社区型的缺点

- 模式尚未成熟。
- 质量监督困难。

在电商时代，B2B、B2C 等电商模式日趋成熟，微商作为后起之秀，要想突出重围，必须寻找出一种新模式，而 C2B 模式重点突出了私人定制的特点，它可以让微信商城往精致化的方向发展，做到别具一格。

未来，突出私人定制特点的“微商+C2B”模式将成为“去中心化”的商业潮流。商家可以先设计产品或把正在生产或即将生产的产品放到平台上，寻求用户的意见和想法，比如，小米手机的设计师在小米论坛上与手机“发烧友”们进行亲密交流，然后依据他们的建议对小米手机进行改进。C2B 模式可以为品牌注入个性化、定制化、多元化的特性，而且以消费为导向的微商社交渠道，更能快速聚集适合社交渠道的“小而美”产品。因此，“微商+C2B”模式将成为未来微商发展的主流。

2.2　吸粉的五大引流方法

随着互联网技术的发展，QQ、微信、微博、百度贴吧、百度知道、百度文库、百度论坛等社交平台，在经历过野蛮生长的阶段之后，汇聚了海量用户，这些用户都应该是微商争取的对象。下面以微信和 QQ 为例，向大家介绍简单一下这两种社交工具有哪些网络营销功能，其内容如图 2-4 所示。

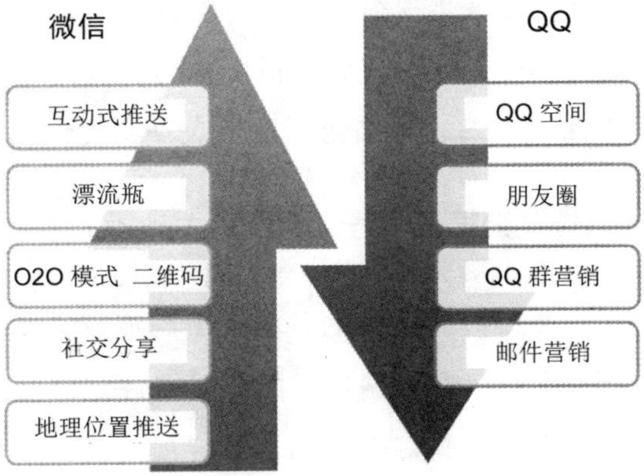

图 2-4　微信和 QQ 的网络营销图

有的微商通过做一个 QQ 空间，一年有十几万元的收入。

有人利用一个小小的微博账号，每年卖出几十万元的产品。

有人仅拥有几百人的微信好友，每月营业额可达十几万元。

有人利用微博、微信、QQ 营销，能使自己美妆产品一年多赚 200 万元。

……

这样的例子比比皆是，只是不为我们所知而已。本节主要介绍几种微商引流模式，帮助微商迅速涨粉，玩转社群和粉丝营销。

2.2.1 微信公众号引流

2017 年 4 月 24 日，腾讯旗下的企鹅智酷公布了最新的《2017 微信用户&生态研究报告》，报告显示截至 2016 年 12 月，全球共有 8.89 亿微信月活用户，新兴的公众号平台有 1000 万个。

面对如此巨大的流量来源，很多微商自然也不会放过公众号这个引流平台。为了让更多的人看到并关注自己的公众号，微商小白就要利用起各种途径和渠道，下面主要讲述了如何利用公众号实现快速引流。

1. 批量创建热搜关键词公众号，让用户主动找上你

热搜关键词通常是一段时间内的各界大事与流行话题。不过，利用热搜关键词为公众号起名时，要根据自己的产品属性定位匹配关键词。根据热搜关键词创建的公众号的排名会靠前，这样用户就会主动找上你。

2. 利用自媒体平台进行大量投稿

如果自己的公众号上有很好、很新颖的原创内容，但在前期如果只靠被动搜索，这些好文章是很难吸引到流量的。而向自媒体平台大量投稿的话，不需要花费任何的资金就能让自己的文章得到更多人的关注。因为自媒体平台本身就有很多流量，借助这些流量，内容的阅读量和浏览量会高很多。

3. 自建公众号运营联盟

目前，国内出现了大量的自建联盟，如移动互联网、91 运营网等。所

以，大家可以和周边同行的公众号建立一个运营联盟，实现互利共赢。在自建联盟的时候，刚开始可能会觉得维护起来很难，但只要成熟稳定了，流量引爆速度会大幅度上升。

4. 第三方平台促销活动引流

已规划好微信公众号并对要变的内容进行了明确的定位后，就需要做一些事情让微信公众号成功引流，借助第三方促销活动是最有效的方法，比如与快递员合作、提供微信照片打印机等。

5. 利用趣味测试游戏吸引用户关注

可以在微信公众号上发布一些新奇的趣味测试游戏来吸引更多的新粉丝关注，并留住粉丝。这种引流方法抓住了大家的好奇心理，很多人都对趣味性的内容感兴趣。

6. 利用抽奖游戏宣传公众号

通过各种软件媒体推广自己的公众号虽然是上上策，但还要主动去寻求客户资源，通过亲身体验让别人加自己的微信公众号后，再利用抽奖游戏宣传自己的公众号，这不失为一种良好的对策。

7. 把已有的官网、App 粉丝导入公众号

2014 年 11 月 6 日，微信开放平台总经理曾鸣在腾讯全球合作伙伴大会上表示微信沟通接口将越来越开放，这对微商来说是件作好的事情，微信沟通接口上线后，大家可以把已有的官网、App 粉丝导入到公众号。

8. 利用公众号策划线下活动，如现场扫码

策划一个好的线下活动也是微信公众号涨粉的关键，比如可以组织交流会、试吃活动、产品发布会等，让客户通过现场扫码关注你的公众号。总之，只要线下活动符合自身条件并能吸引客户关注，大家都可以积极尝试。

2.2.2 微信红包引流

做微商，除了要把货卖出去以外，更重要的是销售你的“人品”，而大家对你的看法在很大程度上取决于你的知名度。打响知名度最有效、最直接的做法就是微信红包引流。

在日常生活中，可能很多人都有这样的感觉，不管是群主还是群成员，当你在微信群或者 QQ 群发布一条促销活动的群消息时，响应的人通常很少，有时甚至没有人响应。但是，当你先以红包开路，然后再发布一条同样的群消息时，响应的人往往有很多，推广效果也很好。所以，发红包可以帮你叫醒很多装睡的人，为了有效地吸粉，大家也可以借助红包吸引粉丝。

良品铺子曾在春节期间举办了一个名为“过年就是要扑吃”的线上线下 O2O 营销活动。此活动借助微信发红包、抢红包、分享红包、使用红包等手段，鼓励用户参与到活动中。例如“过年就是要扑吃”红包活动的环节之一，“抢楼大作战”（图 2-5），此环节是在活动帖下带话题回复#过年就是要扑吃#结合与“笑”的相关内容，就可迅速抢占楼层，例如：#过年就是要扑吃#良品 MM 笑得最美丽。良品铺子会根据活动事先定好的规则对有奖楼层发放奖品。

图 2-5 “过年就是要扑吃”活动宣传页

在活动期间，良品铺子除了发放常规的红包以外，还玩出新花样，用户可以上传自己的笑脸，良品铺子会根据技术评估的笑脸值给出价格不等的折扣。良品铺子的这种红包玩法可让用户在“趣”和“利”的双重刺激下，自觉成为项目的传播者和生成者。

此外，为了方便顾客扫码，良品铺子还在门店、微信、微博、网站、候车厅、电梯、纸媒、海报等多渠道进行了全方位的广告投放。在整个春节活动期间，良品铺子微信公众号共派发一级红包 300 多万个，二级红包 500 万个，红包带动销售 8000 余万元。红包转换率达到 20%，同时，成功为微信平台加粉 40 万人，总体活动曝光 2.2 亿人次。

良品铺子这种发红包的模式被广泛用到各种电商销售中，用以吸引客户，对提高销售产量有很好的效果。但是不同的销售者要选择适合自己的方法，将收益最大化。下面通过具体案例讲一下微商小白可以通过什么样的方式利用微信红包进行引流。

刘倩是一名护肤品代理商，主要负责面膜的销售，但是辛辛苦苦、四处推广，一个月的收入也就在一万元左右。后来她觉得不能这样下去，要做出一点改变，于是开始从网上找促进销售的有效方法，发现了红包销售这方法，决定放手一搏，试一试。

她首先建立了一个微信群，然后拉进来了 100 多个女性微信好友，之后发了 200 元的微信红包，群里瞬间热闹了。之后刘倩和大家说："你们还想要更多的红包吗？想要的话就把我拉进微信群吧，如果群里人数超过 100，我就会发红包哦。"

之后经过几轮裂变，她进入了 40 多个新的群，接触总人数接近 6000，一共发出了 4000 多元的红包。然后她和大家说："我是卖护肤品的，现在我们有一款很好的面膜在做免费推广活动，有兴趣的人可以加我微信免费领取。"

结果有 200 多个人加了她好友，然后她又把这 200 多个人重新建了一个群，开始招收代理，最后她一共招了 50 多个代理，囤货有多有少，但也销售出了 10 多万元的面膜。

这个方法对于刘倩来说很有效果，但是也有一定的缺陷。

1. 红包费用较高

刘倩一共发了 4000 多个红包，这对于个体草根创业者来说不是一笔小数目，他们一般是不敢下这么大的赌注的；而处于存活时期的商家一般也不会选择这种方式，风险太大，但是它的推广效果又好于百度竞价。

2. 需要依赖微信群的活跃度

随着微信的普及，微信群的数量也越来越多，但是有很多群的活跃度是很低的，很多人在群里都不说话，进入了这样一个群，红包往往是没有特别大的效果的，所以要重新建群。

另外，进入的群要求人数在100以上，符合条件的群比较少，而且一般都是有一定活跃度的，不然不会这么多人还留在这里。

陈洁是一名卖室内素描画的微商，但手买的资金并不多，所以选择了另外一种方法。

她建了一个新群，然后发了一个200元的红包，在群活跃度较高的时候和大家说："你们可以把朋友拉进来哦，一会我还继续发红包，或者你们新建群把我拉进去也可以，等你们五分钟哈。"

过了一会，她在群里说："你们都来了吗？我现在要开始发红包啦，我先发一个10元的红包，你们谁抢到的数额最大，一会儿我单独给他发100元红包，说到做到，但是需要你们先加我好友，不然红包发不了就作废了。"

随后，大家能拉进群的成员也差不多了，陈洁就开始发红包。当天晚上她一共加了300多个好友，发了310元红包，但是最后卖出了100多张素描画，自己赚了2万多元。

这种方法就非常适合资金不多的草根创业者，效果好又不需要很高的成本。世界上没有免费的午餐，免费推广时的效果也不一定会好，在很多行业也都是不可复制的，所以微商一定要利用好红包流。

另外，在建群时一般都是拉女性进群，因为男性一般不太可能占这样的便宜，达不到很好的推广效果，而女性一般都是比较好说话的。

2.2.3 QQ 群引流

QQ 原本被大家当作一款单纯的聊天工具来用，而如今，QQ 的众多功能已被营销界人员所使用。当然，QQ 对微商来说，也绝对算得上是一个营销的好工具。很多微商牛人们通过 QQ 在微商界玩出了新花样，吸引了众多粉丝的加入。下面主要介绍一下 QQ 群的引流技巧。

利用 QQ 做营销，要先对品牌有一个细致的了解，明确宣传方向，确定潜在客户群体分布。你一定要清楚你的对象是谁。如果定位不好，你所有的工作都是白忙活。而在 QQ 营销中，最不可缺少的是 QQ 群营销。

查找具有潜在群体分布的 QQ 群是营销工作的第一步，操作步骤是在 QQ 查找联系人中搜索与微商产品相关的群，如图 2-6 所示。建议微商小白先把这个理解好。

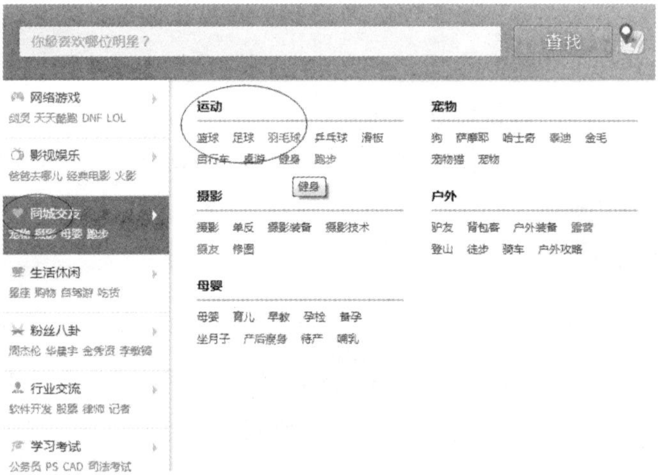

图 2-6　QQ 群查找

其实，QQ 群的引流方式与微信群的引流方式很相似，大家可以参考前文中微信群的引流方式学习 QQ 群引流，这里将不再赘述。下面讲一下掌握 QQ 群引流的重要性。某微商团队建群的速度非常快 ，一周内建立 7 个超过 2000 人的大群。其实这也不是非常复杂，关键就在于商业思维。

人都是被逼的，这个时代速度太快，作为微商，我们只比别人跑得更快，行动起来更迅速，这样才能走得更远一些。

2.2.4 QQ 空间引流

如果想利用 QQ 空间引流，首先要做的就是装扮自己的 QQ 空间，你可以通过一些图形处理软件对 QQ 头像进行加工和处理，利用百度搜索到的有关 QQ 空间引流界面知识进行包装和设计

而且你最好开通 QQ 会员和黄钻。开通 QQ 会员不但能让自己加更多的好友，同时还拥有许多普通 QQ 号没有的功能。开通黄钻后，大家利用可免费的装扮饰品来装扮自己的空间。比如黄钻套装、小视频、黄钻标志、播放器、导航栏、个性相册等等。如果能够把空间的整个页面、布局美化一下，客户的驻足率也会更高。总之，一定要把你的 QQ 空间打扮得漂漂亮亮的，这样别人在访问时才会多瞧瞧，只有触动到到客户会有成交。

除了通过自己的空间进行引流以外，还可以通过一些相关行业的人气 QQ 空间去引流，不过首先要做的就是对自己所需的粉丝进行定位。比如你现在卖的是女性护肤品，就要找一些与女性有关的人气 QQ 号，所谓人气号，就是 QQ 空间浏览量比较高的，不仅总访问量很高，而且最好每天的访问量也很多，这样的 QQ 空间活跃度才高，从这里面加的粉丝才精准，超人气 QQ 空间示例如图 2-7 所示。

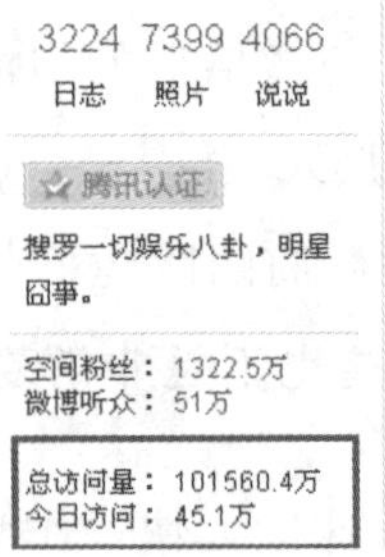

图 2-7 超人气的 QQ 空间

你可以把这些人气空间设为“特别关心”，这样就可以在他们发表动态时，第一时间去评论说说和日志了，大家也看到你的评论，如果她们中的一些人对你感兴趣的话，就会主动加你。而且这些评论的人基本都对这个品牌感兴趣，不管她想做代理，还是买来自己用，你是不是都可以把她挖过来呢?

另外，如果你点击关注了这种高人气的 QQ 空间，它还会弹出与该空间相似的其他空间，这样你能转易地找到类似的高人气空间（图 2-8)，想从中找精准粉也是一件容易的事。

图 2-8 高人气的 QQ 空间

以上方法可以帮助你迅速增加粉丝，但在操作时需要注意以下 3 点。

- 一定要把你找好的人气空间设置为“关注”，将特别火爆的空间设置为“特别关心”，这样你才能保证在第一时间去评论他们的说说，当然前提是你的网速要快。
- 前期的准备工作要做好，比如用来评论的文案，这样就可以在他们发表说说或日志后直接复制粘贴了，此时比的就是速度，而且也要准备 10 条以上，否则可能会导致 QQ 账号被限制。
- 特别注意，不要连续快速地评论过多的空间，否则会导致 QQ 账号受限。

如果你每天这样坚持不懈地关注这些人气空间，不停地去评论，就静静地等着别人加爆你吧！

2.2.5 论坛引流

当然，论坛引流也是微商不容忽视的一部分，因为很多优秀的论坛聚集了大量的忠实粉丝，而且这些粉丝的精准度很高。

天涯和豆瓣是国内最主流的两大论坛，里面聚集了大量的粉丝，值得微商们去重视。特别是以女性群体为主的论坛，毕竟微商的主要消费群体还是女性，微商可以在蘑菇街、美丽说等论坛上吸引精准的女性粉丝。

此外，豆瓣还有一个优势，就是论坛用户可按照自己的爱好分成各种各样的小组（图 2-9）。

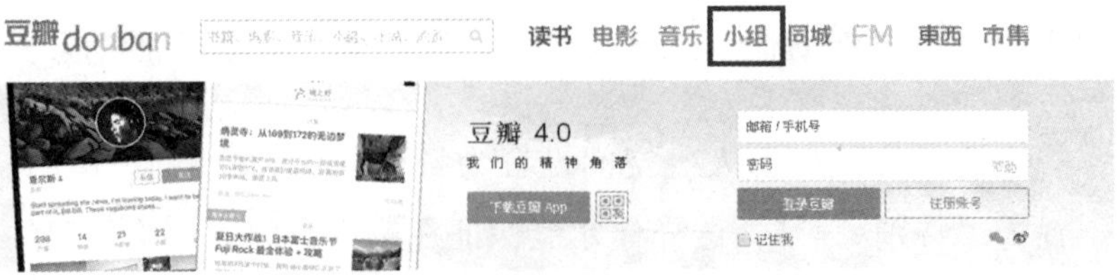

图 2-9　豆瓣“小组”功能

在“豆瓣小组”（图 2-10）功能下，你可以找到时尚类、生活类等小组，然后根据自己产品的特点匹配加入，找到精准的粉丝。

图 2-10　“豆瓣小组”页面

在论坛上吸粉的关键在于软文内容。软文的写作方法将在本章的第 3 节中做具体介绍。在这里只简单介绍一下大家应该用什么样的内容来吸引粉丝，一般情况下，论坛软文吸粉的类型主要有四种，其内容如图 2-11 所示。

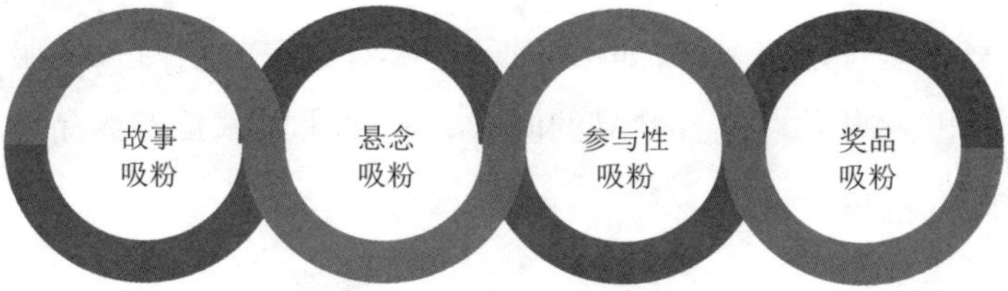

图 2-11 论坛软文吸粉类型

1．故事吸粉

故事吸引法其实就是在论坛上讲故事，但你必须重视故事的内容，无论是讲心路历程，还是趣味故事，总之，你的内容要让逛论坛的人真真切切感觉到有意思，只有你的故事吸引了他，他才会注意并关注你。

2．悬念吸粉

悬念吸引是一种比较常用的方法，比如，你在论坛上面提出一个谜题或者一个智力测试，让大家来竞猜，如果他们想要知道答案就必须者关注你的账号再取得答案。虽然这种做法有点强迫的意思，但如果你提出的东西吸引到了大家，也能取得很好的效果。

3．参与性吸粉

人人都有想参与、想展现自己的欲望，比如你想让大家关注某个平台，就可以在这个平台上征集一些内容，说明每个人都有机会被选中，选中的人将会获得平台的展示并且提名等等，这样会让参与者产生荣誉感。

4．奖品吸粉

奖品吸粉需要你事先准备一些免费的小礼品，“天上掉馅饼”的事大家都喜欢，所以你可以利用大家的这种心理，在论坛上举办一些抽奖活动，虽然有时奖品不一定有多好，但人们还是会对免费的东西感兴趣，操作起来也很容易出效果。在设置奖品的时候，不要让大家觉得奖品遥不可及，否则吸粉的效果也会变差。

不过论坛毕竟是论坛，效果有限是一方面，另一方面发广告可能导致你的论坛账号被封杀。所以大家在论坛上发广告的时候一定要注意频率。

2.2.6 线下活动引流

线下活动引流是对线上引流的有利补充，因此，微商小白要充分结合线下资源，做好线下引流的准备。

在做线下活动引流之前，先要选择一个适合自己的引流活动，线下引流活动有哪些呢？其内容如图 2-12 所示。

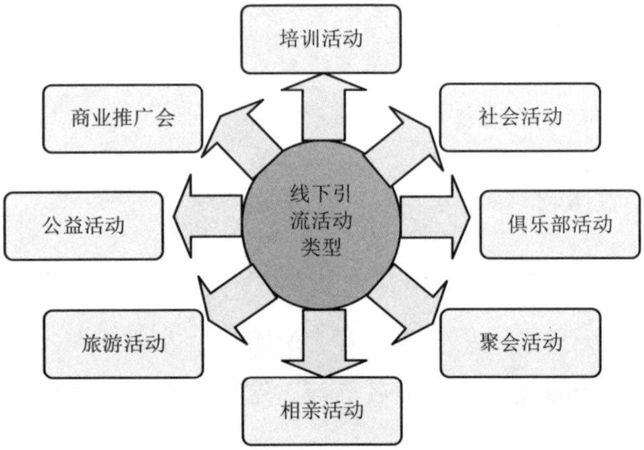

图 2-12　线下引流活动类型

下面以聚会活动为例，说明线下活动的重要性。聚会是现在比较常见的一种线下活动，在各种论坛和微信群中经常会有人发起一些临时的聚会活动，比如业务交流活动、参观某个地方、体育运动、聚餐等。

对微商小白来说，参加一些微商线下交流活动，一方面能帮助自己提升业绩，另一方面还能激起自己做微商的激情。如今，线下聚会活动有很多，只要你喜欢，都可以参加，这样不仅能提升你做微商的能力，而且还能拓宽自己的圈子。最重要的是，经常参加活动的人都有很多空闲时间，这样的人很适合做微商代理。

微商做线下活动时，除了要知道多种线下活动类型以外，还需要了解一下参与活动的方式，一种是主动发起，另一种是被动参与。主动发起是自己作为组织者，让自己成为意见领袖，树立自己的影响力，从而建立属于自己的社群。被动参与就是参加其他人组织的线下活动。

不过，无论是主动发起，还是被动参与，都要成为活动的焦点。那么如何让自己成为活动的焦点呢？因为在主动发起互动中，自己本来就是活动的主导者，自然很容易成为焦点，因此下面主要说一下自己在被动参与线下活动时成为活动焦点的技巧内容，如图 2-13 所示。

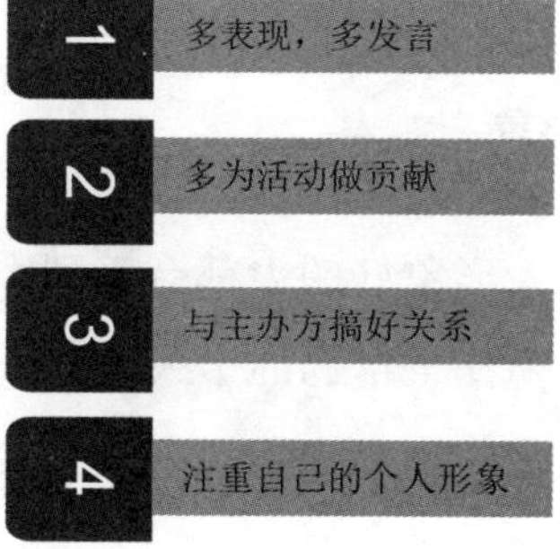

图 2-13　成为线下活动焦点的技巧

1．多表现，多发言

很多人在众多活动中都表现得很腼腆，这对做微商来说是非常不利的。因为做微商就是做关系，大家都不认识你，何来关系之说呢？因此在参加各种活动时，要在活动现场张扬自己的个性，多表现、多发言，让更多的人记住你。

2．多为活动做贡献

在活动中，大家都关注价值，因此你要多做有价值的事。充分发挥自己的特长，主动为活动做贡献，比如你的口才好，就可以主动请缨做活动的主持人，这样你必定会成为活动的焦点之一。

3．与主办方搞好关系

与主办方搞好关系，你成为焦点的可能性就会很大。那么如何与主办方搞好关系呢？一是自愿做志愿者，帮助他们宣传活动；二是多积极响应他们主办的活动；三是多与主办人员互动；四是提供礼品赞助。当你们的关系熟了之后，就可以要求主办方给你一个头衔，比如“组织会长”、“特约嘉宾”等。有了这些“头衔”，后面的事就好办了。

4．注重自己的个人形象

无论在什么场合，个人形象好的人都会受到大家的关注，因此，微商在参加一些活动式，一定要注重自己的个人形象，服装要尽量选择一些亮色的，身上佩戴一些个性化的饰品也不错。女士要化淡妆，穿一些能显示自己气质的衣服。

以上内容主要介绍的是个人社交的线下活动，下面再来介绍一下以商业为目的的线下推广活动，这种活动主要以扫二维码为主。但是，要想让大家扫二维码，前提是二维码制作要有创意，例如，有人在内衣上贴二维码，有人扫码送礼物。总之，你给大家扫码的理由一定要充分，这样，扫码活动才能起到事半功倍的效果。

深圳大型商场海岸城推出 O2O 营销新模式，即开启“微信会员卡”活动。微信用户使用微信扫描海岸城专属二维码，就能获得一张存储于微信中的电子会员卡，享受商家提供的会员折扣和服务。

对二维码推广活动来说，如果你的策划有创意，那么其营销效果会很快见效。可以说，二维码线下推广活动是微商积累资源、快速起步的理想选择。

2.3 促成微成交的六大技巧

如果你的朋友圈今天来了 100 个人，有 80 个人咨询，但最终只有几个人购买。这说明除了产品本身有问题以外，你的微商销售技巧和话术更是有待提高。

然而微商无论是做宣传还是收“米”，基本上都在线上完成。客户只能通过屏幕“看”到产品，不能摸、听、闻、尝，在眼耳口鼻舌身中，只有眼睛可以用。因此，对微商来说，消费者购买的前提就是阅读，一切营销都建立在写作的基础上。如果你发的软文、推送的消息没有任何特色，很快就会淹没在千千万万条信息中；如果你发送的图片、制作的视频比别人都要好，那你就会成为这些信息中的佼佼者，客户会被你的内容吸引，你的产品何愁卖不出去。本节将向大家介绍几种用内容促进成交的技巧。

2.3.1 制订微营销的销售目标

盲目做微商，必然会吃亏。因此，微商小白在做微商之前，首先应制订好销售目标。

制订销售目标是任何一个商业性实体都必须要做的事，而且要针对不同的时期、地区设置相应的销售任务指标。销售目标按时间可分为以下（图2-14）三种。

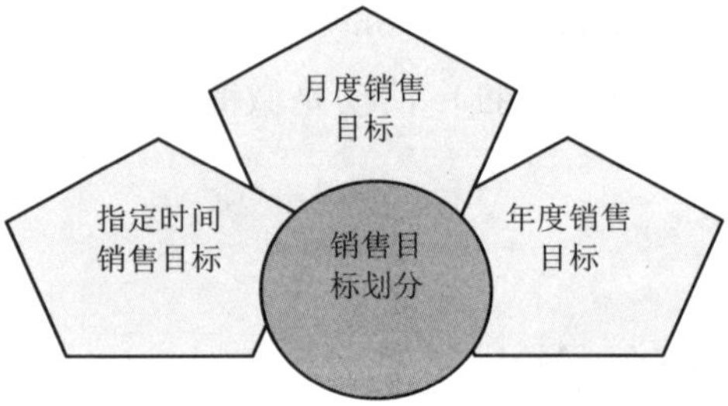

图 2-14 销售目标划分

做微商，制订切实可行的销售目标自然也是必不可少的。有了销售目标，不仅能督促你快速前进，而且还能给自己增加销售动力。

2.3.2 制订微营销的行动计划

微商营销行动计划有三大步骤：抓潜、成交、追销，如图 2-16 所示。

图 2-15　微商营销行动计划三大步骤

1. 抓潜

所谓“抓潜”就是寻找其他地方的潜在客户，这个过程是为成交做铺垫的，也是成功的基础。为了尽快找到潜在客户，你可以去别人的“鱼塘”去“抓”，因为你所想要的每一个客户，都已经是别人的客户了。

每个客户都有很多需求，为了满足自己的需求，他们会购买一些产品和服务，当他们所购买的产品或服务与你的产品足够相似时，就表明这个“鱼塘”里的“鱼”有很高比例是你想要的，即你的潜在客户，这就是所谓的“鱼塘理论”。

很多微商喜欢到大海里去钓鱼，殊不知这样不仅辛苦，成功率也低，有时只有千分之一，甚至更低。所以我建议你到别人的“鱼塘”里抓想要的“鱼”，前提是要与鱼塘主建立互利共赢的模式，让鱼塘主心甘情愿地把他的“鱼”推荐给你。这样你借了他的信誉，成交率就能轻易地提高 10 倍、20 倍，甚至更高。所以，微商营销是从别人的“鱼塘”开始的。

不过，为了提高“抓潜”的后续力量，你要尽可能地搜集到这些潜在客户的信息，比如对方的姓名、邮件地址、电话号码、家庭住址等。你获得的客户信息越多，潜在客户的质量就越高，后续成交的可能性也就越大。如果没有抓住客户的名单或者是姓名、电话号码等信息，这样的“抓潜”是没有用的。

总之，不管是多么厉害的成交高手，即使你本来可以成交相当大的比例，如果没有“抓潜”这一环节，客户流失率能达到50%，甚至更多。所以你在“抓潜”时要尽可能抓住这些客户的名单详情，这才是微商成交中最重要的环节。

2．成交

当你通过“抓潜”环节建立一个专属于自己的客户资料数据库后，就可以利用网络营销成交策略促成成交。下面介绍几种成交策略，内容如下所示。

（1）塑造产品或服务的价值

微商一定要做好定位，你是你所推销产品的专家，而消费者不是。而你让消费者信服的关键是塑造产品或服务的价值。

塑造产品或服务的价值应从实际价值和心理价值两个方面出发。从实际价值来看，你要帮助客户增加利润，或者帮助客户减少成本；从心理价值来说，你要跟上客户的想法、实现客户的梦想，或者减少客户的痛苦。简单来说，你的产品要把客户的梦想给激发出来，传递给客户可见的价值。或者你的产品能帮助客户减少因疾病、容貌、自卑、烟瘾等带来的痛苦。

（2）强调独特卖点

市场上同质的产品有很多，你的产品必须有坚如磐石的“独特卖点”，这些潜在客户才不会从竞争对手而是从你这里购买。

（3）做出零风险承诺

零风险承诺能客户不再担心自己在交易中被骗，或者也可在因一时冲动而做出错误决定安心退货，所以，这是一种姿态，表明你对你的产品或服务负百分之百的责任。采用零风险承诺能让你争取到80%的客户。

（4）赠送有价值赠品

人们都希望自己能够用最少的代价获取最多的价值。因此，利用赠品能提升客户对产品的忠诚度。但赠品必须做到两点：一是尽可能是实用但成本并不高的商品；二是要对客户有价值，因为没有人愿意收垃圾。你还要给大家解释送赠品的原因，让大家感觉自己是占了便宜。

（5）不轻易抛出价格

微商小白一定要注意，在你还没有塑造产品和服务的价值之前，绝对不能先抛出价格。因为客户只有先认可产品的价值，才有可能认可它的价格。

（6）便捷的支付方式

向客户提供便捷的支付方式，比如微信支付、支付宝支付、储蓄卡快捷支付、货到付款等，这也能体现优质的服务。如果在客户已经认可了你的产品和价格，但你没有为他们提供便捷的支付方式，这次交易很可能也会失败。

（7）快速送货

客户在网上买完东西之后，都希望能在最短的时间内收到货，而物流快慢也是客户是否忠诚的关键因素。比如，在各个店铺的差评中，有些差评完全是因为物流慢或者快递员服务态度不好，如果大家因为物流流失客户，这实在是太得不偿失了。因此，大家一定要选择优质的物流公司，为自己和客户消除后顾之忧。而且在客户下单之后，你要立即发货，并告诉客户货已经上路了，或者把快递单号告诉客户，方便他们查询物流情况。

（8）突出稀缺性和紧迫感

俗话说“物以稀为贵”、“机不可失，失不再来”，这都在强调稀缺性和紧迫感的重要性。而结合稀缺性和紧迫感，能更好地发挥作用。当然，在你设计稀缺性和紧迫感营销时，一定要回答客户内心的三个问题：一是我为什么要买；二是我为什么要向你买；三是我为什么非得马上就买。其中，第三个问题最重要，一定要突显出来。

3. 追销

所谓追销就是追加销售，简单来说，就是维护老客户，提高他们的重复购买率，其具体内容已经在本章第 1 节的“优质服务型”中做了详细介绍，这里就不再赘述。

2.3.3 创作社交属性的晒单文案

很多微商都喜欢在朋友圈晒对账单、转账截图、支付宝收款截图、与客户的对话截图。微商们为什么要花时间做这些事情呢？难道只是为了炫耀自己的成就，让别人给自己点个赞吗？答案当然是否定的，归根结底，微商的目的就是挣钱，因为晒成交、晒对话、晒记录这些有图有真相的东西不仅能帮助他们拉粉，还能帮他们增加自己的“微代理”人数，那微商有什么理由不选择这种两全其美的办法呢？

做微商赚大“米”的牛人大咖们就很会抓住人们的心理——跟风，看别人用的化妆品好，自己也想买；看别人穿的衣服很时尚，自己也想穿；看别人做微商成功了，自己也想做……

这些牛人大咖们抓住了人们的跟风心理，再利用一些营销“手段”，即用成功的微商案例激励他们加入自己的团队做“微代理”。下面分享一位微商“大佬”是如何让犹豫不决的“微代理”加入自己的微商团队的。

首先，发一些做微商成功的案例。

【好消息】她，身为专职宝妈靠做微商活出了自己的范儿

王艳是我的一位代理，她于2016年1月份荣升为“准妈妈”，为了能够好好地照顾自己的宝宝，她做起了专职妈妈。她有一颗向往经济独立、自信、骄傲的心，但又怕老公反对她做微商，也怕被她的朋友知道。但在我的鼓舞下，她终于鼓足了勇气决心投入微商。刚开始的时候她先把货囤在我这，经过两个月的努力，她打开了销量，直接拿了一箱××，还办了特约授权。在我的建议下，她把货囤到了自己家，向周围的人说明自己在做微商，结果朋友们纷纷来捧场，销量随之上涨，老公也由反对她做微商转为了支持。下面（图2-16）就是她在朋友圈发的状态。

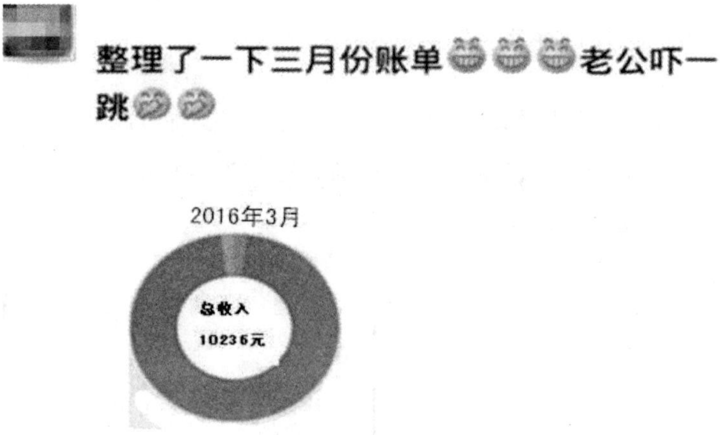

图 2-16　宝妈朋友圈截图

看到这样一份有图有真相的微商宝妈的成功案例，再看看自己的工资对账单，你是不是心潮澎湃，也想干出一番事业？

这样的“好消息”能引起人们想加入微商的冲动，特别是对宝爸宝妈们，想到自己既能很好地在家照顾孩子，又能有如此可观的收入，谁不会怦然心动呢？如今，微商对宝爸宝妈们来说确实是一次机遇，你可以通过以那些宝爸宝妈们成功的案例，说服他们成为“微代理”。

而这些案例对那些有野心的人也是一次不小的冲击。有些人在做微商前表现得很怯弱，如果我们将案例摆在他们面前，他们肯定会被吸引，还有的人会想，这些天天带孩子的人都能有空挣这么多钱，我一样也能。

所以，微商可以经常晒晒，这种用事实说话的方法，不用多费什么口舌就能使大家相信，还能找到最忠实的“微代理”，这不是一举两得的事吗？

那么，晒“米”的频率是否越多越好呢？当然不是，如果天天晒“米”，大家不仅会对这些图片产生视觉疲劳，还会对产生怀疑。最好的方法就是，一个月晒一次账单，隔三差五地晒晒转账截图、收款截图，与客户的对话截图可以多晒一些，但是也不要太频繁，以免画蛇添足。

2.3.4 设计有创意的海报体

2015 年，旅游行业由“去啊”的一张 PPT 引起了一场具有蝴蝶效应的旅游行业文案大混战。当时，淘宝旅行“去啊”率先在其新闻发布会上用了一张 PPT，其内容如图 2-17 所示。

图 2-17 “去啊”PPT 内容

“去啊”在上图中表达的品牌含义是：“只要决定出发，最困难的部分就已结束。那么，就去啊！”

而“去哪儿”也针对这张 PPT 做出了回应，其文案内容如图 2-18 所示。

图 2-18 “去哪儿”海报体

紧接着“携程”也加入了，其文案内容如图 2-19 所示。

图 2-19 “携程”海报体

在这次文案大狂欢中，很多公司都不甘示弱，不过，最终的营销效果挺好的。

从以上一系列的海报案例来看，一则传播能力强的海报要能引起大家的关注。毕竟很多人都喜欢看热闹，大家一来看热闹，营销的目的也就达到了。

此外，海报的构图也要和谐。运用文案的视觉效果传达文案创意，对于任何一张海报来说都是不可或缺的。例如，树立于高速公路入口处或道路两旁的路牌广告，尤其要注意将文字和图案结合起来，不能光利用文字来描述产品。这种方法看似简单，其实只有少数文案创作者才能熟练掌握这样的才能。路牌广告的对象是在行驶在公路上的驾驶员，那么其文案必须在 5 秒钟之内引起司机的注意。而根据调查，使用强烈而单纯的色彩，能够更快地把信息传递给他们，所以要注意不要让海报看起来很乱、显得肮脏，使用的素材也不要超过 3 种。最重要的是，文字要尽可能大，品牌名也要醒目。下面介绍一下制作海报时影响视觉的因素主要有哪些，其内容如图 2-20 所示。

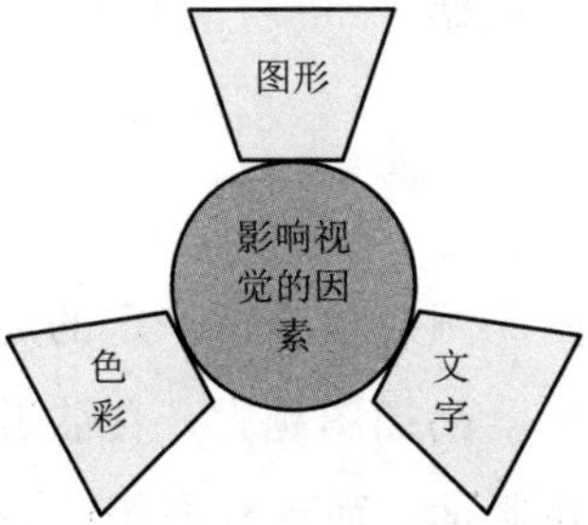

图 2-20 影响视觉的因素

1. 图形传达

（1）绘画类的有黑白画、喷绘

（2）写实类的有摄影作品

（3）象征类的有卡通漫画

2. 文字传达

（1）标题

（2）正文

（3）广告语、标语

3. 色彩传达

（1）色彩组合：鲜艳、明快、和谐

（2）色彩对比：冷暖、明暗、纯度、面积

（3）色彩定位

在海报中，文字和构图比例必须遵循一定的规则。例如以食欲诉求为中心来创作的海报，使用的食品插图越大，食欲诉求力越强。尽量不要出现人物，因为人会占据大块版面，而这种海报应着重于表现食品本身。彩色印刷也比黑白印刷更能勾起人的食欲。食物的照片比图画更具吸引力，使用一张照片比使用两三张更醒目，如果非使用几张不可，也应该使其中一张占据主导地位。

在文案设计中，应尽可能在文字部分提供一些菜谱或食用方法。家庭主妇总是在寻求新的烹调法以愉悦家人。不要把烹调方法写在正文里，要在主要的插图照片上把它独立、突出来，吸引到人们的视线。

心理学家哥斯达认为，人们在注意版面时，上面的部分比下面部分的注目价值高，左侧比右侧的注目价值高，因此版面的左上侧是最引人注意的位置，也被称为最佳视域（图 2-21）。文案一定要放最佳视域中。

图 2-21　最佳视域

一张好的海报必然具有独特而优美的文案创意。无论是利用文字直接说明，还是运用视觉形象以及各种符号，这些都是为了传达你的创意。文字和构图是海报的表现形式，文案展现的是整个作品的肉体，而文案背后的创意则是作品的灵魂。文案是可以看得见的，然而文案创意却是隐藏在文字和构图背后的思想，它通过文字、视觉形象、各种符号表现出来，从而构成完整的作品。

2.3.5 打造阅读量百万人次的软文内容

在微商时代，客户只有阅读了你的推广文章，才有机会了解产品进而购买，而你的营销都建立在写作的基础上，一篇优秀的软文可以消除客户对广告的抵触情绪。软文的反面就是硬性广告，所谓的硬广就是简单粗暴地把产品价格、公司信息、产品好处、产品优势一一列出来。但客户一般都已经对这些硬性广告有了“免疫力”，你说得再怎么天花乱坠，也不会买你的账。而软文的精妙之处就在于一个“软”字，它能使用户在阅读文章时觉得广告不是刻意出现的。

多芬这个品牌很会洞察女人。尽管所有的女性品牌都在告诉女人：你比你想象中的美。但要如何令女人相信她们比想象中的更美呢？这句话不应该仅仅是一句口号。

为此，多芬找来了美国罪犯肖像艺术家 Gil Zamora（吉尔·萨莫拉），通过一项社会学实验给出了“你比你想象中的美”的解题过程。

首先，他们找来了 7 位女性描述自己外形，Gil Zamora 根据描述画出一组画像 A。随后，他们又找来 7 位陌生人描述这 7 位女性，Gil Zamora 根据这 7 位陌生人的描述画出了一组画像 B。这则实验是在一个完全隔离的状态下进行的，他们完全看不见彼此。

在这次研究中，他们发现前面 7 位女性对自己长相的描述往往很悲观，比如“我的脸颊很肥”、“觉得自己鼻梁很塌”。而后面

7 位陌生人对她们的长相描述则乐观得多，比如“她有一双迷人的眼睛”、“她的脸型很标致”。

可见，女人总在低估自己的长相。这时为什么呢？其根本原因在于“世界一直在售卖美丽”。例如电视剧中的女主角总是拥有大大的眼睛、漂亮的脸蛋、苗条的身材；整形医院打出双眼皮手术广告，相比之下自己的单眼皮似乎无精打采，衣服模特的身材都超棒，甚至锻炼出腹肌，相比之下，自己的小肚子便显得面目可憎；代言化妆品的明星皮肤白皙，光彩照人……正是我们周围的这些广告，让你觉得别人都是美的。就算你已经很美了，也总会有比你更年轻、更漂亮的模特出现。可见现在的女人背负了多大的压力。当多芬把 Gil Zamora 画出的画像交给这 7 位女士时，画面上就顺理成章地出现了多芬的这句广告语——“你比你想象中更美”。

多芬通过这样一则广告，让女人真正感觉到她们比自己想象的更美。这篇视频发布之后，感动了很多女性，它帮助当今女性寻找到真正属于自己的美丽，让女人相信美丽的定义不应局限于狭隘的标准，每位女性都是充满个性的特殊存在，真实的美丽存在于不同的外形、身材、年龄和肤色之中……

不仅如此，多芬从产品到每一项行动，都不断致力于激发女性深层次美的潜能，让她们享受呵护、宠爱自己的过程，“让美更美丽！”所以，多芬从 1957 年面向市场开始，一直备受广大女性消费者的喜爱。

要知道，人是感情动物，尤其是女人，更容易被打动。带一些感情色彩的软文会很容易打动读者。所以在创作软文时，一定要努力寻找能引起读者情感共鸣的地方，这样才具有强大的煽动力，可以通过极富冲击力的语言、画面，或者与众不同的图像、思想等达成。如果软文没有煽动力，就不能吸引消费者的注意，即使产品再好也达不到推销目的，但煽动力跟产品息息相关，如果一味哗众取宠，或者不合实际地夸大产品的性质特征，无异于传达不真实的信息，或者会将消费者的注意力分散到广告中去，而不是产品本身，这样也达不到推销产品的目的。

美国广告“创意革命”的三大旗手之一威廉·伯恩巴克曾说：“放纵想象、梦想不相干的细节、沉醉于惊险逗人的图画不算是创意，有创意的人能驾驭想象力。他在运用想象力时，会让每一个想法、每一步说明、每一个字和每一条线都充分显示出产品的优势：鲜活、生动、可信、有吸引力……”

由此可见，煽动力也可以借由想象力和图案来发挥，这些具有吸引力的内容都是为了说明产品的优势，但软文创作者不能让想象力的驰骋毫无边际，或者为了哗众取宠而一味标新立异，他必须让想象力为软文的创意服务，让一切的吸引力都来自于产品，他的一切想象力都应基于产品本身的特质。这样才能经得住时间的考验，让消费者一如既往地支持该软文。

2.3.6 自制微视频新玩法

在“微时代”，玩微博、看微段子、读微小说这些似乎已经过时了，现在更潮流的玩法无疑是自制微视频，它完全不同于好莱坞大片，重在表达生活中的创意和情感，所以很多人都喜欢看这些微视频。在这种趋势下，微商小白也要紧跟时代趋势，利用闲暇时间制作宣传自己产品的微视频，分享到朋友圈，大家看起来也新鲜，而且对人的视觉冲击力也要大许多。

很多微商对微视、美拍、小视频等拍摄视频的工具比较熟悉，但是要制作一些夺人眼球的创意视频，还需要熟悉几款制作微视频的工具，下面简单向大家介绍一下常用的几款微视频制作工具。

1. GIF 快手

GIF 快手（图 2-22）是一款摄像软件，可以让静态图片转化为短片动画，它为你提供的视频主题有最搞笑的瞬间、最萌的宠物、最可爱的萌娃。还有大家最喜欢的帅哥美女。可以说，GIF 快手是一款为非主流青年开发的耍宝工具，更重要的是它所拍摄视频的时长可达 17 秒。

图 2-22　GIF 快手 App 图标

大家下载并安装好 GIF 快手之后，应该如何使用它呢？

第一步：打开 GIF 快手，进入主页面，点击右上角的拍照键，就可以自己拍摄一段视频作为 GIF。当然，还可以从手机相册中选择所需照片。但是在相册中读取多张图时，手机的相册功能是需要使用您的位置的，请在手机中允许 GIF 快手使用位置。

第二步：摄像机抓取所选图片后，可以对图片进行更多的特效操作，比如搞怪特效、滤镜特效等。

第三步：在录制界面，还可以选择手机里面的照片与一些小视频进行加工，如图 2-23 所示。

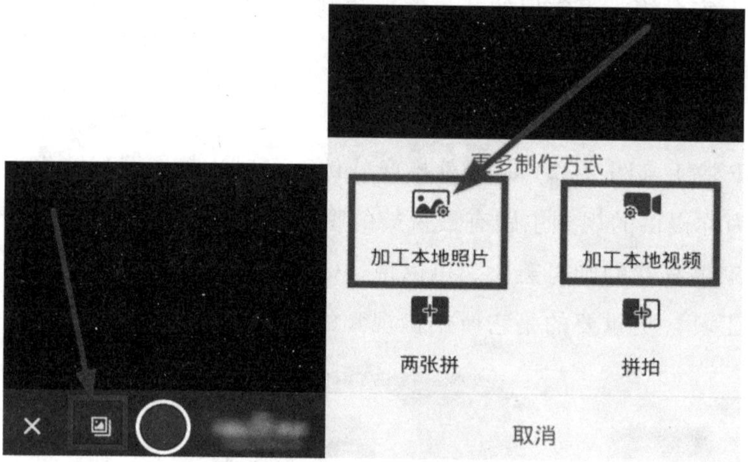

图 2-23　GIF 快手制作页面

第四步：在预览页制作 GIF 动画，按下制作健，几秒钟后，会动的 GIF 图片就生成了。

微商可利用 GIF 快手拍摄一张优质的产品照片，再为照片配上一段自己录制的介绍产品的视频，让你的产品“说话”，这样的独特信息能瞬间引爆你的朋友圈。

2. 小影

小影软件有手机版，也有电脑版，其主要功能包括“独家视频美颜”、“全能视频剪辑”、“全新素材商店”（图 2-24），它能帮助用户快速制作好玩、有趣、有故事的微视频，还能添加个性、酷炫的视频特效，可爱的动画贴纸和字幕。

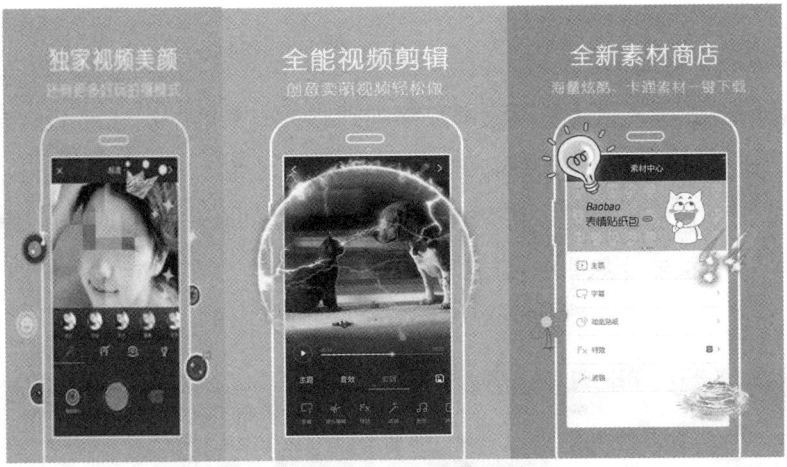

图 2-24 小影软件三大功能界面

下面来介绍下如何使用小影制作微视频。

第一步：打开“小影”软件，点击“制作视频”这个按钮。如果只是想对视频进行简单的剪辑操作，可直接点击“快速剪辑”键进入操作界面。

第二步：在“快速剪辑”界面，你从手机上选择一段需要剪辑的视频，点击“开始剪辑”后，就可以进行视频剪辑的工作了。但它最长只允许剪辑 5 分钟的微视频。

第三步：小影在“快速剪辑”功能中，除了可以将一大段视频剪成一小段微视频外，还能对视频添加一些特效。你只需要点击编辑界面中的“主题”按钮，就能对你剪辑的微视频添加你想要的效果，点击“配乐”按钮还能配上一段背景音乐。设置完全部的效果后，点击“下一步”，即可生成一段有特效的微视频。

3. 会声会影

会声会影是一款功能强大的视频处理软件，它可以实现手机拍照、拍摄 DV、视频剪辑以及将图片和音频结合等私人定制功能，还可以转换 MV、DV、V8、TV 和实时记录抓取画面文件，并提供有超过 100 种的编制功能与效果，可导出多种常见的视频格式等。会声会影功能界面如图 2-25 所示。

图 2-25　会声会影操作界面

会声会影非常适合家庭或个人的日常使用，微商可以用它制作产品动画说明书、微商活动以及活动参与流程等微视频，以此来吸引客户的眼球。

3

百倍增长：打造强有力的微商团队

我认为未来微商的三个核心点是：产品、商业模式、团队建设。真正能够赚钱的微商都拥有一支“狼性”团队，因为仅凭一个人的力量要把微商做强、做大是很难的。如果你能建立一支凝聚力强、执行力强的团队，就可以相对轻松地拥有收益。本章将让大家了解微商团队的力量，并教大家如何打造一个让业务百倍增长的团队。

3.1 团队力量：超强的复制能力

打造团队的秘诀就是复制能力，赚钱的秘诀就是把钱分给天下人。如今，很多企业会推出新产品，微商也会做自品牌，他们为了让自己的产品能在市场中占一席之地，并快速吸引受众的眼球，会选择一批强大的微商团队做后盾，让其背后推广这款新产品。

如果微商能带好自己的团队，轻松赚钱就不在话下，而带不好团队，你可能辛辛苦苦却没钱可赚。从微商兴起到现在，带好团队并一直是做好是微商最关键的一环。而打造一个能够进行良性发展的团队，才标志着你的微商之路步入正轨。本节主要向大家分享一下组建团队的时机、必要条件、对业务增长的作用、人员选择以及指标设定等内容，帮助读者从零开始学微商团队建设。

3.1.1 把握好建立微商团队的时机

有些微商小白可能认为，自己刚刚做微商，建立微商团队现在可能跟自己关系不大，如果你有这种想法，那么你做微商是不可能做大的。如何打造一个微商团队，应从你刚开始做微商就开始考虑。因为打造一个良性发展的团队不是一朝一夕就能完成的，它需要微商提前做好规划，想好对策，而不是盲目地说建团队就立马建团队。

当自己做好了建立微商团队的规划之后，就要在一定的时机下组建微商团队了，这个时机主要包括以下（图 3-1）几个方面。

图 3-1 建微商团队的条件

1．大量的粉丝

微商团队的大部分成员都是从粉丝中发展而来，因此，为了快速建立属于自己的微商团队，大量的粉丝是必不可少的，这样才能发展更多的微商团队成员。

2．丰富的经验

打造一支强有力的微商团队，其重要环节是培训，因此，大家必须具备一定的销售经验、引流经验、产品知识经验等，这样你在培训中才不会出现“一问三不知”的情况，否则会给人留下“不专业”的印象，这样大家肯定不会跟着你干。

3．一定的资金

找货源需要资金，做推广也需要资金，招聘工作人员还是需要资金，因此，在建立微商团队前，要保证有一些资金，这些资金可能不需要太多，但手头必须有一些钱。具体需要多少，这要看你的盘子有多大。

只要满足了以上三种时机要求，就要立即着手建团队了，千万不能贻误时机，让别人先抢了彩头。

3.1.2 掌握建立微商团队的必要条件

建立微商团队，除了要抓住时机外，还要具备一些打造完美微商团队的必要条件（图 3-2）。

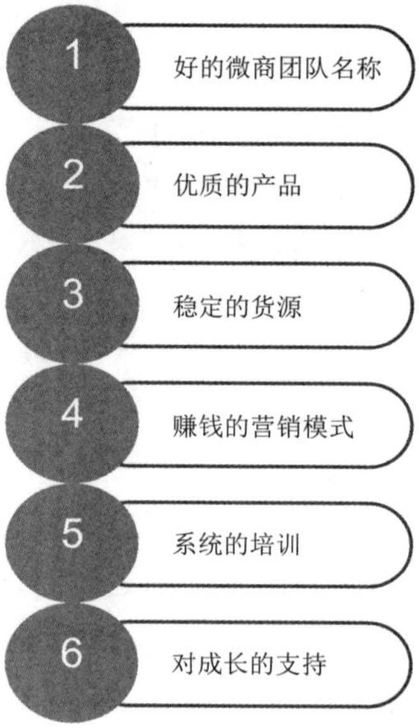

图 3-2 建立微商团队的必要条件

1. 好的微商团队名称

微商团队与产品一样，都要树立起一个品牌，所以，微商小白在建团队前需要给团队取一个易记、响亮且有正能量的团队名称。总之，微商团队的名称要与自己的产品、或者创始人的性格相符，让消费者在网络上或者其他地方看到你的团队名称就能够想到你。

另外，好的团队名称也易于宣传，能扩大传播力度，从而吸引到更多优秀的人主动加入到你的阵列。比如，可以找专门的设计团队为微商团队名称设计一个代表性的品牌商标，当团队举行线下聚会，或者参加一些大型会议时让它以旗帜或条幅的形式亮出来，这样就能多次传播，会在朋友圈产生巨大的影响力。

2. 优质的产品

优质的产品是微商团队发展的根基，凡是根基不稳的微商，即使他有一个执行力强的团队，也不可能发展壮大，更不可能形成良性循环。本书从开始就一直强调，做好微商的前提是有好的产品，而想打造微商团队，前提还是好的产品，只有好的产品才能迅速打开销路，否则即便你招到很多代理也卖不动。那什么是好产品呢？一方面，它一定是正规产品，各项指标符合国家政策法规；另一方面，它要符合微信社交环境的要求，不是大部分微商涉及的产品，这样才能保证未来有大的市场发展空间。

3. 稳定的货源

不管你的货源是从网站批发平台，还是与某品牌公司合作、由厂商直接供货，前提都得是这些货源上家必须靠谱，不仅要保证货源的质量，还要能提供大量的货源。当然，这些货源的价格要足够低，这样微商才有利可图。

4. 赚钱的营销模式

本书第 2 章第 1 节着重为大家讲解了几种目前主流的微商模式，总之，不管大家选择什么样的微商模式，它都应该是一个不会造成大量囤货、能持续健康发展的营销模式，同时还要保证代理团队有钱可赚。

5. 系统的培训

本书第 1 章也说过，对微商小白来说，选择一个有实力的上家是关键，而判断一个上家是否有实力的标准之一，就是看这个上家是否会给下家提供系统的培训，培训内容包括产品相关知识、销售技巧、如何引流等，要求下家对这些知识进行扎实的储备。因此，微商在建立团队时，要保证能对代理人员做一个完善的培训，这也是组建团队的重要指标之一。

6. 对成长的支持

微商团队成员之所以会心甘情愿地跟着你干，最重要的原因还是因为你能支持他们的成长。这些支持是你具备人性化管理能力的体现，让团队成员获得利益的同时，还能得到精神上的满足，而且还有机会获得更大的成功。这就是马斯洛需求原理中的尊重和自我实现。

总之，微商团队要想持续发展，必须满足以上这六点必要条件，这样建立的微商团队才是可信任的、健康的、可持续的。

3.1.3 微商团队让业务迅速提升百倍

对创业者而言，21 世纪不再是个人英雄主义的时代，而是团队作战的时代，大家一起抱团取暖，才能实现互利共赢。对微商行业来说也是一样，现在微商要想赚钱，就需要建立属于自己的团队，团队对微商的最大贡献就是使业务迅速提升百倍、甚至千倍。那团队为什么能让业务增长呢？其原因如图 3-3 所示。

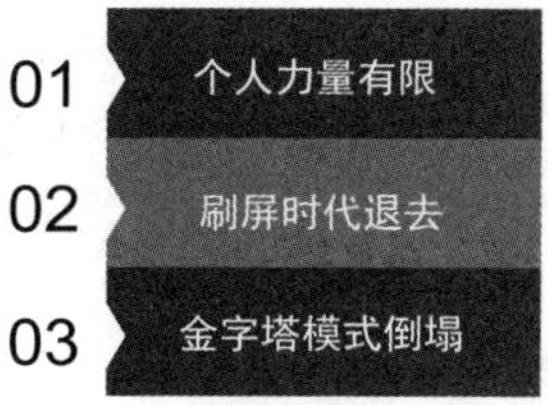

图 3-3 团队提升业务的原因

1．个人力量有限

是一根筷子容易被折断，还是十根筷子容易被折断呢？答案很明显，当然是一根筷子更容易被折断。这个简单的问题也道出了团队的强大力量，就算是马云，无论是在创业前期，还是后期扩张，其成功都离不开阿里巴巴的支持、合作。

毕竟一个人一天只有 24 个小时，即使不眠不休地工作，一天最多也只有这 24 个小时。但有了团队就不一样，即使大家每天只工作 8 个小时，三个人的力量就足够代替你一个人。

假如你的能力很强，每天全身心地发展代理，可以发展 5 名。但你还要统计订单、发货、联系物流等，这些琐碎的事情会浪费很多时间，这样你就不能全身心投入到发展代理的工作中，最后每天只能发展 1 名代理，可能还没有太多的时间帮助这个代理提升业务。但是如果你找一个人帮助你统计订单、发货、联系物流，那么你每天就能发展 5 名代理。1 名代理和 5 名代理的价值是天壤之别的，再者你还有时间培训他们，让这 5 名代理的业务能力变得更强。这笔账算下来，要比你一个人单打独斗划算得多。

2．刷屏时代退去

在微商刚兴起的那两年，微商随随便便刷个屏每月都能挣到上万元。

如今，仅凭不停地刷屏、叫卖是做不了微商的。微商正在向正规化、体系化方向发展，没有一个强大的团队来支撑，很难赢得消费者的信任。

3. 金字塔模式倒塌

金字塔模式（图 3-4）其实就是按等级划分代理，代理级别不同，拿到货的价格也不同。如果你是四级代理，即使能力再强、卖出的货比其他人卖得多，你也很难发展代理。因为你的拿货价很高，下级代理的拿货价会更高，很难赚到钱。而下级代理再发展自己的代理，更是难上加难。所以说，在金字塔模式中，只有顶层人员才能赚到钱，下层人员都是劳苦命。

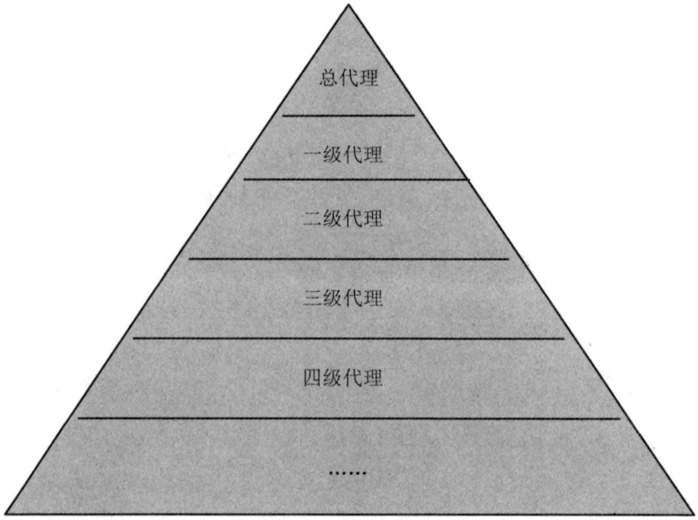

图 3-4　微商金字塔模式

金字塔模式也曾盛极一时，当时它刚兴起，大家都没有意识到“层层代理压价”这一潜规则。但是随着这种模式在微商界的泛滥，大家都心知肚明，因此，现在很少有人再加入依靠金字塔模式的团队做微商，即使有幸做到总代理，或者一级代理，你辛辛苦苦建立的微商团队还是会倒塌，因为下层代理赚不到钱，他们自然会离开你，下层代理都离开了，那上层的人自然而然也就掉下来了。

那什么样的模式才不会导致团队坍塌呢？微商模式要以底层人员为本，时时刻刻为他们着想，帮助他们赚钱，这样他们才不会离开你，当你的团队有了稳固的基础之后，再想让自己的团队发展壮大就变得很容易。

当今时代需要团队成员共同努力才能成就自己、成就他人。总之，做微商，没有完美的个人，只有无懈可击的团队，大家要致力于打造完美的团队，让团队人员帮助你快速提升业务。

3.1.4 设计好团队成员的架构图

大家要做微商团队的领头人，自己要有一定的号召力、影响力和感染力，这样团队成员才会以你为榜样，把你当作目标，并且绝对服从你，跟着你走。如果你连自己都没有做好，那就不能成为整个团队的灵魂、主心骨，更不可能去带领大家，人家也不会跟着你干。所以，微商在建团队之前，要让自己成为一个能胜任、有话语权的领头人。

接下来就要开始打造团队。打造团队的关键是人员选择。选择人员时，与创业者选择合伙人一样，一定要慎重。人员选择的前提是能做事，一个人的能力再强，不做事一切都只能是白谈。所以，人员的能力不是第一位的，做事的态度最重要。团队成员都脚踏实地地做事，团队才能有钱赚。

微商团队中的成员分别来自五湖四海，一般没有固定的办公地点，沟通方式基本上都是微信，为了方面管理可以为各个岗位建立固定的微信群，自己主要负责管理每个群的群主，群主负责管理下面的成员。微信群管理模式相当于把以前线下传统的层层代理机制搬到微信上。一般来说，微信团队群架构图如图 3-5 所示。

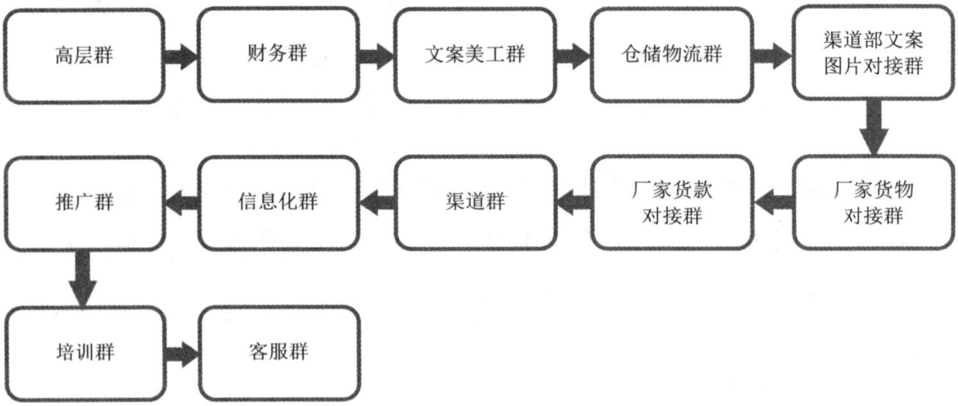

图 3-5　微信团队群架构图

目前，很多微商大咖都是通过微信群来直接或间接管理团队中成千上万名微商成员。对团队成员来说，微信群是移动互联网时代的模拟办公场所，他们只需要明确各项规则，就能像在同一个办公室内一样完成各项任务。而且微信群这种办公方式打破了空间的限制，让工作更加方便。

另外，员工除了要脚踏实地外，还要能与你优势互补、资源共享、凝聚智慧结晶、群策群力。从某种程度上讲，人员选择是否合适与微商创业能否成功息息相关。总之，你一定要慎重地选择团队成员，盲目选择必吃大亏。

3.1.5　设计微商团队的销售目标

有时候，不逼自己一把，你永远都不知道自己有多优秀。微商组建团队后，要为团队人员设定各项目标，这是引爆团队的最好方法。没有目标，微商团队就等于一盘散沙，团队及个人都将无法发展。

一个优秀的微商团队必须为团队设定各项目标，作为团队领头人，自己也要以身作则，否则其他人心里会不服气。你想让其他人服你，就必须给大家一个服你的理由，而完成一个其他人完不成的目标则是让其他人信服的最好办法。

一般来说，各项目标都是在月初制订的，而且设定的各项目标一定要详细。以微商代理为例，每个代理都要制订自己的日业绩、周业绩、月业绩、加好友数量以及发展代理个数等（图 3-6）。当然，每个人设定的目标都要有一定的挑战性，比如，有人能完成的周业绩是 5000 元，但他为自己设定的目标是 6000 元，即使他最后完成了 90%（6000 元 × 90%=5400 元），也比她设置一个低目标（5000 元）完成得多。

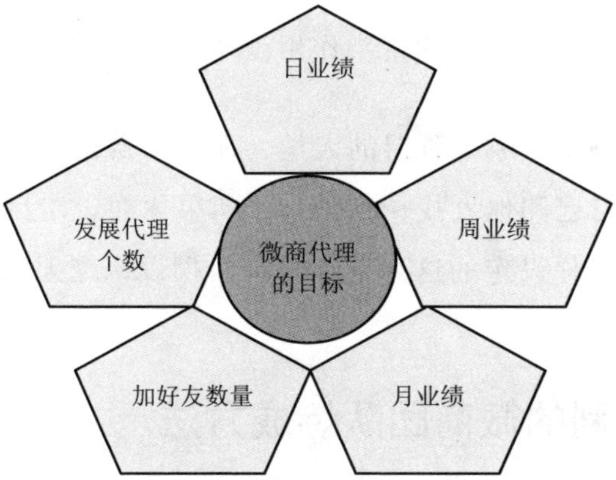

图 3-6 微商代理的目标

做事业，千万不要给自己设限，界限会限制你的进步。但是现在很多人都喜欢安于现状，找各种借口、理由去说服自己和他人这条路行不通，产品是卖不出去的。不要执着于障碍，要拼命地完成目标。

当然，代理们有了详细的目标之后，还要制订出具体的行动方案，以及自己要达成这些目标需要付出哪些努力、具体该怎么去执行等。有了这些目标，代理们便能充分发掘出自身拥有的最大潜能。

下面教大家一下完成目标的小技巧，比如将每个月的详细目标贴在床头上，激励自己去完成；每天早上起床的第一件事就是按照重要性依次写下今天要做的5件事。人都是有惰性的，在没有目标的情况下，这种惰性会更加肆无忌惮。有了目标，自己的动力就会变强，所以，制订一个目标对团队的成长是相当重要的。

当然，为了更好地让团队成员达成各项目标，还要采取惩罚策略，其目的是为了让大家拼尽全力完成目标。有一个微商团队的领导者就因当月没完成目标，剃光了头发。他这样的做法不但警告了自己，还提醒了团队中的其他人，起到了一个好的带头作用。

总之，无论是团队哪个阶层的人员，凡是给自己定了目标，就要严格执行下去，不给自己和他人找一丝借口。如果你在设定目标之前，就已经想好了退路，那么你设定的这个目标就是个摆设，毫无意义。

3.2 百倍盈利的微商团队炼成方法

很多微商从最初一个人单打独斗到现在拥有一个团队来运作，有的团队甚至有上万人。这些微商团队的力量是无法估量的，他们能迅速让一位草根变成一位明星级人物，能让一个默默无闻的品牌迅速成长为被市场接受的大品牌。微商团队拼的不是人数，而是销售能力。那要如何才能打造出一批有激情、有能力的微商团队？让一个月的流水达千万元级别？下面就为大家讲一下怎样打造出使业务百倍增长的微商团队。

3.2.1 139模式：团队管理的方法

目前，广招代理的微商仍占据着主流市场，团队管理则是极其重要的一环。世界级系统建造大师贝克·哈吉斯被称为管道之父，说："如果你把自己定位为推销员，靠推销建立生意。那么你不需要系统。系统是给那些希望从左象限走到右象限的人准备的。如果你希望开创被动收入，迈到企业家象限，那么我实在想不出，除了通过系统建立管道之外，还有什么其他方法。"贝克·哈吉斯的管道理论图如图3-7所示。

图3-7 贝克·哈吉斯管道理论

系统是企业家成功的秘密，也是一个微商做强、做大的关键。那么如何让微商系统更有效地被执行呢？其实很简单，只需要做好三件事，即“相信、听话、照做”，然后再根据系统按部就班地操作就可以了。不过，微商系统的发展是由若干个成功领袖策划并靠个人魅力、影响力带动系统化运作而成的，这个系统具备自然的生命力，不容易被摧毁。

微商系统从成立到成长，应遵循的大致流程如图 3-8 所示。

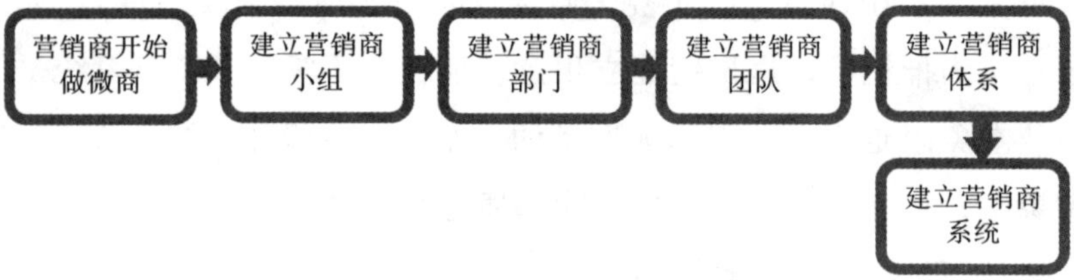

图 3-8　微商系统建立流程

营销商开始做微商（一人）→建立营销商小组（几人）→建立营销商部门（“线”，几十人）→建立营销商团队（几百人）→建立营销商体系（数千人）→建立营销商系统（数千人以上）。

在建立这个复杂、庞大的经营网络过程中应重点围绕两个任务，一是发展新代理，二是留住老代理。为建立稳固的招商系统，某微商平台在运营过程中提出“139”核心小组复制模式，即一名核心成员、两名骨干成员（核心成员与骨干成员之和为三）、六名小组其他成员（核心成员、骨干成员及其他成员之和为九）。

建立“139”模式，一定要求核心人员起一个很好的网名，为以后团队的命名做准备。具体做法如图 3-9 所示。

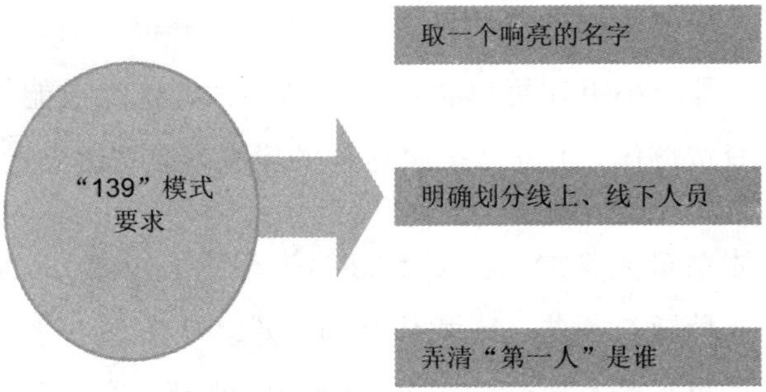

图 3-9　“139”模式要求

1. 取一个响亮的名字

为营销团队取一个响亮的名字可以让你和微商团队快速吸引公众的注意，比如一个有个性、有特色的名字，或者借助名人明星先为自己造势。另外，从开始做微商之日起，你就必须开始包装自己，并为每一名成员制订目标，为你将来成立核心团队打下坚实的基础，这也能让微商团队的价值得到最大的提升。

2. 明确划分线上、线下人员

要想打造一个强有力的微商团队，必须明确划分线上和线下人员，对每一个人进行明确定位。在成为你的代理时，你就要在了解他的特点和习惯后判断他适合线上还是线下。

3. 弄清“第一人”是谁

作为微商团队的领导人，必须弄清谁是线下某一个市场的第一人，谁是这线上某一个市场的第一人。市场从“第一人”开始，依靠 QQ 群、微信群、各种交易工具流以及团队协作，按成功三步复制代理商，即在新代理商中筛选九人形成小组建立团队分部。建设好分群，确立市场领导核心成员，有了核心骨干小组才可以将市场雪球滚大，这么做能长期服务本群的所有代理和消费群体，还可以按照这样的模式复制，达成星火燎原之势。

建立营销体系最关键的一点是建好第一个中心（群），而且第一个群建立的时间也会稍微长一些，毕竟从 0 到 1 难，从 1 到 N 容易。建好第一个群后，你需要费心费力地经营，等到时机成熟后，这个群就会产生一套行之有效的运营模式，快速占领市场。然后按照这样的方式不断地复制新的分群，成为坚实的标杆。

3.2.2 团队架构：依据产品特点规划

管理微商团队与管理公司很相似，都不是一件轻而易举的差事。很多人虽然建立了自己的微商团队，但他们同样很苦恼，觉得代理忠诚度不高，容易变心，可能今天还是自己旗下的成员，明天就归入了其他人的队列，这让很多微商甚是头痛。这些人的团队成员之所以不忠心，很大的原因是他们跟着这个团队赚不了钱。

为什么做同一款产品，有的微商团队能让团队成员赚很多钱，而有的就赚不到那么多呢？其关键在于团队创始人没能好好管理，没有合理地分配团队成员的各项工作，导致自己辛辛苦苦建立的团队一团糟。因此，微商在建立团队之后要合理规划团队架构，明确成员们的分工，让他们各司其职。

本章之前向大家介绍了微商团队群的架构图，其实，这些群基本上也代表了微商团队的人员架构。一个专业的微商团队，其人员架构如图 3-10 所示。

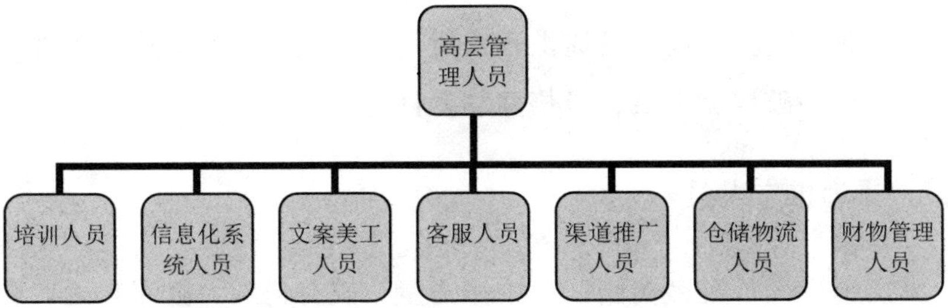

图 3-10 微商团队架构图

1. 高层管理人员

高层管理人员是微商团队的核心，其主要工作是战略部署团队的各项执行计划，安排各部门事务，并确定哪些事情由谁执行、由谁负责。另外，他们还要评估各销售部门的业绩情况。

2. 财务管理人员

财务管理人员对微商团队的各项财务分配进行管理，比如团队举办线下活动开支、员工工资、群推广花费等，而且还要控制开销，让账目清晰，不出纰漏。

3. 文案美工人员

文案是微商团队在进行品牌推广时必不可少的，为了快速吸引消费者的眼球，任何文案都需要由专业人员进行设计。一条好的图片文案有很大机会能在一夜之间进行病毒裂变式的传播，这样的传播量级是惊人的。所以，不要忽视文案美工人员的力量。

4. 仓储物流人员

仓储物流人员主要与厂家供货方进行对接，处理发货、订货、物流等事宜，及时为团队代理人员提供收发货信息。此外，他们还负责处理团队内缺货、货品破碎、丢货、价格变动等问题。

5. 渠道推广人员

渠道推广人员是微商团队的中坚力量，没有粉丝，微商其他一切活动的意义都不大。微商的渠道推广人员主要通过百度关键词、软文营销等工具推广微商团队或者个人，让团队每天都能增加新的粉丝。

6. 信息化系统人员

微商主要利用互联网技术进行销售、推广、成交、付款等操作，而提升信息化技术就离不开信息化系统人员了，他们从设计信息化系统开始，进而升级基于团队的微商系统。

7. 培训人员

培训人员可能是微商团队中人员最多的，完备的培训体系是团队专业性的体现。一般来说，培训人员要分为以下（图 3-11）五个小组。

（1）小白孵化组

小白孵化组一般由省代的助理管理，引导即将要做微商的人加入自己的阵营，帮助微商小白解决做微商时所遇到的一切问题。

（2）监督考核组

监督考核组的人员负责避免团队中出现恶意竞争的乱象，同时对各个小团队的销售情况进行考核，督促大家不断进步。

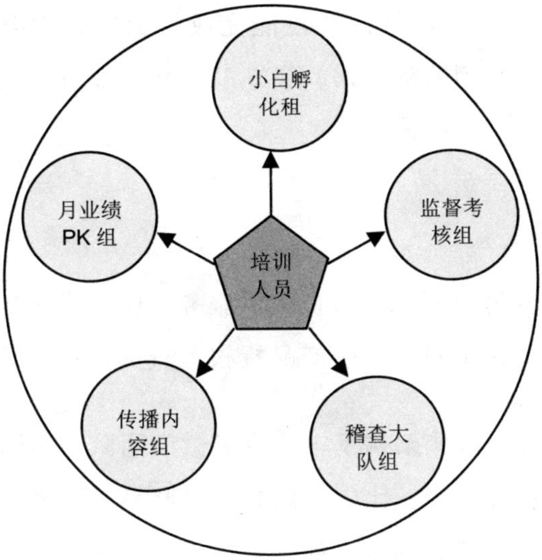

图 3-11 培训人员分组

（3）稽查大队组

稽查大队组的人员会处理在销售渠道中出现的一切问题，比如乱价、串货、假货、处罚等，负责规范微商代理团队的销售行为，保证团队的政策能被执行到位。

（4）传播内容组

传播微商团队的最新信息，比如代理新产品、价格调整、线下活动等，该组成员保证团队中的所有成员都能收到最新信息。

（5）月业绩 PK 组

每个代理都有自己的小团队，而这些小团队的月业绩目标由他们自己决定，让各个小组进行 PK 的目的是调动团队之间良性竞争的氛围，还会安排专人考核目标的完成情况，没能完成目标的月底要接受惩罚——乐捐。为了避免有些小团队乱承诺，最好采取互动调侃刺激的沟通方式进行管理。

8. 客服人员

客服人员主要为微商代理人员提供服务，比如确定货是否在路上、帮助微商代理查看货运单号、确定产品授权、查询授权书等。

以上（图 3-10）这些架构基本构成了微商团队，具体的架构情况还要根据微商产品的特点而定。比如你做的是农产品，那包装和物流就是重要的环节，需要配备有能力的人；如果你做的是服装，就不能忽视化妆师、摄影师这些重要的岗位……

3.2.3 团队建设：根据竞争优势分析

很多人提到团队精神时，基本都在强调团队合作，在无形当中忽视了团队的内部竞争。如果一个团队的内部没有竞争，刚开始，成员可以凭借一股激情争先恐后地工作，但时间一长，就会出现惰性，变得懒散起来。因为他们觉得无论干多干少，好还是坏，结果都一样，长此以往，工作热情会逐渐减退。成员没有了工作激情，这对团队来说，无疑是一个毁灭性的打击。而团队的内部竞争能在一定程度上刺激团队成员，提升他们的积极性和凝聚力，在无形中增强团队的组织活力。

为什么内部竞争有如此大的威力呢？因为人都有争强好胜的心理，这种心理让他们不肯落后，促使自己奋发向上。而团队管理者在团队中激发内部竞争，实际上就相当于为整个团队成员摆了一个大擂台，让各组成员或各代理商分别上台较量。为了赢得这场较量，小组中的每个人都会拼尽全力，在这种氛围中，团队成员的积极性和各小组的凝聚力都是非常强大的，这样的团队必定无懈可击。

因此，微商要想打造一支“狼性”团队，就必须在团队内部制订行之有效的竞争机制，在团队成员之间形成一种积极向上的、健康的激励和引导。这种既存在竞争关系又存在协作关系的团队建设就很成功，当然这种成功也是凝聚力和竞争力相互协调的结果。

在微商团队建设中，要提倡竞争激励。概括地说，竞争对团队建设有哪些优势呢？其内容如图 3-12 所示。

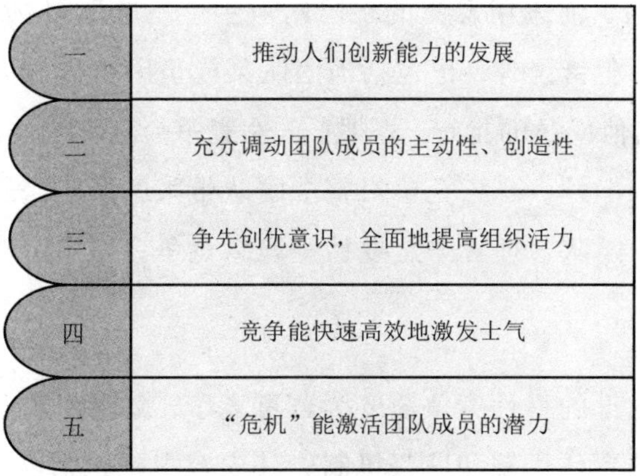

图 3-12　竞争对团队建设的优势

那么，在团队建设中，应采取哪些竞争方式呢？其内容如图 3-13 所示。

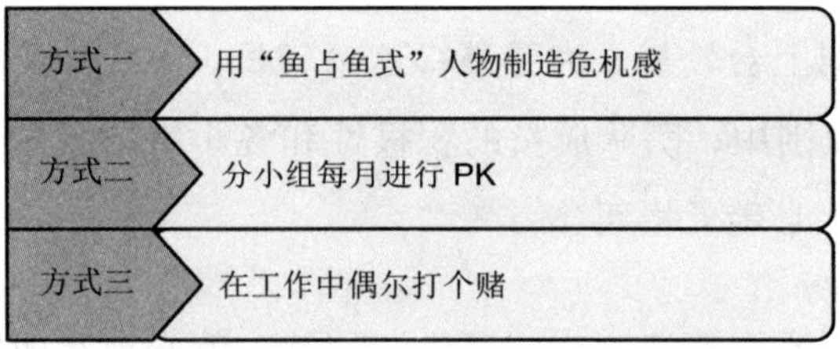

图 3-13 团队建设中的竞争方式

团队建设需要竞争，当然这里所说的“竞争”一定是良性竞争，团队良性竞争的最好体现：成员之间通过积极承担责任来促进彼此的关系，表现出相互的尊重和期待，结果是大家都能有良好的收益。因此，微商团队管理者要引导良性竞争，避免恶性竞争。所谓恶性竞争，是团队成员为了取得竞争的胜利，而采用恶劣的手段给对手“下套”，比如恶意诋毁竞争对手、诱导对手犯错误等，也包括当团队某成员因个人过失导致团队整体效益下降时，其他成员的指责、怪罪。恶性竞争会逐渐削弱团队的凝聚力，使团队犹如一盘散沙。恶意竞争对整个团队带来的影响是恶劣的、难以弥补的，因此微商团队管理者一定要杜绝恶意竞争，如果出现了这种现象要严惩不贷。

为了不让内部的良性竞争演变为恶意竞争，微商团队管理者要为团队制订一套完备的责任机制和监督机制。其内容主要包括以下这几点。

- 公布工作目标和标准，定期进行简要的成果回顾。
- 指派一些个人能力较强的人为主要责任人。
- 责任人要做到责任与权利相结合，给团队起到表率作用。
- 适时嘉奖团队，培养团队成员负责任的习惯。
- 通过严明奖罚制度等来敦促成员承担责任。

当然，团队合作的重要性更是毋庸置疑的，其实合作也包含竞争，只有包含竞争的合作才能使团队的竞争力变得更强大。“有竞争的合作”这种说法看似矛盾，但放在不断变化的市场环境中却有着深层次的含义。随着微商的规模变大，新的技术和业务被引入，发展策略也在时俱进，对团队成员的要求也会随之改变，在此过程中，有些成员免不了被淘汰，因此，团队管理者要督促大家不断地学习、提高自己，配合上其他成员的节拍，这样团队才能走得更远。

微商的团队建设既需要合作，又需要良性竞争。虽然团队合作中的竞争或许没那么残酷、激烈，但却是一个持续的、长期的状态。不过，通过良性竞争进行团队建设能培养团队成员的竞争意识，提升成员的责任感。

3.2.4 激活团队：依靠股权分配留人

阿里巴巴的员工管理制度值得很多人学习，下面以阿里造福团队、造福员工为例，看看它是如何用“钱”激活团队人员的工作积极性的。

阿里巴巴自 2014 年 9 月 19 日正式挂牌上市后，从它这里出来的千万甚至亿万富翁是最多的。对此，马云在接受北京晨报记者采访时说：“这是他们的付出所得。当时我请了好多人，别人没来，他们来了，也许他们能力不如你，但这是运气也是选择。”

马云在创立阿里巴巴之际，团队共有 30 名合伙人，持有阿里巴巴 14%的股权，别小看这“14%”，要知道，马云当时仅凭阿里巴巴 7.8%的股权就登上了中国首富的宝座。如果按照阿里巴巴当时的开盘价 92.7 美元/股计算，“14%”股权的总价值超过 300 亿美元。可见，马云为其团队成员带来的利益是巨大的。

马云不仅对团队合伙人大方，对旗下的普通员工也毫不吝啬。阿里巴巴公司规定：员工工作 3 年以上就可获得期权。据阿里巴巴提交的文件显示：在公司 IPO（Initial Public Offerings，即首次公开募股）中，超过 4000 名现任员工（不包括高管）和超过 1000 名前员工卖出股份，总计约占阿里巴巴发行股份的 0.6%。如果以 68 美元/股的定价计算，阿里巴巴现任员工和前任员工出售股份的总价值约 10.6 亿美元。下面再以阿里巴巴员工所持股的估值为例，看看其普通员工可以获得多少财富。

2007 年，阿里巴巴的 B2B 业务上线时，公司共有 7000 多名员工，而当时持股员工有 4900 名，约占员工总数的 70%。到了 2014 年，阿里巴巴的员工人数增加了 15000 余人，按 50%员工持股计算，公司持股员工人数约为 11000 多人，上市后每人平均可套现近 422 万美元。这个数字意味着，仅在 2014 年，阿里巴巴就诞生了一万多名千万富翁。

这时很多人可能会出现一些想法，比如做投资、创业等，或许大批员工正准备离职。对于这种现象，阿里巴巴的首席人才官彭蕾对北京晨报的记者坦言，这是一个事实，管理团队就要用开放的心态接受员工的去留。马云也认为，“他要走是他的权利，他要走，你留不下他，是阿里的无能。所以我觉得要开放心态。”

马云还表示：“我相信 95%以上的阿里人要离开公司都会参与阿里生态的建设，对于人员的流失，我们认为壮大了阿里的生态系统，帮助了别人，我觉得很好。好多年前讲过，希望二三十年以后，中国 500 强中有 200 位 CEO 是从阿里出去的。这是很多年前吹的牛，到现在我们依旧认为阿里对中国的贡献，是我们训练出来的那些人。”

虽然阿里巴巴团队中有些人离开了，但是留下的毕竟还是多数。现在在阿里巴巴工作 5 年甚至 10 年的员工大有人在。阿里巴巴的很多员工之所以死心塌地地跟着马云干，其原因在于，马云能让他们赚钱，并给了公司的股权，让他们感觉是在为自己而工作，工作热情当然会很高。

无论是团队成员还是微商代理人员，赚钱是他们离不开的话题，要想让团队人员衷心地跟着团队，那就得让他们赚钱，最好给他们分配一些股权，让他们跟你绑在同一条线上，这样他们才能像为自己工作一样，全心全意地为团队工作，并为团队发展出谋划策。那么如何进行股权分配呢？一般来说，团队股权分配与公司股权分配是一样的，都分为资金入股和技术入股。

顾名思义，资金入股是以投入资金的形式加入公司，这种入股方式很好理解。而技术入股是一种无形资产，以自身过硬的技术实力、管理能力、独家配方等，在团队股份分配中占有一定的比例份额，原则上技术入股有一定的时限性和时效性，会在团队的盈利过程中不断被稀释，因为团队技术是在不断完善的，旧的技术会被新技术超越。通常技术股份不会超过总股份的25%。下面介绍三种技术入股股份分配的可行性方法，其内容如图3-14所示。

图 3-14 技术入股股份分配的可行性方法

1. 设定目标法

顾名思义就是根据目标确定合伙方的股份比例。例如资金投资方和技术投资方先定一个三年计划，设定第一年的目标为 A，第二年的目标为 B，第三年的目标为 C。假如第一年完成了 A 目标，则赠与技术投资方 a%股份；假如第二年完成了 B 目标，则赠与技术投资方 b%股份；假如第三年完成了 C 目标，则再赠与技术投资方 c%股份。

2. 作价入股法

假设甲方是某团队的创始人，在团队发展到某一阶段时，邀请乙方提供技术产品共同发展。作价入股法是甲方以原有团队资产入股，乙方以技术入股，合作后的收入按商定比例分配作价入股。

例如，甲方的团队资产价值为 200 万元，经双方商订，甲方的团队资产价值与乙方提供的技术价值按 3:1 分配。

3. 名义共同出资法

名义共同出资法是预先设定一个股份比例，然后根据一定的偿还方法实施。例如，投资方 A 与技术方 B 共同成立了一个团队，资金由 A 投入，技术由 B 投入，则股份比例为 a:b。双方商定利润分红的百分比，技术投资方的分红优先偿付资金投资方的垫资；如果合作团队未能盈利，无法偿付资金投资方的垫资，大家决定清盘，则所有剩余资产优先偿付资金投资方的投资款。

团队建立早期，在设定股权结构时，还要预留好一些股权作为“期权池”，以保证团队能够灵活方便地应对后期的融资、人才引进和激励措施。

而提前预留的这部分“股权池”的股份一般先由创始人代持。

此外，在制订股权该如何分配时，其方案从设计到实施不可能一成不变。实行股权分配是为了发展壮大团队，因此需要采取进一步融资或配股分红以保持公平；如果在实施股权分配过程中，有人退出或者转手，应事先规定股权资格、数量，以避免一些不必要的股权分配纠纷。

3.2.5 团队文化：打造一支威力十足的微商铁军

开公司需要公司文化，同样，建团队也需要有团队文化。微商要想打造一支销售力强的铁军，必须有一套独一无二的团队文化，包括团队价值观、团队口号、团队标语，团队聚会、团队进人、团队留人、团队育人等管理制度，这样你的微商团队才有激情、有氛围。其中，价值观是团队文化的核心，一旦有人违背团队价值观，比如不合群、搞小团队等，就要将他踢出团队，绝不姑息。只有成员们的价值观一致，团队才会有凝聚力，走得更远，成员才能更有效率地工作。

下面从选人、留人、育人、群英协作、领导人、时间安排等方面，向大家介绍一个微商铁军应具备什么样的团队文化。

1. 选人

选人时以有微商经验的人以及专业微商为首选，沟通时要注意先交流——谈感情、议宏观、论观念、说趋势，暂不谈具体内容。定准需求找到切入点（微商代表着一种全新的生活方式和工作方式），条件成熟就一谈到底，尚未成熟则留下再谈机会。

选人的方式有很多种，比如ABC法则，A：Advisor（顾问、专家）；

B：Bridge（桥梁）；C：Customer（客户）。还有参加线下各种关于微商方面的聚会、参加（网上）群联谊文化活动、加入或者创建（网上）专业知识交流群（如果从事母婴类微商，可加入宝妈护肤知识交流群、宝妈教育交流群等）。

2. 留人

微商要想留住代理，首先应弄明白新代理容易犯哪些错误以及出现哪些问题，然后再采取一些留人的方式，这样才能最大限度地留住新代理。

新代理易犯的错误和问题如下所示。

- 前期积极性很高，天天发朋友圈宣传，后期受挫，最后选择放弃 。
- 不接受系统的培训，自己一个人摸索，结果不尽人意，最后选择放弃。
- 埋头干事，不关注政策优势，不注重价值远景，很容易被人牵着走。
- 对产品相关知识不熟知，导致在销售过程中容易被客户认定不专业，从而对产品失去信心。

为了留住新代理，可以采取以下这些方式。

- 及时告诉新代理哪些知识要会，哪些工具会用到，哪些流程要懂。
- 给新代理介绍几个模板，让他们先复制后创新。
- 尽量多帮助新代理，让他们养成好的新习惯，树立新的价值观 。
- 多与新代理进行互动，比如在新代理加入的三天内每天语音三遍，十五天之内每天语音交流一次 。每天的交流内容包括督促检查、咨询学习进展情况、对模式的理解、产品使用情况等，鼓励、关心他们。这样做的目的是为了给新代理打预防针，正视挫折，强调多参加团队活动的重要性，示范 ABC 法则，强调带头作用。

迎接新代理的工作流程如下所示。

- 将新代理拉入微商团队群。
- 向群里面其他人员介绍新人。
- 向新人介绍团队里面的核心成员。
- 群主或管理员致欢迎词 。
- 新代理发言（昨天、今天、明天选择做微商的动机及目标）。
- 推荐人发言（赠送资料）。
- 管理员讲述新代理入群应知应会的群规则。
- 管理员向新代理介绍学习知识的流程 。

总之，微商留人的关键是及时培训帮扶，团队要及时解决新代理的问题，并不时地鼓励他们坚持下去。

3. 育人

在建立一个庞大的微商团队后，你自然没有那么多的时间对每一个人都尽心尽力地培训，所以这时就要择优培训。一般情况下，微商团队都会有一些核心成员和核心小组，培训时只需要抓住核心人物即可。

优选核心人才重点培养，挑选核心人才时要着重观察这些人的口才、心态。核心人才要能协助解读培训系统以及团队管理。发现重点人物后要进行跟踪管理——多给他们机会、鼓励、支持、交流。

准 A 培训（1~2 次）如下所示。

（1）参加人员：从核心小组中优选出有口才、有时间、有做核心人物欲望的人员。

（2）培训内容：沟通技巧、微商文案模板话术、分析产品、解读模式、分析 ABC、讲解如何促单、分析疑惑、解读核心竞争力和系统文化等 。

（3）培训要求：模拟练习，过关测试，而且成员必须要通过测试。

对核心成员进行的培训如下所示。

（1）参加人员：三级以上的代理或由团队选拔出来的核心成员，具有人格魅力（热情、真诚，业绩优秀）；具有全新观念、积极心态，信念坚定、懂得情感；具有沟通交流的多套话术（中小生意人、保险、交互式营销、专业人士等）；具有人际关系协调能力及自我检讨的勇气；具有适度的包容、忍耐力及对团队发展管理的掌控能力；具有运用系统文化和资金为己工作的能力（大成功之保障）。

（2）培训内容：有针对如何混群的营销培训，针对情商的培训，如何培训新代理等 。

4. 群英协作成功的关键

- 有正确的价值观，有目标、计划、方法（群 A 合作，掌握多套话术、男女的心理差异，公司之间是多元文化大比拼）。
- 酷爱学习，争取创新，做事专一。
- 既不过于理性，也不过于感性。

5. 团队领导人的职责要求

（1）为团队人员造梦

点燃人们心中的梦想之火，一起憧憬美好的前景，激励他们向目标前进是你义不容辞的责任。连你心中都没有梦想之火，怎能点燃人们心中的梦想之火。

（2）为团队尽心尽力地服务

领导人是通过真诚的服务来完成实现自己的责任的。真正的领导人是团队中的服务者，而不是将下级当成“生财的工具”。

（3）先做跟随者

你要领导别人，先要被领导；你要复制别人，先要被复制；你要让别人跟随你，先要当跟随者。

（4）领先于他人

把一件事、一项工作、一项事业做到“极致”就是成功。

（5）严于律己

与自己斗争是人生中的最大战役。做与众不同的人，但不要做令人侧目的人。人们不听你怎么说，只看你怎么做。总之，你一定要发挥出榜样的力量，让团队其他人员信服。

（6）高效完成工作

你要向微商团队的其他人员传达工作理念，合理分配资源、合理授权，创造团队文化，然后让更多人传播；表达清楚你的设想，然后让其他人执行；倾听其他人的意见和观点，找出新的突破点；让成员勇于发言，培养更多的领导人和讲师。

（7）做事持之以恒

- 做微商能否成功，不是看你能力有多强，而是看你能够坚持多久。
- 失败不是你要的谜底，从失败中吸取教训，然后再次开始，永不言败。

6. 团队运作时间安排表

团队管理离不开培训，微商更是如此，微商要想创新，必须与时俱进，所以最好每周进行一次群管理，这样能帮助成员掌握更多做微商的技能。下面列举一个某团队的周运作安排时间表，如下所示。

表 3-1　团队每周运作安排时间表

每周团队运作安排时间（每周群课程安排）		
周日	做总结（成功来自扎实的基本功和无数的不断重复）	
	1	检查上周目标
	2	表彰先进（激励团队中的每个成员）
	3	分享成功的经验（目的是让每人学会开口）
	4	设定下周目标（要有点压力和挑战）
	5	周日的工作重点就是围绕每个取得成绩的人
周一	新微商代理培训	
	1	欢迎新微商代理
	2	让新微商代理开口（没有哪个总统是哑巴）
	3	讲授（公司产品、制度、模式）

续表

周一	4	检查新微商代理有无听懂（如果懂了请他讲一段）
	5	新朋友列名单
周二	开拓邀约（立即行动，带来结果）	
	1	邀请有可能成为微商的人加入微商
	2	运用 ABC 黄金法则配合工作 （建立讨论组来进行工作）
周三	QQ 群聚会（利用事业拓展群传播专业知识）	
	1	公司产品制度为主
	2	把星期二沟通的朋友带到一个讨论组来谈
	3	会前会中会后的具体安排
周四	跟进、促成（24 小时电话跟进一次，进入主题争取见面谈）	
	1	跟进潜在客户（保温和继续升温）
	2	最好的跟进是寸步不离、锲而不舍
	3	运用跟进的法则
	4	求推承诺暗示的运用
周五	QQ 群线上聚会（拓展新人的事业群）	
	1	主题以激励和改变观念为主
	2	争取有所突破，要引导成员突破人生现状
周六	跟进、促成（同周四）	
	1	层层落实，层层复制

4

持续掘金：走一条微商自品牌道路

微商小白在了解了微商获利模式、引流方法、成交技巧以及团队打造之后，本章将教大家持续掘金之道，即打造微商自品牌。那么什么是微商自品牌呢？简单说就是大家在购买某类产品时，第一时间就会想到你，或者想到你的团队。例如，讲到自媒体，大家就会想到罗振宇的“罗辑思维”；提到橙子，大家就会想到褚时健。罗振宇和褚时健是成功打造自品牌的典型代表。如今是人人都是自媒体的时代，打造个人品牌变得更容易，随着微商行业内刷屏、假货等乱象的出现，微商迫切需要转型升级，而自品牌无疑是必经之路。

4.1 微商品牌发展基础知识

简单来说，微商品牌就是微商通过产品或服务在消费者心中播下一粒种子，然后与消费者共同培育，从发芽、成长、开花、结果，再到壮大、繁衍，最后赢得消费者的一致认可，并在消费者心中留下深刻的印象，这种深刻印象以某种标识作为载体，比如品牌名称、名词、符号、象征、设计或它们的组合构成。而微商品牌要通过哪些方面赢得消费者的认可呢？其内容如图 4-1 所示。

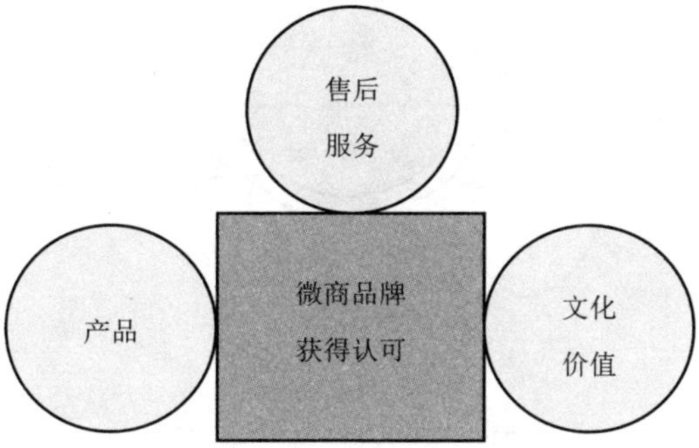

图 4-1　微商品牌赢得消费者认可的方面

要赢得消费者的认可，优质的产品质量是前提，还要具有独特的个性，能给消费者提供意想不到的体验。售后服务也是品牌建设不容忽视的环节，现在很多消费者都是在买服务，一次不愉快的服务会使消费者对品牌的印象大打折扣，很难再挽回。此外，微商品牌还要能提供文化价值，比如美宝莲（美容护理产品品牌）提出“美来自内心”的文化理念；星巴克致力于体验文化；李宁提出“把精彩留给自己”的个性主张。

微商品牌一旦被消费者认可，其市场价值将是不可估量的，它能带来溢价，微商增值的源泉就是消费者心中形成的关于其载体的印象。

4.1.1 微商自品牌特点

打造微商自品牌前应先对微商品牌的特点有所了解，这样才能有据可依，不至于迷失方向。而介绍微商品牌的特点之前，要先明白微商品牌的含义，它分成六个层次，其内容如图 4-2 所示。

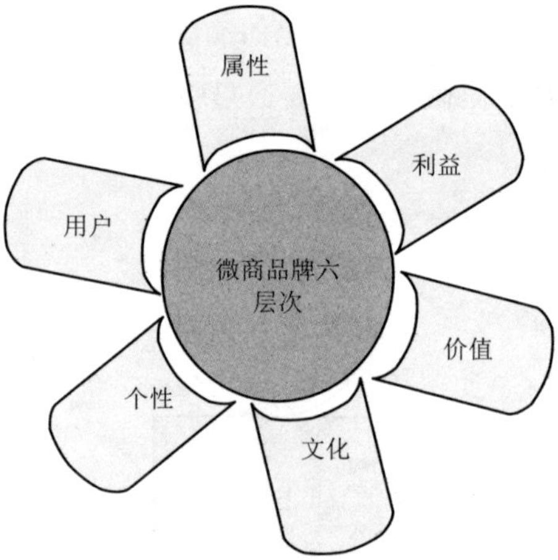

图 4-2 微商品牌的六个层次

下面就从这六大层次来分析微商品牌的特点。

1．突出独一无二的属性

微商自品牌形成之后，首先要使人想到某种属性，比如提到海底捞，大家会不由自主地想到它的“变态服务”；看到京东的标志，大家就会想到它的物流很快。“变态服务”、“物流快”是海底捞、京东这种自品牌的属性，这种独一无二的属性能帮助自品牌做宣传。当然，这些属性必须是用户迫切希望的，否则就毫无意义。

2. 利益差异化

微商创建的产品品牌要能体现某种特定的利益，这种特定利益可能是功能性的，也可能是情感性的。例如，日本的智能电饭煲为消费者提供了极大的方便；宜家凭借精良的设计满足消费者对家的所有幻想。总之，利益差异化是微商创建自品牌所必须满足的第一个条件，目的就是让自己的产品同市场上的其他产品区分开来。

3. 认知价值

认知价值也是创建有价值的微商自品牌的必要条件之一，当消费者对你的品牌产生认知价值后，即使产品没有市场上的其他产品好，他们也会购买你的产品。例如消费者普遍认为奔驰汽车具有高性能、安全等特点，因此，对这些价值感兴趣的消费者会倾向于购买奔驰汽车。

4. 代表一种文化

微商品牌要能代表一种文化，这种文化可表现为品牌的品牌历史、价值观、特色等。例如，奔驰汽车代表的是一种高质量、有组织、有效率的德国文化。

5. 个性化体验

国人疯狂抢购日本电饭煲后，又迷恋上了日本的马桶盖（图 4-3），这种品牌的马桶盖虽然贵，但是体验非常好，比如马桶圈可自动加热、能提供温水来冲洗屁股。这种具有人性化用户体验的日本马桶盖曾让国人大肆购买。

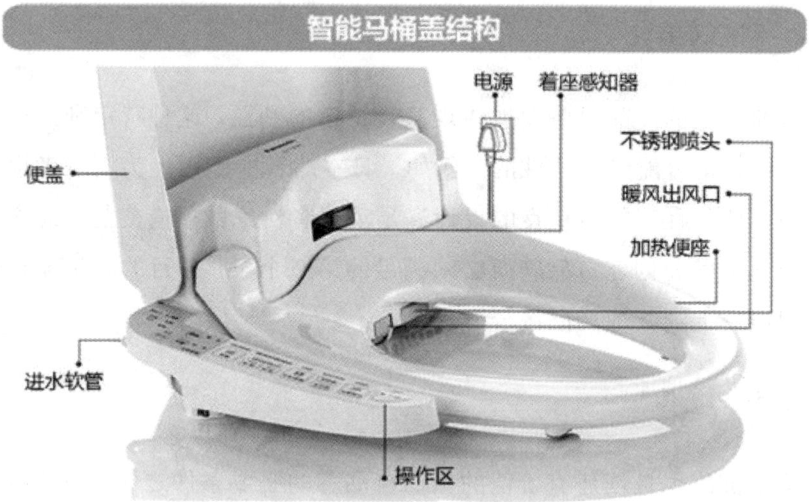

图 4-3　日本智能马桶盖结构

微商品牌要获得持久的生命力，同样需要独一无二的个性体验，这种体验可以满足消费者的某种需求，还能满足消费者爱“晒”的心理。当大家在朋友圈看到好友在晒某个性化体验时，说明他们对这种品牌有好感，愿意购买这种品牌的产品。

6．精准的用户定位

微商是移动互联网时代的产物，它以粉丝为基础，在线上完成交易。对有些产品来说，是不适合做微商的。而微商品牌以产品为基础，你在打造微商品牌前，应先对产品进行精准的定位，做一款适合微商推广的产品。此外，你在对产品定位时，还要对自我有一个清醒的认识：我的个人特长是什么？我想成为哪种品类的微商？我的个性适合从事什么样的微商工作？我这样做微商有价值吗？当你对以上问题有了满意的答案之后，你就能找出自己在微商市场上存在的独特价值，而这种价值是微商自品牌定位的关键。

4.1.2 自品牌必知的知识产权常识

知识产权是权利人对其所创作的智力劳动成果所享有的专有权利，一般只在有限时间期内有效。知识产权主要包括商标权、专利权、著作权（版权）等。对微商品牌来说，一般涉及的知识产权主要是商标权和专利权。

1. 商标权

据《中华人民共和国商标法》规定，任何能够将自然人、法人或其他组织的商品与他人的商品区别开的标志，包括文字、图形、字母、数字、三维标志、颜色组合和声音等，以及上述要素的组合，均可以作为商标申请注册（图 4-4）。

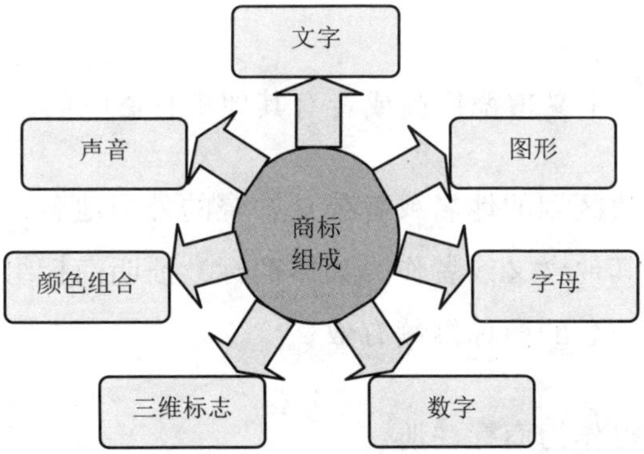

图 4-4 商标组成

申请注册的商标应当有显著特征，便于识别，并不得与他人先取得的合法权利相冲突。商标注册人有权标明“注册商标”或者注册标记。

下列标志不得作为商标使用。

- 同中华人民共和国的国家名称、国旗、国徽、国歌、军旗、军徽、军歌、勋章等相同或者近似的，以及同中央国家机关的名称、标志、所在地特定地点的名称或者标志性建筑物的名称、图形相同的。
- 同外国的国家名称、国旗、国徽、军旗等相同或者近似的，但经该国政府同意的除外。
- 同政府间国际组织的名称、旗帜、徽记等相同或者近似的，但经该组织同意或者不易误导公众的除外。
- 与表明实施控制、予以保证的官方标志、检验印记相同或者近似的，但经授权的除外。
- 同“红十字”、“红新月”的名称、标志相同或者近似的。
- 带有民族歧视性的。
- 带有欺骗性，容易使公众对商品的质量等特点或者产地产生误认的。
- 有害于社会主义道德风尚或者有其他不良影响的。

县级以上行政区划的地名或者公众知晓的外国地名，不得作为商标。但是，地名具有其他含义或者作为集体商标、证明商标组成部分的除外；已经注册的使用地名的商标继续有效。

下列标志不得作为商标注册。

- 仅有本商品的通用名称、图形、型号的。
- 仅直接表示商品的质量、主要原料、功能、用途、重量、数量及其他特点的。
- 其他缺乏显著特征的。

国家法律保护注册商标专用权，有下列行为之一的，均属侵犯注册商标专用权。

- 未经商标注册人的许可，在同一种商品上使用与其注册商标相同的商标的。
- 未经商标注册人的许可，在同一种商品上使用与其注册商标近似的商标，或者在类似商品上使用与其注册商标相同或者近似的商标，容易导致混淆的。
- 销售侵犯注册商标专用权的商品的。
- 伪造、擅自制造他人注册商标标识或者销售伪造、擅自制造的注册商标标识的。
- 未经商标注册人同意，更换其注册商标并将该更换商标的商品又投入市场的。
- 故意为侵犯他人商标专用权行为提供便利条件，帮助他人实施侵犯商标专用权行为的。
- 给他人的注册商标专用权造成其他损害的。

若将他人注册商标、未注册的驰名商标作为企业名称中的字号使用，误导公众，构成不正当竞争行为的，依照《中华人民共和国反不正当竞争法》处理。

若注册商标中含有的本商品的通用名称、图形、型号，或者直接表示商品的质量、主要原料、功能、用途、重量、数量及其他特点，或者含有的地名，注册商标专用权人无权禁止他人正当使用。

工商行政管理部门处理时，认定侵权行为成立的，责令立即停止侵权行为，没收、销毁侵权商品和主要用于制造侵权商品、伪造注册商标标识的工具，违法经营额 5 万元以上的，可以处违法经营额 5 倍以下的罚款，没有违法经营额或者违法经营额不足 5 万元的，可以处 25 万元以下的罚款。对五年内实施两次以上商标侵权行为或者有其他严重情节的，应当从重处罚。销售不知道是侵犯注册商标专用权的商品，能证明该商品是自己合法取得并说明提供者的，由工商行政管理部门责令停止销售。

2. 专利权

据《中华人民共和国专利法》规定，专利法中所称的发明创造是指发明、实用新型和外观设计（图 4-5）。其中的发明是指对产品、方法或者其改进所提出的新的技术方案；实用新型是指对产品的形状、构造或者其结合所提出的适于实用的新的技术方案；外观设计是指对产品的形状、图案或者其结合以及色彩与形状、图案的结合所作出的富有美感并适于工业应用的新设计。

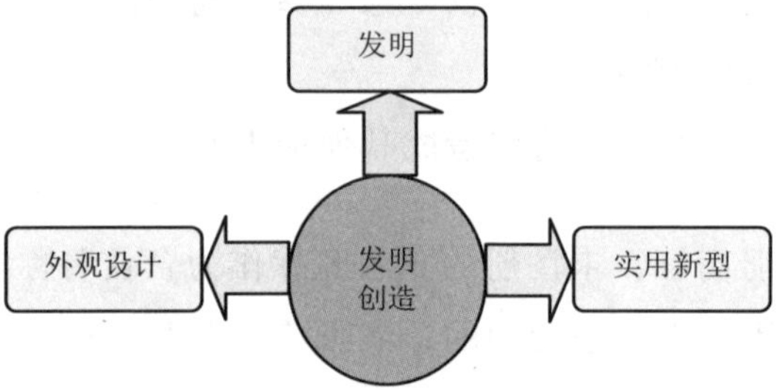

图 4-5　专利法发明创造

授予专利权的条件规定如下所示。

(1) 授予专利权的发明和实用新型，应当具备新颖性、创造性和实用性。

- 新颖性，是指该发明或者实用新型不属于现有技术；也没有任何单位或者个人就同样的发明或者实用新型在申请日以前向国务院专利行政部门提出过申请，并记载在申请日以后公布的专利申请文件或者公告的专利文件中。

- 创造性，是指与现有技术相比，该发明具有突出的实质性特点和显著的进步，该实用新型具有实质性特点和进步。
- 实用性，是指该发明或者实用新型能够制造或者使用，并且能够产生积极效果。

（2）授予专利权的外观设计，应当不属于现有设计；也没有任何单位或者个人就同样的外观设计在申请日以前向国务院专利行政部门提出过申请，并记载在申请日以后公告的专利文件中。授予专利权的外观设计与现有设计或者现有设计特征的组合相比，应当具有明显区别。授予专利权的外观设计不得与他人在申请日以前已经取得的合法权利相冲突。这里所称现有设计，是指申请日以前在国内外为公众所知的设计。

（3）申请专利的发明创造在申请日以前六个月内，有下列情形之一的，不丧失新颖性。

- 在中国政府主办或者承认的国际展览会上首次展出的。
- 在规定的学术会议或者技术会议上首次发表的。
- 他人未经申请人同意而泄露其内容的。

对不授予专利权的对象如下所示。

- 科学发现。
- 智力活动的规则和方法。
- 疾病的诊断和治疗方法。

- 动物和植物品种。
- 用原子核变换方法获得的物质。
- 对平面印刷品的图案、色彩或者二者的结合作出的主要起标识作用的设计。

专利权是有一定的期限的，发明专利权的期限为二十年，实用新型专利权和外观设计专利权的期限为十年，均自申请日起计算。专利权人应当自被授予专利权的当年开始缴纳年费。

有下列情形之一的，专利权在期限届满前终止。

- 没有按照规定缴纳年费的。
- 专利权人以书面声明放弃其专利权的。

专利权在期限届满前终止的，由国务院专利行政部门登记和公告。

关于专利权宣告无效的相关规定如下所示。

- 宣告专利权无效的决定，对在宣告专利权无效前人民法院作出并已执行的专利侵权的判决、调解书，已经履行或者强制执行的专利侵权纠纷处理决定，以及已经履行的专利实施许可合同和专利权转让合同，不具有追溯力。但是因专利权人的恶意给他人造成的损失，应当给予赔偿。
- 依照前款规定不返还专利侵权赔偿金、专利使用费、专利权转让费，明显违反公平原则的，应当全部或者部分返还。

4.1.3 打造自品牌的良性发展模式

在经历了高速发展之后，绝大多数微商自品牌都陷入了一种死亡螺旋模式（4-6）。

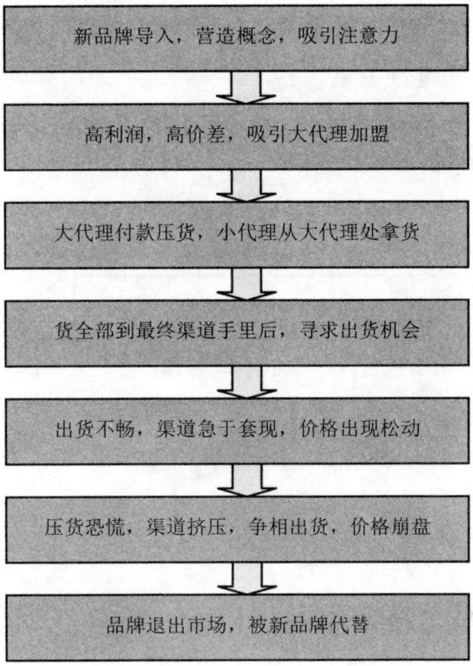

图 4-6　死亡螺旋模式

在死亡螺旋模式中，第 3 阶段和第 6 阶段是微商自品牌死亡的主要原因。如今，很多早期的微商自品牌都面临着没有利润空间，被新品牌挤出市场的危险局面。那微商自品牌要如何打破这种死亡螺旋模式呢？下面以韩束为例，看它是如何在“微商的战国时代”突出重围，成为传统企业进军移动互联网大潮中的一抹亮色的。

很多人认为微商市场是一个无序的闹市，而早已被很多消费者认可的韩束品牌进入微商，无疑给这个无序的闹市带来了秩序。韩束进入微商的目的是规范微商市场，进行品牌化运作，从而把更大规模的理性消费群体变成手机上的目标消费对象。韩束微商 CEO 陈育新认为，微商不等于当下大热的 O2O 概念，也不等于微店，它是一种高于两者的商业生态，这种“生态”能使品牌良性发展。

陈育新对韩束进驻微商很自信，他认为当前的三大环境是微商发展的“东风”（图 4-7）。

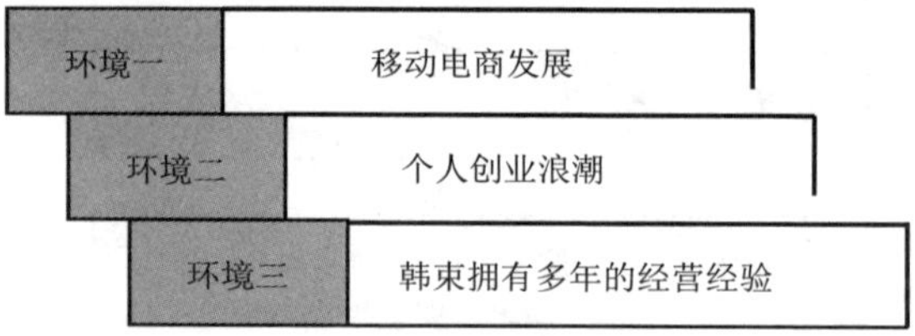

图 4-7 微商发展的三大环境

环境一：移动电商发展。

当前，电商平台移动化的普及率越来越高，未来的一切都将是移动化的，而微信是一个最好的移动化平台。

环境二：个人创业浪潮。

自李克强总理提出“大众创业，万众创新”之后，个人创业的浪潮是一波高过一波，但成本低、成功率高的项目却少之又少，而微商则给了创业者一个“低门槛、低投入”的创业机会。

环境三：韩束拥有多年的经营经验。

韩束品牌创立于 2002 年，积累了丰富的运营经验，能把几万甚至十几万的线下人群聚拢在一起，让大家一起销售韩束品牌的化妆品，并能从中获得利益。

韩束微商的主要经营模式是分销代理型，它共划分为五级代理，公司只负责总代理商的对接工作，再由总代管理省代，省代管理区代，依次类推。而对于代理商加入的考察，公司实施准入制度和配额限制。下图（4-8）展示了韩束微商发展的三个阶段。

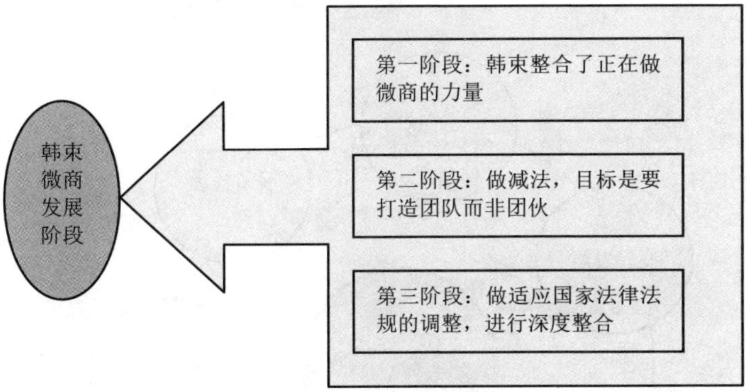

图 4-8　韩束微商发展的三个阶段

在传统模式下，微商需要自己完成进货、宣传、发货、退换货、服务等整个流程。这就很容易出现微商货品质量参差不齐、服务不到位，甚至是坑害消费者的不良行径。然而韩束微商并未采用传统模式，而是公司作为微商的源头，保证千千万万个小商家能拥有放心的正品，而这些货品拥有的强大品牌保障，让小商家们省去了自己推广品牌、让消费者信任品牌的环节。韩束还有服务保障、退换货机制、媒体投入等，让小商家没有了后顾之忧，只需专心卖货即可。

在韩束规划的微商商业生态中，每个链条都能进行良性发展，绝不会为了成就一部分人而牺牲另一部分人。对于韩束微商的健康发展，陈育新表示，微商与传统电商不同，前者依托于熟人圈子式的商业生态圈，依托好的产品品质、借助优秀的口碑在朋友圈子推介，是微商成长的正常路径。所以，微商对企业的产品品质、团队培训、售后服务、物流配送等方面，都提出了比传统企业和传统电商更高的要求。

韩束品牌之所以能成功地给大家很多做微商自品牌的启示，总结韩束微商的健康发展，是因为其品牌支撑的几个方面，如图 4-9 所示。

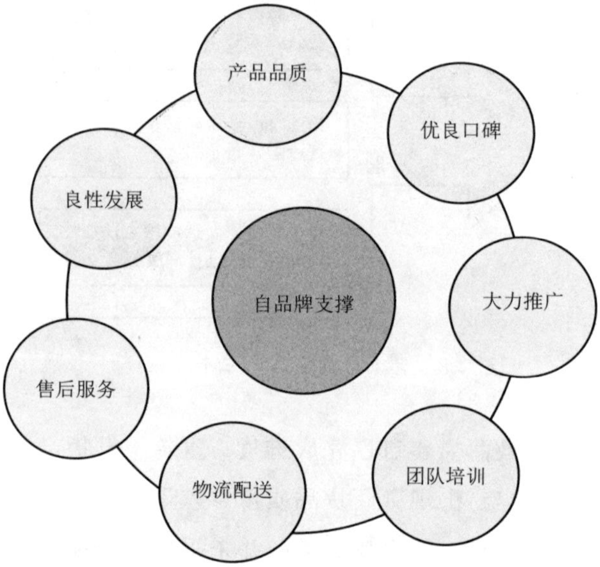

图 4-9　韩束微商自品牌的支撑

良性发展是微商自品牌持续运营的关键，也是打破微商品牌死亡螺旋模式的良药。良性发展最主要的就是保证产品质量，让下层代理同样能够赚钱。

4.2 建立微商自品牌的四大要素

目前，80%以上的微商平均月收入都在5000元以上，但也有一小部分人是月收入过百万元的，还有一些是单支付宝的流水就有千万元级别的微商。同样是做微商，为什么差距如此之大？原因就在于他们的思维不同，那些月收入5000元左右的微商，他们代理其他公司的品牌，充当销售员的角色，而那些月收入百万元的微商则自建一个微商品牌，让分布在全国各地的微商代理帮自己卖货。当然前提是这个品牌具有良好的口碑。

打造自品牌是微商持续掘金的唯一出路，那么微商怎样才能打造出一个知名个人品牌呢？大家要先知道自建品牌的“三点”要求：焦点、卖点、售点（图4-10）。

图4-10 自建微商品牌的“三点”要求

自建品牌除了要满足“三点”要求处，还需具有四大要素，其内容如图4-11所示。

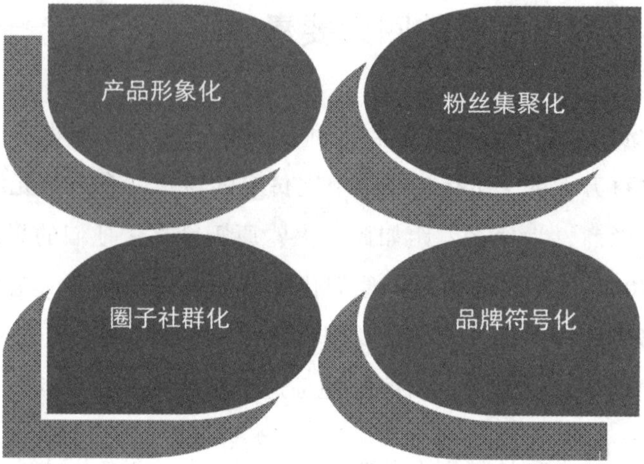

图 4-11　自建微商品牌四要素

4.2.1　产品形象化

微商运作品牌的关键是使产品获得消费者的认可，很多微商为了快速提升品牌形象盲目地加大广告方面的投入，虽然砸入大量的广告能使品牌知名度在短时间内提升，但这种方法在市场销售方面却收效甚微。因此，微商产品的品牌形象很重要，但并不是广告公司砸出来的。

产品本身是消费者面对的最直观的品牌形象。当然，产品质量决定了品牌是否能获得消费者的满意和忠诚，如果再通过形象化创意设计，将品牌形象融合到产品形象中则可大幅度提升消费者对品牌的认可度、忠诚度和识别度。形象化创意是指通过平面、三维、音效、文字、视频、实物样品等表现手法，将创意的成果进行表现出来。下面主要介绍一下产品的包装、产品功能的形象化设计。

1. 产品包装形象化

产品包装形象化能给消费者留下好的第一印象，包装形象化离不开方便、个性这两个点。

大家看到下面（图 4-12）包装的杯子，是否也有想要买下来的冲动。这种杯子的包装画面个性、方便携带，很符合“90 后”消费者的消费习惯。因此，微商自品牌产品要注重产品的包装，让消费者通过第一眼效应购买产品。

图 4-12　产品包装形象化

2. 产品功能形象化

一位伟大的广告大师曾说：“不要卖牛排，要卖滋滋声。”这句话的深层含义就是在文案中赋予产品与生俱来的形象化描述。例如，某胶囊上市时曾推出一篇名为《8000 万人骨里插刀》的软文，内容形象地描述了骨病人群的痛苦：

骨病之痛苦，连患者亲友都不忍目睹，常见患病的人溘然间倒吸几口寒气，牙缝间丝丝作响——骨刺又发火了！俗话说：得了骨病如同骨里插刀……

某胶囊品牌通过软文对骨病人群的痛苦进行了丝丝入扣的形象化描述，能与消费者达成共识，引发消费者的高度认同。其实，产品功能形象化一直是产品策划的核心，除了能体现在软文创作方面，在产品功能设计等方面也是。

我曾看到一款设计巧妙的杯子（图 4-13），这种设计让泡茶过程变得很简单。设计师将杯子的底部划分成两个斜面，在泡茶时把杯子倒向于泡茶的一边即可，茶泡完之后向另一边倾斜即可过滤出茶水。这种茶杯能让那些喜欢喝茶但又怕麻烦的消费者喝上一杯清新透彻的茶水。

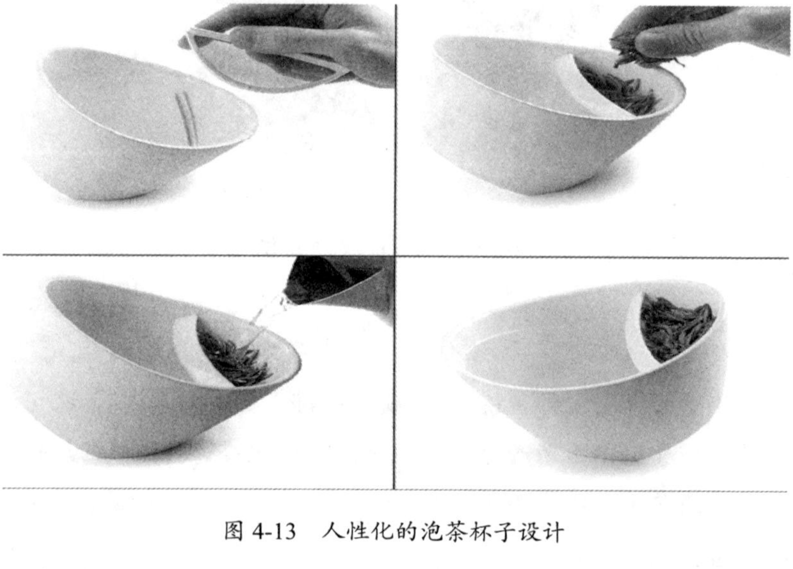

图 4-13　人性化的泡茶杯子设计

总之，微商在打造自品牌时，产品形象化设计是不容忽视的，这不仅能让产品有亮点，而且还能更好地解决消费者的痛点，从而提升他们对产品的认可度。

4.2.2 粉丝集聚化

如果没有粉丝，那么再好的产品也只能孤芳自赏，所以在这个新微商时代里，微商打造自品牌一定要同时具备流量思维和粉丝思维。关于引流，本书在第 2 章中已经做了详细的介绍，在此不再赘述。下面着重讲一下粉丝思维。

粉丝思维是利用粉丝做产品推广，有粉丝的用户越值钱。不同的产品，粉丝也不同，比如苹果产品有“果粉”，小米产品有“米粉”，这些粉丝对产品是非常忠诚的，而且对品牌推广起了很大的作用。

除了一些“发烧友”以外，很多粉丝对产品都有一种盲目的偏爱，这会引起跟风，可能有些产品不是很好，却卖得不错，这都是因为粉丝的推荐，所以，传统意义上的粉丝关注点不是产品质量，他们更加注重产品给自己带来的感觉，购买这种产品的目的是享受参与过程。

粉丝是品牌的推手，没有粉丝的微商品牌发展到最后一定会消亡。微商在自建品牌时，要让粉丝集聚化，其实就是找到精准受众，做精准营销。要知道，你的产品不可能让所有消费者都喜欢，只能引起一部分消费者青睐，不要小看这些消费者，抓住这一部分消费者，让他们成为你的粉丝，你就能赚得盆满钵满。所以，作为微商，你最要紧的就是聚焦自己产品的优点，并且无限扩大这一点，从而吸引到精确的受众粉丝。

4.2.3 圈子社群化

小米的成功离不开社群，社群的力量推动企业变革和品牌再造。品牌社群化是互联网时代的另一个热潮。所以，建立社群或加入社群能够帮助微商品牌彰显特色，快速成长。

社群化商业模式是一种全新的微商商业模式，也可以说是一种创新的B2S2C模式，即“企业代理消费者”模式。在这种模式下，大家既是代理，同时又是在一个平台上的消费者，这种新兴的超体验经济模式，无论爆发力或聚合力，绝对是解构和葬送旧有代理渠道的掘墓人。

社群化经济模式是微商在旧有商业模式上的重构，它打破了那种靠利益捆绑发展的传统渠道代理模式，把一群具有共同价值观的人高度聚合在一起，利用各自的优势让产品实现销售最大化。社群化商业模式可以在微商平台上通过远程协作，实现传统模式无法实现的效率最大化。

社群化商业模式一经推出，便给许多微商提供了机会，他们只需要少量投资，就能构建属于自己的网络渠道，当然这需要微商投入时间来打造圈子，进行资源整合。微商的最大特点是社交化，谁有能力让更多的人聚集在一起，成为合作者，谁赢的几率就大。

未来，精神和价值观很有可能成为社群文化的基础，这种情怀性的东西会颠覆现有的营销手段和营销体系，甚至很有可能动摇营销的根基。我认为未来的社群经济主要体现为以下（图 4-14）这些特点。

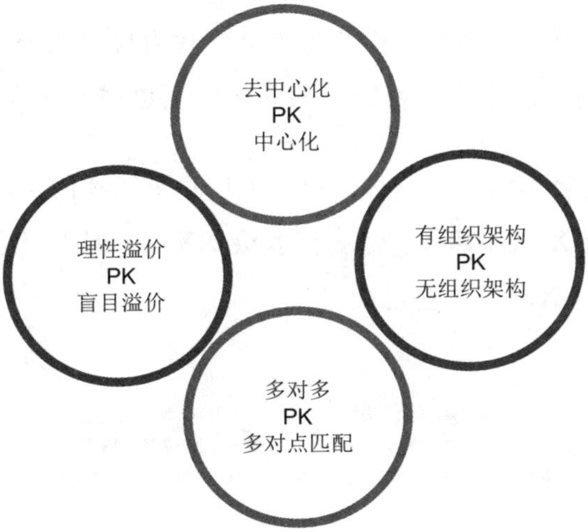

图 4-14　未来社群经济的特点

社群化商业模式是微商自建微商品牌的出路，也是必经之路。在这种模式下，微商表现为同行不再是冤家，而是合作双赢的共同体。

4.2.4　品牌符号化

电子商务与传统企业最大的不同是消费者在购买之前看不到、也不能摸到实实在在的产品。不管是淘宝、京东等电商，还是微商，任何产品都是通过图像与文字的形式展现在消费者面前。你创造的任何推广最好以归类好并能连续传播的形式呈现。例如，“陈欧体”通过富有创造性的文字与图像，更好地提高品牌品味。

“我是陈欧，我为自己代言”在 2011 年红遍微博，这是陈欧第一次为自己的品牌“聚美优品”代言。在长达 1 分 39 秒的视频中，陈欧扮演着一名受到外界各种质疑、攻击、抹黑的创业者，“仅仅因为太年轻……哪怕遍体鳞伤，也要活得漂亮……我是陈欧，我为自己代言”这些广告词道出了无数“80后”的心声，视频中的9句台词也被命名为“陈欧体”。

此后，各类版本的“陈欧体”（图 4-15）迅速在网络流行，其句式为“你有XX，我有XX。你可以XX，但我会XX……但那又怎样，哪怕XX，也要XX。我是XX，我为自己代言!”

杨幂版

你只看见我的光鲜外表，却没看到我背后的付出与努力，你有你的爱与恶，我有我自己的态度，你否定我的现在，我决定我的未来。你嘲笑我一无是处，我可怜你总是踟蹰，你可以轻视我的年轻，我会证明这是谁的时代。梦想是注定孤独的旅行，荆棘密布，那又怎样，就算遍体鳞伤，也要活得漂亮！我是杨幂，我为自己代言

俞灏明版

你只看到我的复出，却没看到我八百天的痛苦与煎熬；你有你的炒作团队，我有的我低调抉择；你嘲笑我不会高调亮相，我可怜你总是活在自己的世界里；你可以轻视我的年轻，我会证明谁才是真正的赢家。意外是上天的安排，但那又怎样？哪怕梦想被搁浅，也要坚持到最后！我是俞灏明，我为自己代言！

各高校版

齐鲁工业大学：你只看到我的笑脸，却没看到我的努力。你有你的排名靠前趾高气扬，我有我的同窗四年共同成长。你否定我的现在，我决定我的将来。你嘲笑我一无所有不配去爱，我可怜你总是等待；成长路上少不了荆棘坎坷，那又怎样？哪怕只有一丝力量，我也要不断前行，我是齐工大，我为自己代言。

中南大：你嘲笑我们校名太长听起来像三本，我可怜你空有霸气校名却名不符实。你轻视我们男女比例三比七，我会证明男生女生可以活得一样精彩。青春是注定艰难的旅行，路上少不了质疑和嘲笑;但那又怎样，就算前面有洪水猛兽，我也要乘风破浪!我在中南大，我为自己代言——我选择，我骄傲!

华中科技大学：你只听过我的校名，却不知它是211、985。你否定我的出身，我决定我的未来。你嘲笑它屌丝云集，难寻真爱。你可以轻视我们的学校全是学霸，我们会证明这是图书馆抢座的时代。大学是注定孤独的旅行，路上总少不了质疑和嘲笑。但那又怎样，哪怕整天停水断网，我也要活得漂亮。我在华科，我为自己代言。

图 4-15　各类“陈欧体”

除了“陈欧体”之外，“凡客体”（图 4-16）也曾一度在网络上爆红。

1、韩寒

爱网络，爱自由，

爱晚起，爱夜间大排档，爱赛车；

也爱59元的帆布鞋，我不是什么旗手，

不是谁的代言，我是韩寒，

我只代表我自己。

我和你一样，我是凡客。

2、王珞丹：

我爱表演，不爱扮演；

我爱奋斗，也爱享受生活；

我爱漂亮衣服，更爱打折标签；

不是米莱，不是钱小样，不是大明星，我是王珞丹

我没什么特别，我很特别；

我和别人不一样，我和你一样，我是凡客

图 4-16　“凡客体”原版

随后，“爱网络、爱自由；爱晚起、爱夜间大排档……”这些个性标签在网友的想象和加工下，变成了众多明星甚至个人的标签。下面以被传播得最广的郭德纲“凡客体”（图 4-17）为例。

爱相声，爱演戏，
爱豪宅，爱得瑟，爱谁谁，
尤其爱 15 块一件的老头汗衫，
我不喜欢周[redacted]波，
也没指望他会喜欢上我，
我是郭德纲，
能成为鸡烦洗的代言，我很欣慰。

图 4-17　郭德纲版“凡客体”

除了文字以外，微商还要让品牌图像化，下面以韩束为例。下面（图 4-18）这样的图标是品牌的代表，极具特征的标志更容易让消费者记住。

因此，微商自品牌要请专门的设计人员，为品牌设计一个独一无二的图标，方便大家记住你的品牌。

KanS
韩束®

图 4-18 “韩束”商标

4.3 自建微商品牌的三条路径

很多人做微商做得风生云起，比如微盟创始人孙涛勇、思埠创始人吴召国、青春部落创始人余冬梅等，这些人都是微商的典型代表，不过，他们都有一个共同的特点，就是打造自己的微商品牌，从而成为微商大军中的佼佼者。总结这些人的成功经验发现，在当今时代，让微商自品牌发展得更长远主要有三条路径（图 4-19）。

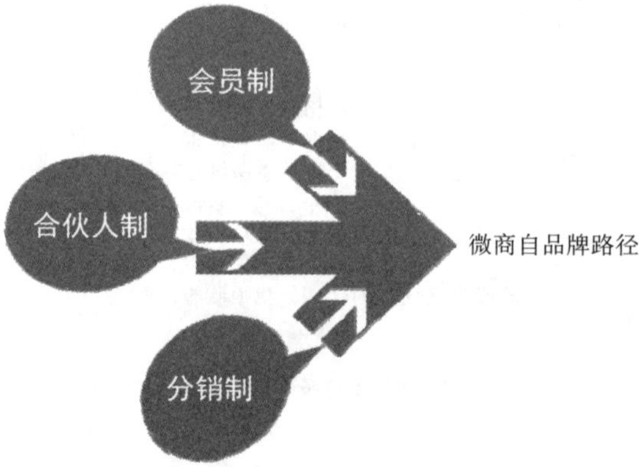

图 4-19 微商自品牌发展的三条路径

4.3.1 会员制

微商品牌会员制就是一次消费，即可终身享受会员折扣，还有机会做产品代理，这种从普通客户进化的微商代理，都是真正了解公司产品、真正认可公司文化、真正实现互惠双赢的人。总之，会员制的实施，能极大地拉升店铺的成交转化率。

茶油是食用油里面的高端产品，价格要比普通油贵两三倍，每斤大约 160 元。很多外行人对都不了解这种油，但是这类油绿色健康，市场前景还是很可观的。有位创业者为了填补国内空缺，打造出了一个茶油品牌。可是，他发现要推一个品牌真的好难。当时他采用的模式：发展省代，省代发展市代，然后做商超，做高端超市，走高端会所。虽然当时发展了近 300 家经销商，但销量却很惨淡。

这位创业者很苦恼，为什么这么好的产品就是打不开市场呢？后来他改变了思路，把 300 家经销商全部砍掉，改用会员制，每个会员每年一万元，供应一定量的茶油，这样就不必一瓶一瓶地卖了。

此外，这个创业者还给会员一些额外福利，比如，安排会员家庭到茶山旅游；会员也可以承包茶山委托经营；公司还推出一个公益行动，即会员每承包一亩茶山，公司就做出一份公益事业。在会员制模式下，茶油市场居然逐渐打开了。据说，自从这位创业者采用会员制后，经过一年的时间，他的公司已经拥有一万多名会员，相信大家都能估算出他的收益。

这位创业者之所以决定采用会员制，原因在于购买食用油这种产品的决策权在父母、家庭主妇或者保姆手中，而这类群体根本不了解茶油这种高端产品，因此基本上不会选择这类油。所以，茶油的消费对象还应订位在高端、白领、金领以及老板阶层的人群，但这类商品的享用人和购买的决策者是不同的人，所以如果还用传统渠道的销售方式是行不通的。而采用会员制模式，公司销售人员可直接与高收入阶层的人群直接沟通，让他们了解茶油的好处，从而钦定家庭用油。像这种改变决策层级的会员制方法，对高端产品非常适用。

当然，会员制模式除了适用于高端产品以外，对普通产品同样适用，不但能让消费者一劳永逸，还能促使消费者成为品牌代理，帮助销售产品。而且通过客户的推广，更易建立品牌的口碑。

4.3.2 合伙人制

合伙人制就是让微商代理成为品牌的合伙人，这种模式保证了下层代理的利益，能形成一种良性循环，那它是如何保证下层代理的利益呢？其内容如下所示。

- 在产品端，厂家牢牢把控产品品质、减少产品流通环节，以优质产品和供应链回馈消费者。
- 由厂家发货、不需要囤货，这样能减少合伙人的资金压力和渠道风险。
- 在平台运作下，极富吸引力的分佣模式会打破传统微商的商业模式。

韩束一叶子面膜曾在京东拍拍公布，要投入价值一亿元的资源公开招募一万名微商合伙人，并承诺很多优惠政策，这也标志着以拍拍微店为代表的“微店正规军”开始规范微商，正式布局以人为核心的移动社交电商生态。

此后，霸王集团也于2015年8月21日开始微商运作，霸王集团相关负责人在接受采访时说："霸王集团以旗下霸王男士和虞姬女士洗护系列10个单品正式进军微商，以自建微商城为平台，志在打造F2C（从工厂到消费者）的商业模式。"这10个单品的包装采用中国传统的京剧脸谱元素，使产品更具传统中国风和艺术范。

霸王在微商模式上采取"合伙人"制，据霸王微商大会邀约函显示：缴纳预定金3000元、2000元、1000元，可成为霸王微商亲友团合伙人省级、市级、县级代理商。其中，全国省级合伙人为39名，市级和县级代理商的名额不限。

霸王集团采用"专供产品+合伙人制"的目的是打造微商平台服务商，据该项目负责人介绍，从2014年底，霸王集团开始筹划这个项目，他们有自己的微商城平台，前期主要做自己的品牌，后面也会引入其他品牌。他还透露，霸王集团采取这种策略的目的是"在维持传统渠道销量稳定的前提下，发力微商渠道，打造线上平台，成为霸王销量新的增长点，并在未来最终实现线上线下O2O的渠道整合。"

霸王集团采用"专供产品+合伙人制"的微商模式，为现有微商自品牌发展带来新的思路。这种模式解决了微商创业者的后顾之忧，不仅能吸引到更多人的加入，而且还能激发他们销售产品的积极性。下面简单概括一下合伙人经营模式的步骤（图4-20）。

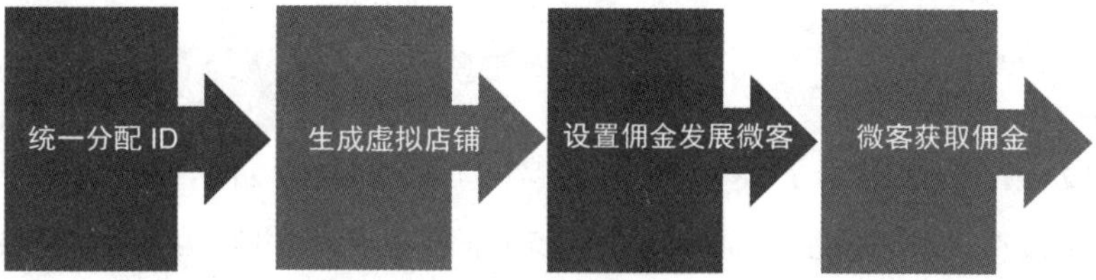

图 4-20　合伙人经营模式步骤

第一步：品牌商通过统一的移动商城为合伙人分配渠道 ID。

第二步：开通分销商后台，合伙人生成虚拟店铺。

第三步：微商品牌合伙人设置佣金发展微客，微客通过分享链接促成消费者消费。

第四步：消费者购买，微客获得佣金。

在微商品牌合伙人制中，消费者与微客的角色是能互换的。因为消费者在购买商品后，可裂变成微客，进而吸引更多的消费者，裂变出更多的微客。在此模式中，合伙人的投资回报主要是从微客消费和微客裂变中获得分成，其分成比例由微客的消费金额决定。

4.3.3　分销制

微商品牌分销制基于平台的三级分销商城，不过，这种商业模式要借助于品牌商的高黏度，快速将用户或店员等渠道转化为自有分销商，并实现无限循环。品牌分销制的理念是“不开微店，只做千万微店背后的供货商；不做 App，只做千万名用户的掌上百货商城。”

品牌分销制靠品牌商布控，发动员工、店员、职员、用户等群体作为二级分销商，发展店中店系统，并协助品牌商打造“品牌商+粉丝微店+员工微店”的多层级微营销模式。此后，二级分销商再基于朋友圈、微博、QQ、微信公众号等引流渠道来传播，店中店模式可快速出复制出店铺，将成千上万的粉丝发展成分销商，迅速扩展销售渠道并提升品牌知名度。微分销原理图如图 4-21 所示。

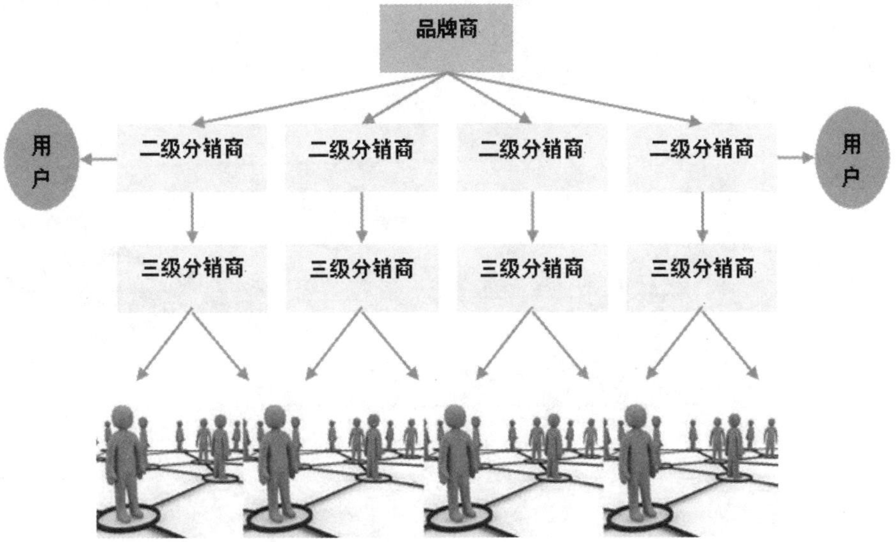

图 4-21　品牌分销

微商品牌分销制中，微商代理选择商家的产品进行分销转发，按成交赚佣金，没有进发货、押金、售后。因此，微商作为自品牌商要保证货源质量、优质物流和售后服务等，尽一切可能消除微商代理的疑虑。

微商品牌分销制与本书第 2 章提到的分销代理型微商模式相似，具体可参考相关内容。对微商自品牌创建者来说，这种模式相对简单一些，不过，自品牌微商要想让品牌分销制实现良性循环，就得把控整个局面，不能让其发展为死亡螺旋代理模式，否则你自建的品牌很快就会消亡。

5

懒人微商：借助微商代理轻松获利

所谓懒人微商就是有技巧地做微商，不用每天拼死拼活地刷朋友圈、发微信互动。做微商，你肯定想得到很多的客户，让客户成为代理来帮你卖产品，让代理变成业绩高手，做到手头没有囤货，可以喝着咖啡悠闲地赚着人民币，让自己成为整个产业链的整合者或参与整合的人，在下一个微商模式时代抓住机遇。如果你想将这一切变成现实，那么你就要学会本章的内容。

5.1 微商代理的前世今生

前文说过，单打独斗的微商是不可能做强、做大的，微商发展要靠团队，而在团队中起关键作用的还是微商代理，一支规模庞大、销售力强的代理团队，能帮你轻轻松松实现月收入百万元甚至千万元的流水。所以，“懒人微商”的第一步就是让其他代理帮你干活，你在一旁数钱。

5.1.1 多层级代理模式：从盛极一时到迅速消亡

在微商刚兴起的那两年，各类品牌的面膜、护肤品等一窝蜂地在朋友圈大肆宣传，如今很多品牌都已经销声匿迹，其中最典型的就是本书第 4 章提到的“俏十年”品牌，它在朋友圈的年销售额曾突破 4 亿元，让业界震惊，如今却悄然“退场”，让很多人唏嘘不已。

曾盛极一时的微商代理品牌，为什么会迅速消亡呢？其原因有以下几点。

1. 多层级代理模式

在微商兴起前期，各品牌的代理模式如图 5-1 所示。

在微商多层级代理模式中，最底层的代理拿货价格最高，而且他们还承担着货卖不出去的风险。有一位微商是某品牌面膜的四级代理，她拿到的产品的价格只比厂家指导价少 5 元，这样自己根本赚不了钱，而且没人愿意接盘，最后她囤的那些面膜只能送人或者自用。在这种情况下，底层代理没有了销售力，上层人员就赚不了钱，逐层递推，整个品牌的销售力会逐渐减弱，因此，多层级代理模式会把品牌带入一个恶性循环。

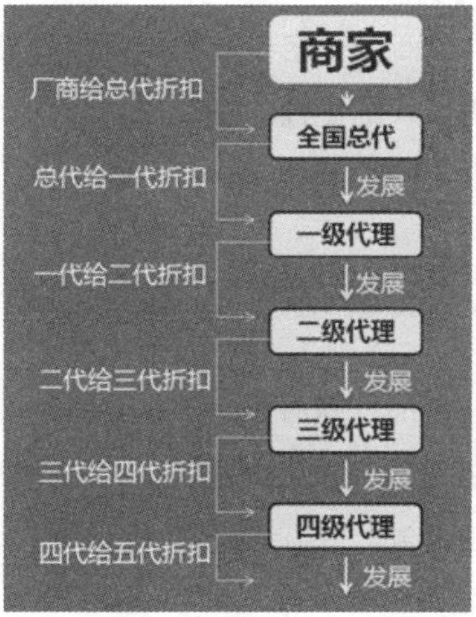

图 5-1　微商多层级代理模式

2．产品质量得不到保障

由于前些年微商处于野蛮生长期，各类有关产品的软文或心灵鸡汤在朋友圈铺天盖地，暴力刷屏的方式引起了很多人对微信商的反感。而且随着微商行业缺失监管、假货横行，导致品牌商的流水下降、代理团队快速流失，绝大多数微营销或者微商不是考虑转型，就是索性退出，那些凝聚力不强的微商代理品牌便瞬间瓦解。

3．“三无”产品充斥渠道

不少早期微商的财富故事都源自售卖“三无”（无生产日期、无质量合格证和无生产厂家）产品。自微商“毒面膜”事件曝光后，很多消费者对微商产品的信任度下滑。在没有明星代言、炫富造假等光环下，那些没有质量保障的品牌使大部分微商难以为继，这些“三无”品牌自然也随之销声匿迹了。

因此，微商小白做微商，一定要避免出现以上情况，要做微商代理就代理具有良性循环商业模式的厂商，以及质量有保障的产品，否则即使一开始有利可图，后来也走不长久。

5.1.2 平台微商：正在兴起的微代理，加速全民代理

从本书中的很多内容都可以看出，像之前那种多层级代理、囤货渠道、透支人际关系的朋友圈微商已经不合时宜了。微盟研究院发布的《2015年一季度中国微商行业报告》指出：微商始于品牌，乱于个人，兴于社群，重构于平台。

随着朋友圈微商的没落，微信小店、京东微店、拍拍小店、有赞商城、口袋购物、微盟V店等平台微商开始崛起。平台微商之所以能迅速崛起，主要是因其自身的许多独特的优势，其内容如图5-2所示。

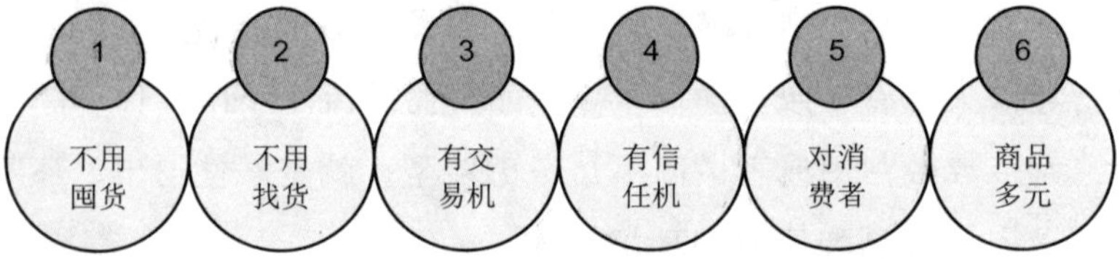

图5-2 平台微商的优势

随着移动互联网的快速发展，网购日渐呈现出去中心化、入口多元化、垂直细分化等多重特征，而平台微商正好符合这种趋势，因为它是一个去中心化、去流量化的交易平台，而且从上游（平台）的上架选品，到中游（代理商）的代销分销，再到下游（消费者）的购买返佣等，形成了一个完整的交易链条。而且平台微商统一管理、统一货源、统一发货，避免出现朋友圈刷屏、假货横行的现象。

目前，很多个人微商、品牌微商和社群微商都逐渐向平台微商转移，这种现状告诉大家，微商正从一个“闹市”时代转变为规范有序的时代。大家还可以想象，在未来的1~3年内，肯定会有一个或多个像淘宝一样的新生重量级平台微商出现。

很多新生的平台微商都采取了线上与线下相结合的社区化C2B模式，这种模式将成为未来微商的主流。因此，这些平台微商值得所有微商小白们关注，这很可能成为大家再一次突破现状的极好机遇。

在当今时代，社会变化太快，一个人的进步往往赶不上时代的变化，所以，无论哪种行业都需要大家抱团取暖，抱团打天下才是王道。当然，微商行业的未来也一定是合作的时代，而平台微商就能使大家一起抱团做微商。

5.1.3 社交信任：优质产品重塑

作为一种信任经济，微商通过移动社交工具与消费者建立联系，每个微商都在为自己的产品代言。在移动互联网时代，信息越来越透明，几乎所有的商品都附带着二维码，很多消费者在购买某商品前都会扫一扫二维码，以此鉴定产品质量的真假或者去网络上查询厂家信息，还会根据网上的评论决定是否要购买。例如，淘宝上的产品是看不到也摸不着的，大家只能通过已经购买该产品的消费者在网上的评论来判断这些商品的好坏，如果有很多人评论这些厂家不靠谱或者产品的质量不行，消费者就不会购买。

微商与淘宝都属于网络购物，与消费者建立社交信任是微商生存的关键。随着消费者与商品的关系变得越来越近，消费者与微商的关系会越来越强，这种信任经济会加速消费者与消费者、消费者与商品之间的流通，而产品质量的好坏将决定这种流通是正向的还是反向。总之，产品质量是与消费者建立信任的最佳途径，通过这种途径建立的信任很难崩塌，一旦崩塌，想要再挽回，你恐怕要花费百倍甚至千倍的精力。

未来微商小白的出路绝对是诚信营销、口碑营销以及产品为王，靠忽悠卖产品的微商绝对没有生命力，更不可能持续。前文曾提到“毒面膜”、酵素等三无产品使消费者对微商产品的信任度严重下滑。曾听一位朋友说，他的一个朋友在朋友圈卖酒，非让他光顾自己的生意，无奈之下，他买了一箱，可喝过之后他感觉受骗了，从那时起，他对这位朋友很失望，也不再信任微商产品。

纵观朋友圈微商没落，其主要原因还是产品的质量有问题。在生活中，总能听到有这样一群人抱怨、“在朋友圈卖的产品不能买，都是坑人的。”这也是很多人反感微商在朋友圈卖东西的原因。但是也有一些人很信任微商产品，因为他们买的微商产品质优价廉，这其中的关键就是“质”，如果产品质量不好，即使大家能被骗一次，下次也绝对不会买账。

对微商小白来说，首先要重塑社交信任，但如果没有优质的产品做基础，社交信任是很难建立的。

如果微商小白还想在朋友圈做分享，就得让你的分享变成有偿的，首先要以信任关系做铺垫，而且还要让消费者从中得到利益，这样才会有不少人参与。如果此时你所分享的东西又恰好是大家所喜欢的，那么这样的有偿分享就会产生一条生意链，一举多得。所以，大家一定不要触碰消费者对产品质量的底线。

在微商被一些劣质产品搅乱后，虽然现在微商行业都在大力让微商走向正规化，重拾消费者的信任，但要想让消费者重新信任微商，最重要的还是微商自身，让产品做好微商的背书，因此，任何微商都要担起重塑社交信任的重任，让微商成为一种良性市场。

5.1.4 代理陷阱：认清微商的七种类型

微商市场虽然依旧火爆，但也鱼龙混杂，微商小白稍不留神，就很可能在热闹之中掉入陷阱中，变为“危商”。所以，微商在选择代理商和产品时需要“擦亮眼”，提高法律意识，以免给一些投机取巧、钻空子的人可乘之机。

2015 年 11 月 08 日，某案犯以微信的方式与唐女士取得联系，并告诉唐女士她是做微商的。案犯在给唐女士介绍产品之余，还劝说唐女士做她的代理。唐女士没有禁得住忽悠，就同意做了案犯的下家，还主动与案犯取得联系。随后，唐女士通过支付宝向对方购买了价值 1535 元人民币的化妆品，然后案犯便杳无音信，唐女士的微信也被他拉黑了，这时唐女士才意识到自己被骗了。

像唐女士这样被骗的人还有很多，犯罪分子的手段都很相似，即利用微信在朋友圈广招代理，然后再通过各种转账单、汇款单等图片诱导大家做其代理，还以所谓的“月收入百万元”的微商达人为例，向大家传递出跟着他能赚钱的信号。很多有意做微商代理的人在犯罪分子一步步的诱导下，禁不住诱惑便做了他的代理。等到自己把钱转过去后，那些所谓的“上家”就消失了。

对微商小白来说，一定要警惕有关“微商”代理的一些陷阱，具体来说，主要有以下（图 5-3）七种类型。

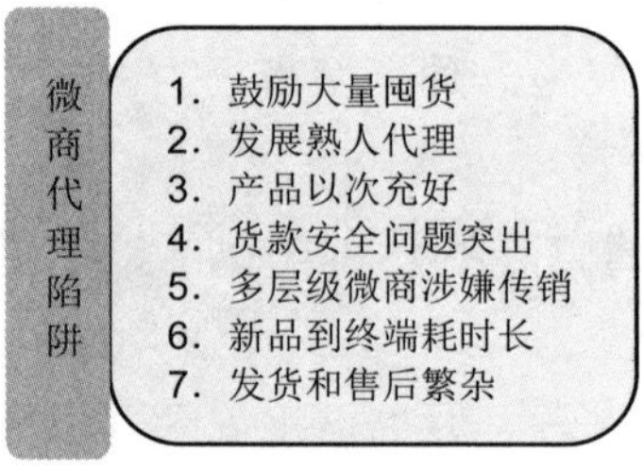

图 5-3 微商代理陷阱的七种类型

1. 鼓励大量囤货

很多“上家”都会鼓吹“进货越多价格越低”，让代理去大量囤货。最后，厂商 80%的货囤给了代理，只有 20%被消费者消化。而且囤的货越多上级赚的就越多，你不仅要关心产品的销量还要付货品的占地费，最起码在短时间内是找不到出路的。

2. 发展熟人代理

微商具有社交属性，但如果你把自己的朋友、闺蜜、同窗好友与金钱扯上关系，从他们身上赚差价，那么你们之间那种纯粹的友谊可能会不复存在。你的这种做法一旦在你的朋友圈传开，那么圈子里的很多人将疏远你，这种损失是得不偿失的。

3. 产品以次充好

前文也说过，在多级代理模式中，只有最顶层的人才是最赚钱的，一些下级代理为了赚得更多，会把产品调包，以次充好。毕竟在这种代理模式中，下级的货完全由上级决定，而非厂家直接出货，中途被某个代理换货也是有可能的。因此，微商小白在做某“上家”的代理前，一定要确认产品是厂家货，否则最后吃亏的肯定是你自己。

4．货款安全问题突出

微商货款安全依旧是微商行业中尚良好解决的一个大问题，很多微商只能通过微信转账、支付宝转账、银行卡转账等付款，根本没有担保机制，这给了一些犯罪分子可乘之机，上文提到的唐女士就是最好的例子，由于她没有确认上家的真实性、可靠性，最后财货两空。因此，微商小白在做代理时，一定要在正规平台或者有担保机制的地方进货。

5．多层级微商涉嫌传销

很多微商涉嫌传销，其特点如图 5-4 所示。

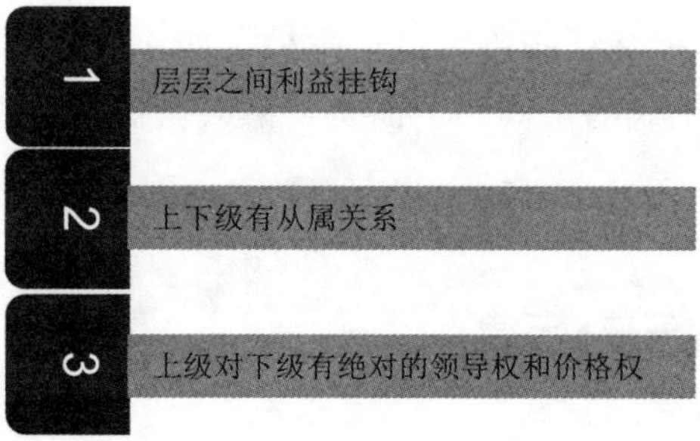

图 5-4　微商涉嫌传销的特点

因此，微商小白要避免做或加入这种模式的微商，因为这种模式最终会崩盘，而且最重要的是触碰了法律的底线。

6．新品到终端耗时长

有些新品在生产之后，由于环节太多，可能当你从厂商手里拿到时，新品已经不再是新品，而是一款大众产品了，或者厂商已经又找出一款新产品了。如果你总是比别人慢半拍，甚至一拍，那么你与其他代理的距离会越拉越长。

7. 发货和售后繁杂

发货和售后服务是最繁琐的，会花费你很多时间，但这也是做微商不可缺少的环节。因此，如果你找的上家需要你自己发货，或者做售后服务，最好不要做，因为现在很多微商平台都为代理提供发货和售后服务，做这样的微商你会很轻松，还会让消费者感觉很正规。

5.2 如何做懒人微商

“懒人微商”不是教你怎么变懒，而是教你如何省去很多繁琐的过程，轻轻松松地做一个正规的微商，下面是“懒人微商”代理应该怎么做的具体方法。

5.2.1 懒人微商的三戒&五律

自微商盛行以来，微商行业一直都存在中着一些乱象，2015 年 1 月，微信第三方服务商微盟为了建立微商行业准则，规范微商的发展，提出了“三戒五律”，这不仅是微商界的共识，也是一个良性微商应该遵守的规范。

1. 三戒

三戒如下图（图 5-5）所示。

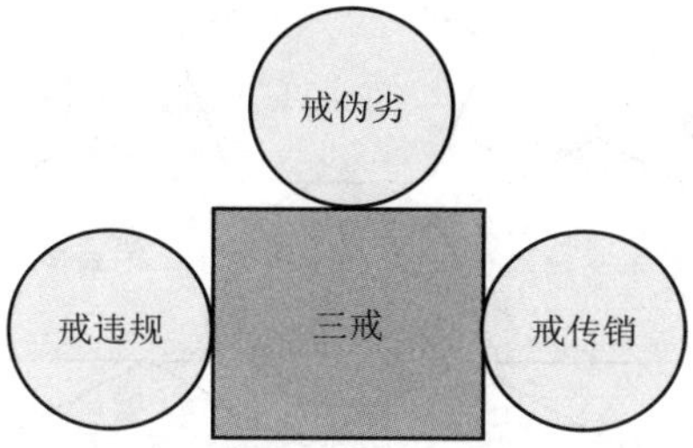

图 5-5 微商代理三戒

（1）戒违规

严格遵守国家有关消费者权益、产品质量、价格、竞争等相关法律法规和行业规范，不以任何方式排除或限制消费者合法权益。

（2）戒伪劣

杜绝交易中的价格欺诈和虚假广告宣传，保证各类商品、服务信息的真实性，不误导、不欺骗消费者，确保公平交易。

（3）戒传销

2. 五律

五律如下图（图 5-6）所示

坚决抵制以分销之名行传销之实的违法行为，要以实际行动证明移动社交电商是一个可持续发展的商业模式。

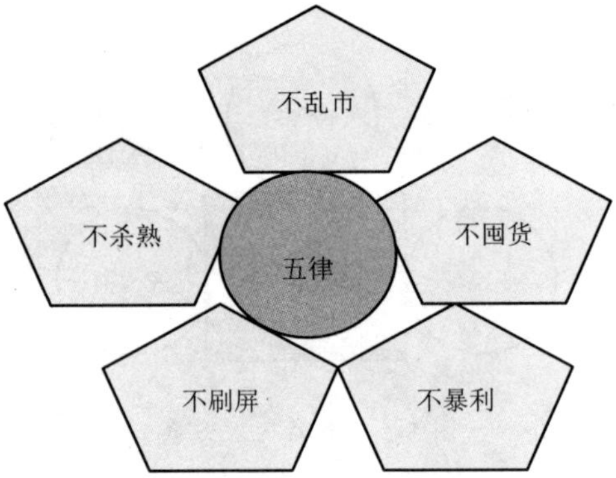

图 5-6 微商代理“五律”

（1）不乱市

要杜绝以次充好、过度贴牌等现象，尽量做到以附加值服务提升盈利空间。

（2）不囤货

反对以囤货为目的的分销模式，如有必要，需充分保障个别品类的分销商利益。

（3）不暴利

不鼓励以暴利驱使的非标品运营，充分保障消费者的公平交易权利。

（4）不刷屏

不鼓励过度使用社交媒体，鼓励以高质量的内容赢得关注。

（5）不杀熟

不鼓励朋友圈卖货，鼓励以分享为主的达人体验营销方式赢取市场。

“三戒五律”是微商代理必须要遵守的，这也是众多微商平台约定俗成的。未来，微商通过平台规范、法律监管和道德自律，微商产业将成为一种良性发展模式。

5.2.2 掌握微商代理的起步技巧

微商代理起步时，首先要把微商代理的“三戒五律”熟记于心，然后再开展其他的工作。本书是针对微商小白的，前言对微商在货源、产品、客源、引流等方面的技巧都逐一做了详细的介绍，这里不再赘述。下面从很多微商小白常犯的一些小错误中，总结一些起步技巧，其内容如图 5-7 所示。

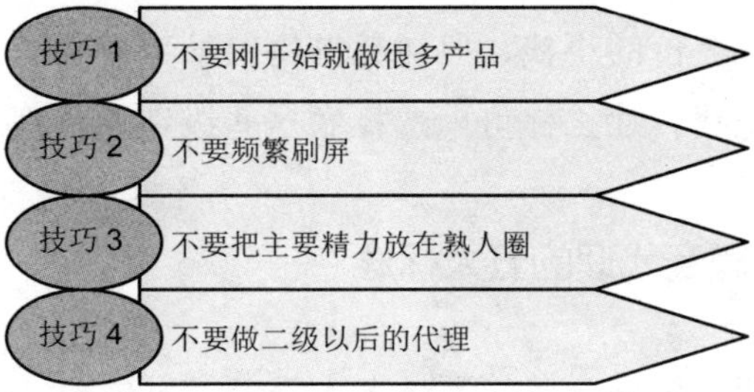

图 5-7 微商起步技巧

1. 不要刚开始就做很多产品

有些人的微商产品乱七八糟，今天卖零食，明天卖衣服，后天又改为卖面膜了，没有人愿意光顾这样的微商。因此刚入行时，微商小白做产品就要做精、做专，这样你的客户才会第一时间想到你。

2. 不要频繁刷屏

通过朋友圈疯狂刷屏做微商的时代已经过去，现在看到有人刷屏，大家会毫不犹豫地拉黑。因此，微商小白做微商要有技巧，绝对不能靠刷屏卖货。关于引流的技巧本书在第 2 章有详细的介绍。

3. 不要把主要精力放在熟人圈

每个人的熟人圈毕竟有限，如果微商只依赖熟人来卖产品，那么你是不可能做大的，甚至还会倒闭，因为朋友是有限。因此，微商要把主要精力放在发展“陌生”客户，而不是只靠仅有的熟人赚钱。

4. 不要做二级以后的代理

无论采取什么样的经营模式，微商永远是顶层的人最赚钱，三级、四级代理只能赚个小差价的小钱，但却起得比鸡早，干的活又多。除非你做微商只想赚个零花钱，那么你可以选择做这些级别的代理。

5.2.3 选择合格微商代理的五大标准

虽然人人都能做微商，但并不是人人都能做好微商。虽然一些品牌为了快速出货，营造出“人人都可以做微商”的假象。在招代理时，不管他是否认同产品本身、是否具备基本能力，都将其发展成为代理，然后发展层级，一级发展二级，二级发展三级，最后货虽然都铺出去了，但微商代理的销售力却令人担忧，容易让品牌陷入危机。因此，选择微商代理要慎重，只有把那些适合做自己产品的人发展为代理，微商事业才能持久。

要选择一个合格的微商代理，你应保证他具备以下（图 5-8）条件，否则他即使做了你的微商代理那也很亏，你不能从中他们身上得到什么。

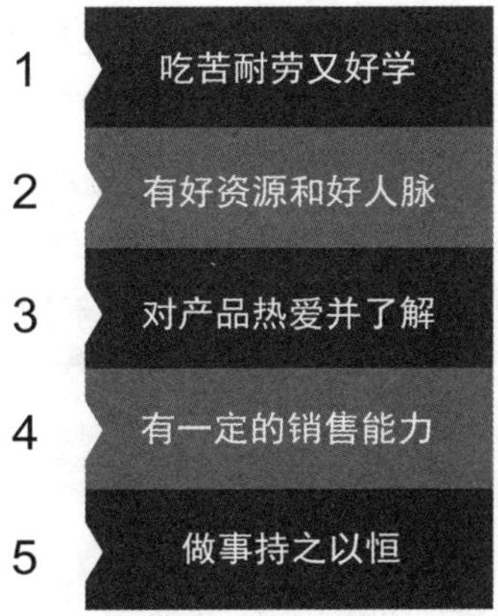

图 5-8 选择微商代理的五大标准

1．吃苦耐劳又好学

很多人都认为做微商很简单，其实要想做好也是需要花费一番精力的，这就需要你选择的微商代理要能吃苦耐劳，还要不断学习新东西。特别是做微商的前期，他们可能会很苦，半夜一两点睡，早上六七点起，睡得比狗晚，起得比鸡早，吃个饭手机还不离手。如果想要做微商代理的人没有这种吃苦耐劳的决心，那还是让他们趁早放弃。

2．有好资源和好人脉

前文也说过，微商具有社交属性，微商代理如果有好的资源和人脉，就会轻松很多。代理的人脉圈子决定了消费的消费能力，在产品质量过硬的前提下，代理在自用后分享出去，可能周围大部分人会受影响从而买单，然后经过转介、裂变，进一步扩大你的社交圈和产品的影响力，这就是利用线下资源来变现。

3．对产品热爱并了解

要想做某产品的微商代理，首先要热爱自己所代理的产品，这样自己才有信心，还会用心向其他人推销代理的产品。其次要对产品有所了解，用专业能力获得消费者的认可。在我们微商圈内，一些做得好的代理，特别是微商达人们，几乎都属于典型的专家，对产品及相关的知识非常了解，大家都把他们当作产品顾问。积累了良好的信誉，做起微商来也会很顺手。因此，很多微商对代理进行培训时，都致力于把他们培养为产品专家，这样才能让他们更好地、长期持续地销售产品。

4. 有一定的销售能力

销售能力强和销售能力弱的人比起业绩可能就是一个天上一个地下。销售能力强的人善于捕捉产品卖点，抓住消费者的心理痛点，能轻易说服消费者购买，或者发展为自己的代理，而销售能力弱的人，消费者与他们沟通起来都很费劲，更不要提促成交易了。

5. 做事持之以恒

对那些“三天打鱼，两天晒网“的微商代理，即使他们再有专业知识，或者销售能力再强，也做不好微商，做事能持之以恒的人更适合做微商代理。例如，有一个卖保健品的小兄弟，他的销售能力不是最强的，但产品销售业绩是最好的，那他是用什么方式做微商的呢？首先，他把自己的微信昵称改成“吃了 XX 产品能滋阴”，然后便日复一日地去别人的朋友圈点赞，几乎别人的任何一条“说说”他都点赞，就这样持之以恒地做了很久，因为他的身影不断出现在别人的视线里，找他尝试买保健品的人还不少。

微商在招代理时，最好不要招那些没有决心、只抱着试一试态度，又不属于专家型、销售型、资源型、持久型等的人，因为即使把他们招进来，他们也不会给你带来多大的效益，而且还会浪费你的培训时间。更有甚者，会给其他人泼冷水，负面情绪带来的影响很严重，容易降低团队其他人的激情。总之，无论从哪些方面来说，招这些人做你的微商代理都是得不偿失的。

5.2.4　微商代理主流平台选择

平台微商以平台为基础帮助微商小白创业。这种移动购物平台以社交媒体为导向，通过完善的交易管理体系帮助微商解决了货源、交易机制、信任机制以及消费者保障等核心交易问题。鉴于这些优势，平台微商于2016年5月大规模兴起，各种移动端开店App如雨后春笋般地出现。目前市面上已有200多家基于移动端开店的App。现在比较主流的微商代理平台有以下（图5-9）七个。

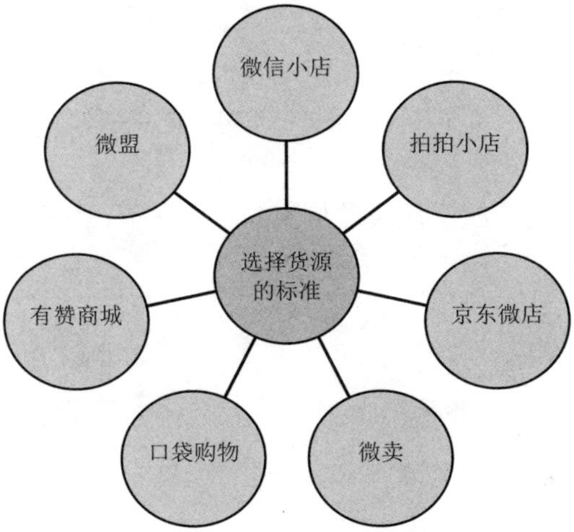

图5-9　主流微商代理平台

1. 微信小店

微信公众平台推出“微信小店”功能，其开通方式很简单，在获得微信认证的服务号上自助申请即可。

第一步：打开个人微信公众平台，点击“添加功能插件”，然后点击“微信小店”（图5-10）。

图 5-10 “微信小店”开通第一步

第二步：在满足“必须开通微信支付”条件下，点击“开通”（图 5-11）。

图 5-11 “微信小店”开通第二步

微信支付申请应满足的条件以及需要提供的资料如图 5-12 所示。

图 5-12　微信支付申请条件及提供资料

“微信小店”开通之后，下面就要开店了，其开店步骤如下所示。

第一步：添加商品。

- 选择与商品对应的类目。
- 填写商品基本信息，包括商品名称、商品图片、运费、库存、详情描述等。

第二步：商品管理。

- 商品分组管理：为了方面管理，可将商品设置不同的分组。
- 商品上下架：商品分组后可将商品填充到货架中，还能快速对商品进行上下架操作。

第三步：货架管理。

- 选择货架：货架是商家用于承载商品的模板，这些模板以直接展示商品为主，风格均衡、协调。
- 添加商品信息：选择完货架之后，将分组管理中的商品添加到货架。
- 发布货架：发布编辑好的货架信息，然后复制链接，可将链接填入自定义菜单或下发商品消息中。

第四步：小店概况。

在此页面内，商家可以查看小店的待发货订单、待处理维权/仲裁单数、订单数、成交商品数/总商品数、成交额、商品总浏览量、货架总浏览量、商铺访问人数等数据信息。

第五步：订单管理。

用户支付成功后会生成一笔订单，商家可以查询订单，并进行发货等操作。

2. 拍拍小店

拍拍小店隶属于京东，它的入驻门槛较低，个人只需缴纳 1000 元保证金就可入驻，而其功能较为完善，京东为此专门开发一款 App 直接管理后台，能无缝接入微信支付，给用户良好的体验。

第一步：到拍拍官网下载拍拍小店 App 软件，设置登录名和登录密码（图 5-13）。

第二步：登陆成功后会出现创建店铺的界面，给自己的拍拍小店起一个与产品相符又有特色的名字，然后单击“创建店铺”（图 5-14）。

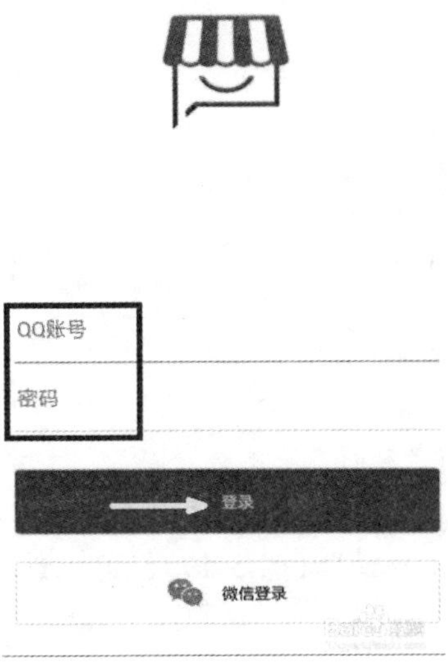

图 5-13　拍拍小店登录界面

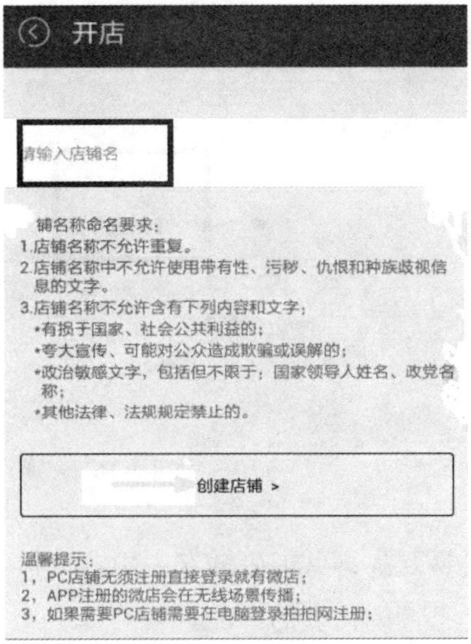

图 5-14　创建店铺页面

第三步：开店成功后，如果 QQ、微信没有开通财付通的话，应先开通财付通（图 5-15），还要做实名制认证。

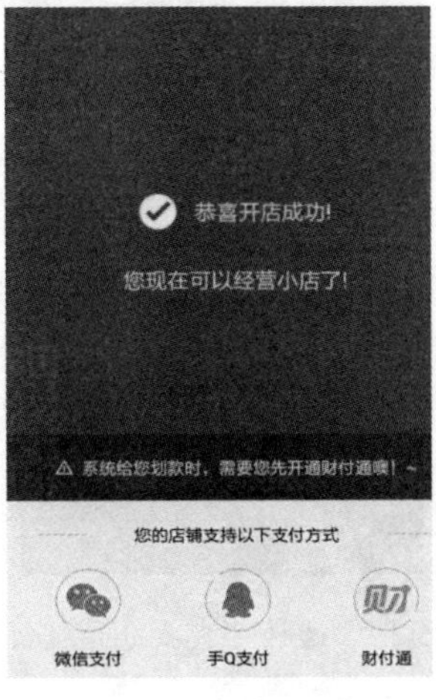

图 5-15　拍拍小店开店成功页面

第四步：添加商品，单击“我要上货”（图 5-16），填写和发布商品信息。

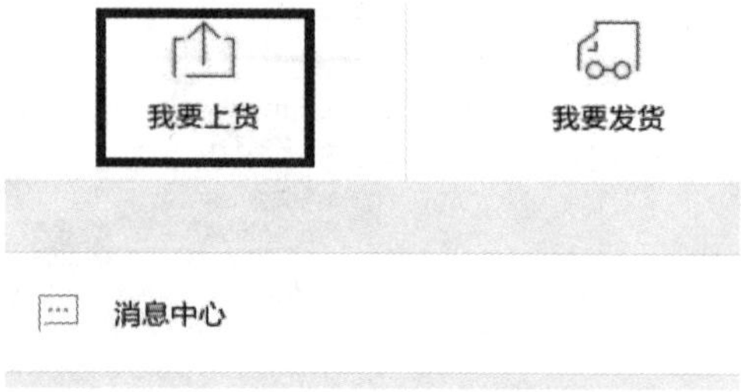

图 5-16 “我要上货”页面

第五步：点击店铺左上角，选择“我要分销”（图 5-17），可以选择选择自己希望代理的产品。

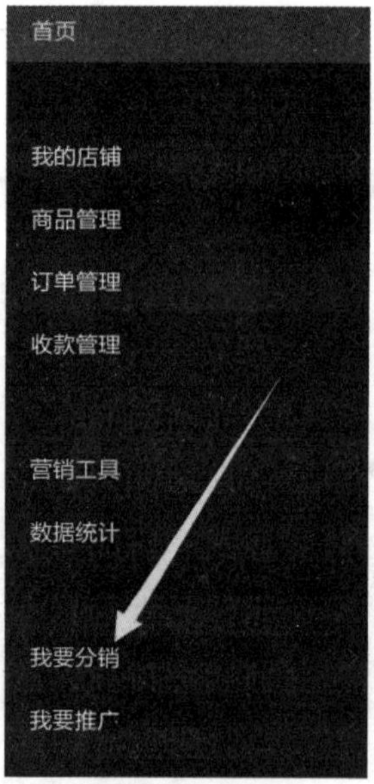

图 5-17 选择“我要分销”页面

第六步：进入“分销”页面后，每间商品都会标注其价格、销量和佣金，你可以直接单击自己感兴趣的商品代理（图 5-18）。

图 5-18　商品库页面

“拍拍小店”在移动端的操作程序要比想象中的简单多了，它突破了 PC 端繁琐的开店程序，帮助传统企业快速实现“一键式”开店以及店铺管理。微商通过 QQ 号码登录 App，即可实现编辑商品、店铺模板、查询订单、数据统计、提现等操作。

此外，微商通过“拍拍小店”的分销系统，可将拍拍平台上的商品“一键选择”放进店铺内代销，销售完成后可直接获取佣金返利，发货和售后则都由上游供应商解决。只需一部手机即可完成“拍拍小店”的全部操作。而且“拍拍小店”还可提供担保交易的微信支付功能，让用户放心购物，提高支付转化率。

3. 京东微店

京东微店（图 5-19）的角色有点像天猫，不过它对入驻的品牌要求还是比较高的，另外需要两万元的保证金。京东微店刚发布后一段时间，为了鼓励商家入驻是不收取平台使用费的，但会有扣点，比如 3C 产品的扣点约为 3%，但其支付体验较好，能无缝接入微信。

图 5-19　京东微店

京东微店的入驻流程如下所示。

第一步：签署协议并提交申请信息。

- 用户入驻前需先开通运营主体为组织。类型为企业的微信服务号。
- 签署电子协议。
- 填写申请信息，提交申请资料。

第二步：资质审核。

- 运营经理审核。

- 证件审核（需缴纳认证费用）。
- 财付通实名认证。
- 安装数字证书。

第三步：费用缴纳

- 诚信保证金。
- 平台服务费。

第四步：京东微店认证

- 完成认证。
- 成功入驻京东微店。

4. 微卖

微卖（图 5-20）是一款手机应用，提供了一个以社交网络为传播媒介的商品售卖平台。任何人都可以使用微卖平台轻松进货，并通过社交网络分享和交易商品，从而安全有效地售卖各种商品。无论你有没有资金和货源，都可以通过微卖平台成为自己的 CEO。另外，微卖还支持分享微信、微博、绑定银行卡、在线支付等，让微商把收益握在掌上。

微卖的产品特色如下所示。

（1）批发市场：0 元进货，厂家代发，如图 5-21 所示。

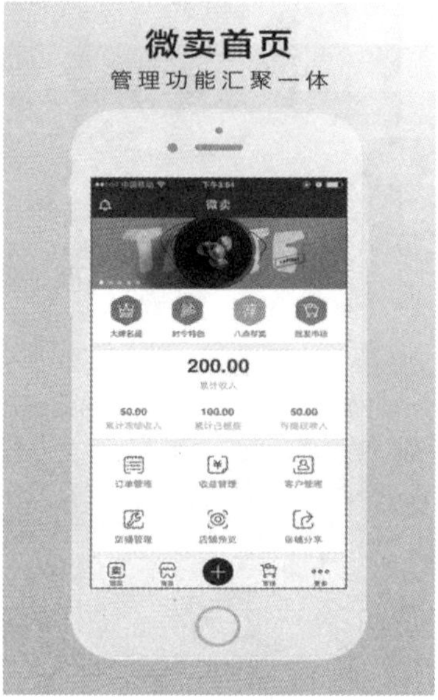

图 5-20　微卖首页

图 5-21　微卖批发市场

（2）招募达人：招募小伙伴，一起来挣钱。

（3）店铺管理：快速开店，能方便快捷地管理商品，如图 5-22、图 5-23、图 5-24 所示。

（4）订单管理：管理订单，便捷发货，越赚越有干劲。

（5）客户管理：分析客户喜好，进行有针对性的多次营销，如图 5-25 所示。

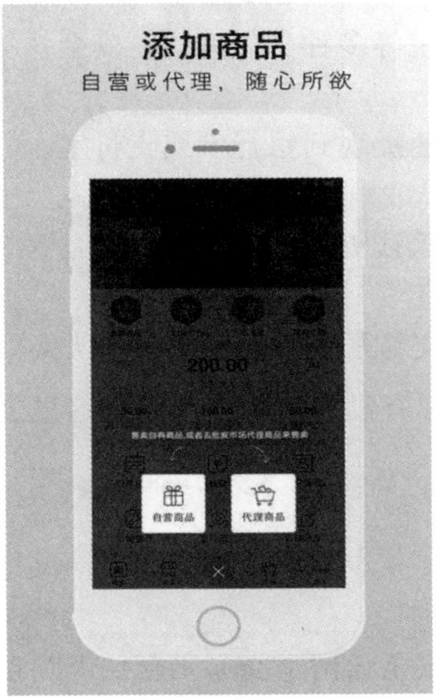

图 5-22　微卖添加商品项

图 5-23　商品详情

图 5-24　微卖货架管理

图 5-25　分享售卖

（6）支付快捷：支持微博支付、支付宝等多种支付方式，安全快捷。

（7）收支管理：财务一目了然，可快速提现到银行卡或支付宝。

（8）全网售卖：多社交平台接入，让赚钱更简单。

目前，微卖是网络上比较出名的网络交易平台，很多微商小伙伴们都非常喜欢到微卖买卖一些货物，而且不管你有没有货物都可以在这里进行交易。

5. 口袋购物

口袋购物（图 5-26）是中国最大、最安全的网上交易平台，可以在上面进行订单管理、客户管理和促销管理。它能提供各类服饰、美容美体、生活家居、母婴玩具、运动户外、美食特产、数码家电等潮流商品，该购物 App 主打个性化和精准化的商品推荐。

图 5-26　口袋购物

口袋购物的特色功能如下所示。

- 首页精选：在“口袋购物”首页，有上百款优质商品的个性推荐，于每天上午 10:00 更新（图 5-27）。

图 5-27 “首页精选”界面

- 每日 10 件：这是口袋购物最红的栏目，该功能只服务于那些小众、新奇、有趣、能启发购物灵感的商品（图 5-28）。
- 今日值得买：折扣专区，每日都有品牌折扣、限时抢购（图 5-29）。

图 5-28　“每日 10 件”界面

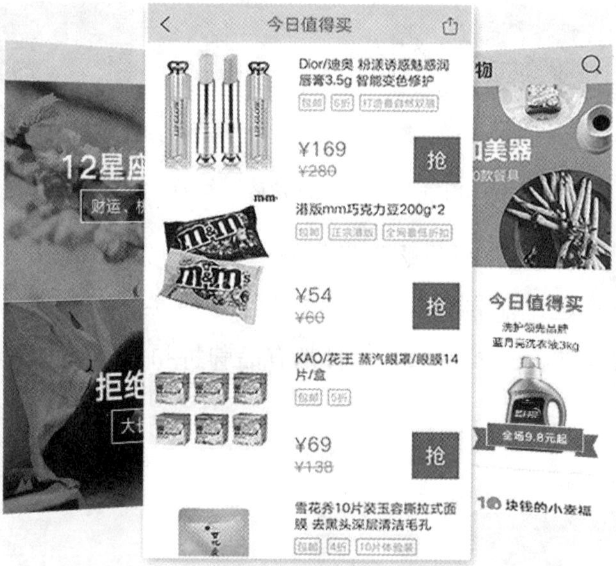

图 5-29　“今日值得买”界面

- 专题推荐：里面的商品既有趣又有用，可以是当下热门、国内外流行、居家小贴士等，致力于给客户最有用的生活资讯（图 5-30）。

图 5-30　“专题推荐”界面

总之，口袋购物的功能非常丰富，而它基于人工智能和发现引擎的技术也让手机的购物体验变得更加愉悦。

6. 有赞商城

有赞商城（图 5-31）能帮助商家在微信上完成微信商城平台的搭建工作，提供店铺管理、商品管理、订单管理、物流管理、客户管理、分销商管理以及消息管理等，同时还能为商家提供丰富的营销应用和活动插件。

图 5-31　有赞商城页面

有赞商城拥有强大的微信开店系统，能帮助商家搭建完整、强大的微商城。此外，有赞商城还能提供更多丰富有趣的营销活动（会员、积分、大转盘等），以精准的数据分析大流量定期专场活动，从而获取百万流量的支持。同时直接打通微信支付，无需微信认证。对于个人及小创业公司来说，有赞无非是最好用的。不过，如果商家不开通官方服务号的微信认证，有赞商城的提现速度还是稍微有些慢的。

7. 微盟

微盟（Weimob）是一家针对微信公众账号提供营销推广服务的第三方平台（图 5-32），其主要功能是针对微信商家公众号提供与众不同的、有针对性的营销推广服务。

图 5-32　微盟页面

微盟是目前国内最大的微信开发服务商，全球拥有超过千家的渠道代理，服务于 200 多万家企业用户，为他们提供微电商（图 5-33）、餐饮 O2O（图 5-34）、智慧城市、微信代运营、移动广告（图 5-35）、微信运营（图 5-36）、移动办公（图 5-37）等一体化的解决方案。

图 5-33　微电商解决方案

图 5-34 智慧餐厅解决方案

图 5-35 移动广告解决方案

图 5-36 微信运营解决方案

图 5-37　移动办公解决方案

微盟帮助企业和个人搭建新一代微商分销体系，实行线上线下互通和客户沉淀。同时微盟旗下微商开店平台——萌店，以“直销模式+代理+熟人经济”模式帮助微商快速建立分销渠道，让粉丝主动传播和宣传产品。

在微信小店、拍拍微店、京东微店等第三方微商平台出现之前，微商基本都是直接在朋友圈卖货的个体商家。而今随着这种微商模式出现了种种问题，原始、野蛮的“朋友圈卖货”模式已经穷途末路，第三方微商平台开始崛起。微商小白现在要再想在朋友圈赚一笔，已经不可能了，因此，大家最好紧跟时代趋势，根据自身情况选择一种或几种主流的微商平台做微商，切勿盲目跟风。

5.3　解析懒人微商成功案例

现在月收入 10 万元以上的微商比比皆是，月收入百万元的也不少。

微商大咖们成功的例子有很多，下面仅以“蛋糕哥”和“85后宝妈”为例，看他们是如何做一个“懒人微商”的。

5.3.1 “蛋糕哥”玩转“微营销”

“蛋糕哥”本名楼智杭，浙江绍兴人，小学学历，10多年前只身来到杭州打拼。在这里，他做过蔬菜批发生意、开过麻辣烫店，还跟人合伙开过理发店，最后都以亏本告终。

随后他开始反思，自己没有技术，又没有资源，盲目创业肯定不行。于是在2007年，他决定从头再来，开始跟一个开面包店的师傅学习做小蛋糕，但因为师傅的技术也不好，只能算是糊口。“蛋糕哥”出师后，开始自己“搞研发”。

他做蛋糕的流程看起来很简单：拿出工具“铁饼”，将它放在煤气上预热一会儿，然后将事先制作好的蛋糕原料均匀地浇在“铁饼”上一个个花朵形状的模子中，盖上盖子。只需30秒，一锅新鲜的小蛋糕就出炉了。那这些经历了简单的制作流程的蛋糕是如何让“蛋糕哥”成功逆袭的呢？

1. 自我营销

自我营销是“蛋糕哥”创业成功的关键因素之一。他自创的经典雷人叫卖语录首先走红网络：“小蛋糕、鸡蛋糕，纯手工打造，现场直播，闪亮登场，火爆进行中！”、“小蛋糕2.0，火爆升级中啦！”、“小蛋糕3块3块，全场85折，标准跳楼价！”，这些广告语当时被杭州电子科技大学的学生写成经典语录放到了网上，之后他又参与了某学生拍摄的微视频，继而一夜成名。

2. 微博营销

成名之后，“蛋糕哥”的生意更好了，这时他开始意识到网络营销真是一个不错的推广方法。他于2010年的元旦开通了微博，还申请了实名认证。当时，主流的网络社交工具刚从博客转向微博，一时之间微博红透了半边天，但是很多人都没有想到，还会有商贩申请微博。但“蛋糕哥”就是要紧跟潮流，刚开始他的微博影响力很小，因为他的粉丝很少，为了让更多人关注他，他做了一些促销活动，并将优惠信息发布在微博中，并提醒前来购买的人群关注他的微博，优惠多多。他还在微博上发布产品信息、征求粉丝的意见和建议，后来很多顾客都是因为关注了他的微博才来光顾他的店铺，他营业额的15%左右都来自于微博用户。

3. QQ群、微信营销

他的营销方式并没有止于微博推广这一种，在他得知“一个煎饼阿姨的O2O启示”的事例后，他又通过建立QQ群、利用微信等方法营销。如今，他的店铺墙上贴了一张自己的微信二维码，而且他还在装小蛋糕的纸袋上也印上了“好吃才是硬道理、再不买就涨价了”。每次见到顾客，“蛋糕哥”都会指着墙上的二维码告诉大家：“蛋糕迷们，这是我的微信二维码，名字是杭电蛋糕哥，有事没事我们都可以一起交流心得哦。”

现在“蛋糕哥”的微博、微信、QQ空间的动态更新速度越来越快。据他透露，他的这些营销工具已经由兼职团队帮他打理，他自己也经常在这些平台上跟大家互动，还会发布一些他最近新研制出的产品的消息，有时还会让粉丝们提出改进的意见和建议。如今，他的蛋糕店又多了几种花样，这些都是粉丝们的功劳。

“蛋糕哥”的小蛋糕店已经遍布整个下沙的大街小巷，而且有越来越多的大学生想加盟他的小蛋糕店，他说：“我本身只有小学文化，因此会优先考虑让想创业的大学生加盟，这样可以弥补我在学历上的不足。”

“蛋糕哥”很愿意和大学生们交流，因为他觉得大学生有很多新奇的想法，也能跟上时代的脚步。在一位大学生的建议下，他还计划拍微电影，他的目标是将所有能动用的网络营销手段都用到自己的产品推销上。

【案例解析】

网络走红的“蛋糕哥”频开分店，人气迅速飙升，其成功秘诀不仅在于他的自我营销，更重要的是紧跟时代潮流，做“微营销”，充分利用了微博、QQ、微信、二维码、微电影……为了吸引粉丝的注意，“蛋糕哥”可以说是使出浑身解数，“长枪”、“短炮”齐上阵，动用了所有能动用的网络营销手段。“微营销”是微商引流、成交必不可少的手段，微商小白要想做好微商，就要向“蛋糕哥”学习，不断提升自己，不断创新。

5.3.2 “85后宝妈”创千人大军

王琳在初中毕业后便踏上了北漂之路。后来，她和老公开了一家排版公司，生意还算可以。现在他们已经有了两个孩子，一个上小学，一个上幼儿园。王琳平时除了照顾孩子以外，她上班就是给员工们分配工作，有时跟出版社编辑沟通，还有就是稿子排版好之后看着打印。

王琳觉得自己的时间比较充裕，况且她一直想给孩子们最好的生活，所以准备主业副业一起抓，她的宣言就是“副业要么不做，要做就做强、做大。”一年前，她开始做微商，如今已发展为一级代理，平常她不做零售，只发展代理，现在她微商团队已发展到1000多人，仅代理人数团队就已经达到了千人以上的规模。

王琳发展代理的方法就是写软文，将优质内容发布到微博、微信公众号、论坛等引流渠道，吸引粉丝的注意。有时，她会发布代理们都在风风火火走货的真实图片，而且她还通过晒收“米”

单、代理们的出货单，这能使准备做代理的人产生一种无形的冲动，从而加入她的团队，这种推广方法远比你用很多文字分析微商很火要有效得多。

加入王琳团队的代理，很少有退出的，原因是她能帮大家赚钱。为了让自己旗下的代理有更好的销售业绩，她非常注重培训，一心一意做代理的“专职客服”，帮助并督促大家学习产品的专业知识，学习优秀微商的成功经验，学习成功管理者的管理技巧、销售技巧等。正是王琳用心对待自己团队中的每一个人，帮助他们赚钱，所以，她组建团队的速度比一般人要快很多，代理的忠诚度也很高。

【案例解析】

王琳是一位成功的微商创业者，她的成功经验告诉大家，好的微商一定要做到以下几点。

1. 充实的专业知识

做一行要懂一行，只有成为行业的专家，才能在顾客遇到问题的时候给出专业的答案。做微商想要成交率高，就必须对产品了如指掌，人家问什么你都能回答，这会让对方觉得你非常专业，你的这种专业会征服很多人。相反，那种对自己产品不了解的人，回答时吞吞吐吐或者答非所问，他们是不可能赢得消费者的信任的。因此，微商小白要努力学习产品的相关知识，做一名专家型微商，帮助消费者消除疑虑，这样大家才会毫不犹豫地选择你的产品，或者让你做他的“上家”。

2. 丰富销售知识

微商是需要谈判技巧的，这和你的销售知识息息相关，假如你的代理碰到棘手的顾客，想了很多方法都搞不定，而以你的水平又给不了她一个很好的建议，那么他们就会对你很失望，从而产生不信任感。但是，如果你懂一些营销技巧，帮你的代理想出一个能搞定这个顾客的方法，他肯定会很佩服你。要想领导他人，必须让自己变得强大，所以，为了不在代理面前丢面子，你就要学习一些销售方面的知识，这样你才能轻轻松松赢得代理的信任。

3. 塑造强者形象

很多新加入的代理在刚开始做微商的时候都不懂得如何发朋友圈信息，这时如果你经营的朋友圈总是很吸引人，他们就仿佛找到了一根救命稻草，时刻关注你的朋友圈动态，向你询问发朋友圈的技巧。所以，想让代理信任你，必须先丰富自己，了解很多关于产品或者金融方面的知识。精通某一领域就能让团队成员心甘情愿地跟着你。

4. 对代理知无不言

不同于企业中领导和下属的那种隶属关系，微商“上家”和“下家”代理只是合作关系，双方相互扶持，最终实现互惠互利。正是由于“上家”不把自己的代理当作下属，所以他们之间的交流会更顺畅，双方在互动中知无不言，共同成长。很多微商都亲切地把自己的代理称为“小伙伴”，因为代理就是自己的合作伙伴，大家有共同的信念，做着共同的事业，达到双赢。

的确，王琳说到做到，每当代理或者代理的代理遇到难题时，她都会耐心地教导他们怎样解决，代理们都挺佩服她，总是亲切地叫她一声“老大”。所以，你要做代理的“专职客服”，不管是你的代理，还是代理的代理，只有他们有问题，你都要为他们解忧，保持有问必答的风格。这样代理才会信服你。

6

微电商：这三座金矿不可不知

微电商是微时代下电商企业存在的一种微状态，借助微信、微博等平台进行销售，目前发展得比较完善，已经形成了很多电商微形态，比如微商城、微返利、微店铺、微秒杀、微限购、微团购等。微电商与以前烧钱、血拼的大电商平台有很大区别，具有“小而美”的特色，以垂直化、专业化、个性化的创新模式迅速挺进，此模式降低了电商门槛，为小微企业和个人提供了参与机会，此阶段被称为“每个人的电子商务”。微电商让电子商务真正进入了“全民时代”，多元化、人性化的购物模式和服务场景将网购体验提升到一个前所未有的新高度。

6.1 微信电商

随着线上流量的逐渐饱和，所有电商领域内的独角兽都已经停止了在品类招展、新用户增长、用户留存率等方面的扩张步伐，转而向寻求新的流量机会的方向发展。然而现在各大平台的流量几乎都被电商巨头们占满了，如果说还有什么有效流量，那可能只剩下微信了。

在移动互联网时代的强烈冲击下，移动电商如何才能得到进一步发展呢？微信也一直在努力尝试为广大的企业和个人提供一套有价值且具有强竞争力的移动电商解决方案，一个基于微信的移动电商平台。微信电商平台发展战略非常清晰，一步一个脚印，稳扎稳打，如今整个平台系统已经初步建成，只待与广大的企业一起构建一个完善的、充满活力的移动电商系统。

据 2017 年微信用户数据报告显示，微信的月活跃用户数达 8.89 亿，除了强大的用户基数以外，微信还占用了移动互联网用户的一半时间。所以，微信有很大几率成为所有电商创业者的选择，他们能依靠微信这个强大的后盾，做微信电商。

微信电商是一种新型的商品流通及销售模式，让更多普通人能以低成本创业。微信电商作为新型的商业方式，必将影响更多人走向创业之路。

6.1.1 群控思维让你积累 20 万粉丝

如果说移动营销是主流趋势，那么微信则是移动营销的主力，毕竟有 9 亿用户在那放着。商家建立开发专属独立微信商城时，可以就近借助微信来进行移动营销。比如当下火爆的微信小游戏、微信场景营销、微信朋友圈营销、微信社群营销等。跟随不断更新的微信营销走在移动营销的前列。

那要如何利用群控思维呢？可以建立多个群的方式不控制粉丝。通过新建多个群吸引新的粉丝，粉丝多就会有较多的需求者，也就打开了销售的市场。建立众多微信群来引流是对群控思维最好的应用。那么如何更有效地建立微信群呢？

很多微信电商通过在群里让原有成员拉入一定数量的新成员即可领取免费礼品或者红包的方式，让越来越多的朋友进入到群中，以此形成庞大的微信粉丝群。

小晴是一名做日常电子产品的微商，但是销售量一直不是特别好，后来使用了群控的方法积累了大量的粉丝。

她先自己建了一个微信群，告诉大家如果拉进新成员就有奖励，“我会送拉入 5 名成员的人一个价值 10 元 USB 小灯，免费赠送拉入 20 名的人一个价值 58 元的台灯，送拉入 50 名的人一个价值 108 元的空气加湿器，送拉入 80 名的人一个价值 168 元的蒸蛋锅……以此类推，拉入的人越多，奖品越丰厚，但是数量有限，希望大家积极参与。另外，想要奖品的加我微信，方便领取礼物。”

很快，这个群的人数就满了，小晴一晚上就收获了几千个粉丝。之后的一周内她以这样的方式收获了近 20 万粉丝，很少有人能拉 100 多人进群，所以送出去的礼品基本都是小件的，但是数量依旧很可观。

况且，送出去的礼品大都是前期积压下来的货物，她以极小的代价获得了大量的粉丝，同时又解决了商品的库存问题。

微信群引流是一个很好的增加粉丝的方式，但它的前提是你必须在很多群里面，这些群可能是你自己建的，也可能是别人建的。

大学时的同窗好友张萍出国留学了，在好久没有联系之后，我突然看见张萍在微信朋友圈里晒起了“幸福照”。每天不是吃美食大餐，就是去一些风景优美的地方游玩。别人出国留学都克勤克俭，况且张萍家也不是相当阔绰，这样的情况实在让人感觉到纳闷。在一天午后的休闲片刻，和张萍的一通电话终于让我了解到了事情的真相。

原来张萍在国外经人推荐做起了微商代理，代理的品牌是知名化妆品。刚开始的时候，她感觉无从下手，毕竟自己从来没有做过，这时朋友好心帮助了她，张萍从朋友那里学到了很多营销技巧。

下面把张萍努力积攒起来的微信群引流技巧分享给大家，其内容如图 6-1 所示。

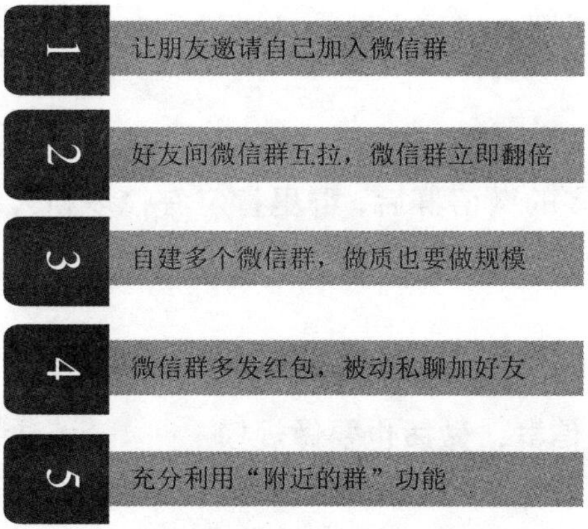

图 6-1　微信群引流技巧

1．让朋友邀请自己加入微信群

让自己加入更多的微信群是扩大人脉圈的关键一步。让自己加入更多的微信群，方法有很多种，但是让朋友邀请加入微信群，会让群内原来的人对自己的信任度和好感倍增。朋友介绍给朋友，朋友邀请的人进群都是大家可以接受的，正所谓朋友的朋友就是自己的朋友，每个人都不会介意自己朋友太多，只会发愁自己朋友太少。大家可以让朋友把自己拉入到他们的微信群中，和群友成为朋友，再加入群友的微信群，这种裂变式进群法，是微商加人的有效方式。

2．好友间微信群互拉，微信群立即翻倍

张萍在通过朋友邀请自己加入一些微信群后，发现在微信群里经常会出现卖群的现象，于是想花钱去买群，她的朋友听后阻止了张萍的行为，并且给她提了一个让自己微信群翻倍的加群技巧。即通过“借力”实现微信群翻倍的效果。所谓的“借力”就是通过和有共同需求的好友进行互拉加微信群。

当你加入了众多的微信群后，群里肯定有很多和大家一样做营销的潜力股。可以通过群发微信消息，询问是否有人愿意互拉微信群。这种做法就实现了 1 对 N 的互换。

3．自建多个微信群，做质也要做规模

和很多微商一样，张萍也自建了很多微信群，为了提高群的互动效率。张萍经常在群里和大家聊天，发布一些大家感兴趣的文章、外国的美食美景、奇人异事。当她在群里发布消息时，很多群友都会迫不及待去满足自己的好奇心。每到逢过年过节或者给自己庆祝生日的时候，张萍还会给自

己的群友发点福利。这不但让自己更受欢迎了，群友们还会邀请朋友加入到她的微信群中。

4．微信群多发红包，被动私聊加好友

张萍在群里会不断地和群友互动，还不定时地发一些红包。比如她每天都会在各大微信群里发红包，钱数不多，都不超过一元。但她会在红包上备注上“首次加我为好友的，会领到大红包”。

在第一次测试之后，张萍当晚就收到了100多人的添加好友请求。张萍遵守了自己诺言，他们每人都领到了张萍发送的大红包。张萍还把这些人截图并添加文字信息发到朋友圈里：拉本人进群者，会领到大红包，活动绝对真实可靠。

于是没拉张萍入群的微信好友在朋友圈看到后，就会邀请她进群，再次领到了大红包，因此她又成功地获得了更多的群，再利用同样的操作获得了更多的好友。

5．充分利用起“附近的群”功能

微信有“附近的群”（图6-2）功能，大家能利用它找到与自己产品相匹配的群，也可以打关键词进行查询。比如你是做化妆品微商的，可以加附近的化妆品群、创业群、微商群、女人群，这些群都有一定的目的性，而且让人感觉比陌陌安全很多。

图 6-2 “附近的群”页面

另外，你也可以建立一个当地群，对微商小白来说，本地的市场容易成交，因为买家感觉本地人更可靠。但是加了群之后，千万不要随意地发布硬性广告，可以发布软文。

当然，无论是自建微信群还是加入其他人的微信群，你都要在里面多发言、多与人互动，与你说话投机、志同道合的人会主动加你为好友。不过，微信对微信群内的人数有限制，每个微信群最多可容纳 500 人，如果大家建立 40 个群，那么最多就可以积累 20 万粉丝，建立更多的群能积累更多的粉丝。所以，通过群控思维来积累粉丝也是一个非常不错的方法。

6.1.2 微信朋友圈傻瓜化模板

很多人做电商时，都少不了微信朋友圈这一宣传工具。为了让微信朋友圈的宣传更高效，微商最好先做出很多微信朋友圈模板，在发送朋友圈消息时，直接往相关模板中填充内容即可，这些模板被称为傻瓜模板。当然，模板必定经过仔细斟酌，并且由个人或者其他优秀微商实践过。此外，模板还要时常更新，因为优质的模板容易被人窃取，被看的次数多了，宣传效果也就不好了。下面来介绍三种模板。

1. 图片式

如图 6-3 所示，处理商品图片后将其接入到背景图片中，再加入能吸引人的文字信息，并进行适当的排版，让人耳目一新，想去了解商品信息，

图 6-3　图片模板

还可以加上自己店铺或者微信的水印，防止他人窃取。但是这种往往没有直接复制文字来得简单，需要一定的时间与图片进行整合。

现代人大多都比较急躁，习惯直接跳过大段的文字，而图片信息更加明了，如果对图片内容产生了兴趣，他自然会主动了解商品内容，这种方式有很好的宣传效果。

2. 幽默式

许多电商在介绍产品之前都会有一段比较幽默的话，用来吸引粉丝打开整条信息，粉丝会带着愉悦的心情查看具体内容，这样既避免引起很多人的反感，又起到了很好的宣传推广作用。也可以整篇文章都是幽默风格的，粉丝开心了，自然也就愿意尝试商品。下面来举个例子。

出了一趟门，下午回家照镜子发现镜子里是一个我不认识的人，然后镜子和我说："没错，别看了，这就是你，黑炭一样的你，但是你咋好像瘦了，大概是黑色显瘦吧！"等到晚上照镜子的时候，镜子问我："你是蜕皮了吗？这么快就白了！"

这个夏天，你想像我一样美黑吗？如果想的话，可以找我，我来告诉你秘诀；如果你想保持白嫩的肌肤，也来找我吧，我这里藏有很多秘密武器哦，既有安全抵抗紫外线的××防晒霜，又有晒后修复套装，更多心动产品等着你！

然后可以添加部分商品的图片和用户使用产品前后的对比图片，让粉丝真实感受到产品的质量和作用。

3. 疑问式

通过抛出大部分人心中存在的问题，让他们产生同样的感受，再引导他们去购买自己的产品。下面来举个例子。

你还在为工资低担忧吗？你还在为物价贵烦恼吗？你还在为买不起好看的衣服而伤心吗？

现在我们公司推出了大牌促销活动（图 6-4），用平时一半甚至更低的价格换取同样品质的衣服，上衣、裤子、内衣、袜子……我们应有尽有！

图 6-4 衣服种类

有你需要的吗？你心动了吗？心动了就联系我吧！

将这几种模板应用到朋友圈的推广中，会有很好的宣传效果，当然也有其他很多的模板，电商可以在推广中慢慢积累资源，寻找规律，找到最适合自己的推广方式。

有些人总觉得在朋友圈做微商会被朋友屏蔽，这肯定是因为他们没有在朋友圈做好铺垫。因此，建议微商小白在选择好产品和上家后，先不要急着开始，应先在朋友圈铺垫，那要如何做好朋友圈铺垫呢？

对微商小白来说，朋友圈好友基本上都是你的亲戚朋友，所以，进入微商后你在朋友圈发的第一条内容一定不能是产品的广告，应先做以下声明。

- 你已经开始做微商了，希望支持你的人给你点赞。
- 说明自己一定不刷屏，基本上不会打扰到他们，如果感觉打扰请他们屏蔽你。

有了这一声明后，就等于提前给微信好友打了一个预防针，而且你们以后的聊天也不会太尴尬。

有了声明之后，你再开始慢慢铺垫你所销售的产品，这样的广告在朋友圈一定不能发太多，大概让他们知道你是卖什么的就行了。之后，你再利用软文、搞笑段子、讨论性话题来打底。朋友圈铺垫的时间大概需要三天，接下来你就可以开始在朋友圈正式做微商了，那么你发什么内容才能引流呢？具体的类型如图 6-5 所示。

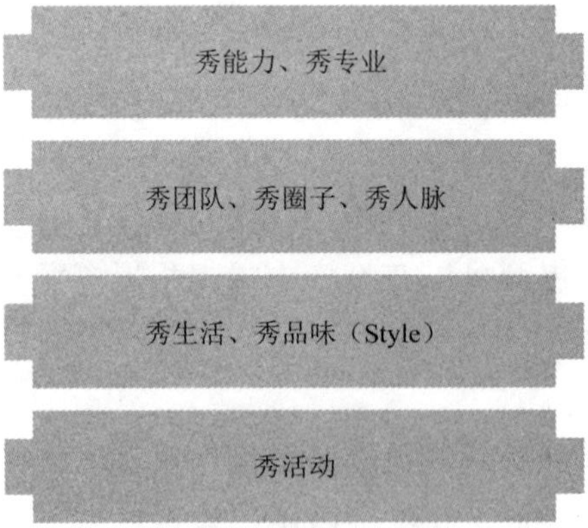

图 6-5　朋友圈引流内容类型

（1）秀能力、秀专业

秀的内容可以是自己做微商的成绩单、代理的成绩单、公司的成绩单等，还可以是关于产品的公司资讯、专业知识等，但将这些内容发布到朋友圈前要做好摘要。

（2）秀团队、秀圈子、秀人脉

秀的内容可以是个人工作动态、沙龙活动等，也可以炫耀产品创始人团队、专家、优秀员工等，还可以展示与客户的签约仪式。

（3）秀生活、秀品味（Style）

这部分内容可以是个人的兴趣、社交、旅游等，也可以展示自己日常的穿衣风格、日常美食等，还可以是为自己的产品代言的内容。

（4）秀活动

很多消费者都有爱占便宜的心理，你在朋友圈发一条“转发此朋友圈，可免费领取××”，这时肯定会有很多人转发这条朋友圈。鉴于消费者的这种心理，有微商推出“疯狂砍价”游戏，其规则：好友转发朋友圈设定信息并加好友后，产品就会减价，到最后产品的价格可能为 0 元。因此，朋友圈可定期推出一些加微信即可免费获得商品或打折的活动，这样朋友圈引流的效果会更好。图 6-6 展示了某微商在朋友圈发布的一条优惠活动。

图 6-6 朋友圈优惠活动

朋友圈引流效果取决于你的朋友圈内容，有意思、有价值的内容才能促使微信好友自动转发，当你的朋友圈内容被转发之后，如何让其他人加你呢？一是在朋友圈内容中添加自己的微信号、QQ 号；二是在朋友圈图片上打微信号、QQ 号的水印；三是添加自己的微信二维码。

此外，微信朋友圈营销功能也越来越开放，其具体表现在以下（图 6-7）三个方面。

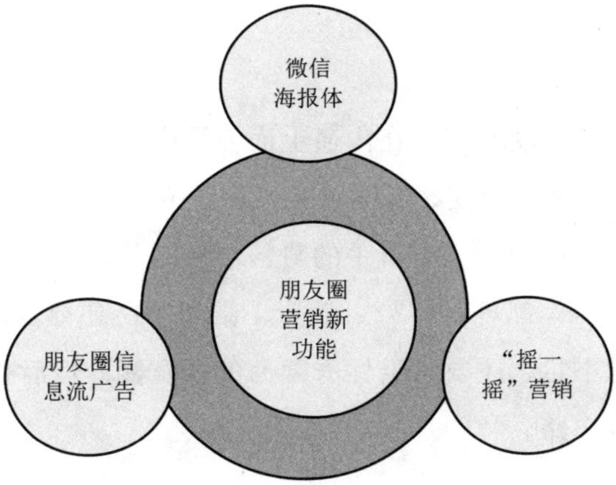

图 6-7 朋友圈营销新功能

（1）微信海报体

未来，腾讯微信将推出 C2C 模式，即微信开发出海报体，每个人的微信海报体可以有 8 个广告位。微信的这一功能对未来移动电商营销提供了很大的方便。

（2）朋友圈信息流广告

微信朋友圈信息流广告已经开始运行，有实力的企业可以获得一个在微信亿万客户端展示品牌的新选择，这种传播方式在以前只有央视才能做到。

（3）“摇一摇”营销

微信“摇一摇”功能可以摇出优惠券或者红包，这对微商而言，又多了一个新的营销工具。例如 2016 年春晚，央视和全国大企业合作推出微信摇一摇红包，除夕那晚不仅是全民的红包盛宴，还是那些赞助企业的营销盛宴。

当然，要想玩转朋友圈，在沟通上面，微商小白首先要在专业知识上过关，然后再学会随机应变，换位思考。而且还要学会借势，借品牌的势、借名人的势、借客户的势、借对手的势、借新闻热点的势等，凡是能为你的产品做推销的，你都可以借势。最后，微商小白还要养成总结的习惯，不仅总结自己的不足，还要总结优秀微商的朋友圈，然后找出一条适合自己的朋友圈引流之路。

6.1.3 这样做，你才能年收入百万元

微信这个平台已经帮助全国上千名微商成功突破瓶颈，在这一人群中有不少是传统企业老板、微商团队老大、品牌方。他们在发展的过程中也遇到各种瓶颈，但是他们一路坚持下来，并且积累了诸多的经验，那么到底怎样做才能成为一个优秀的电商呢？下面从五个方面讲解，如图 6-8 所示。

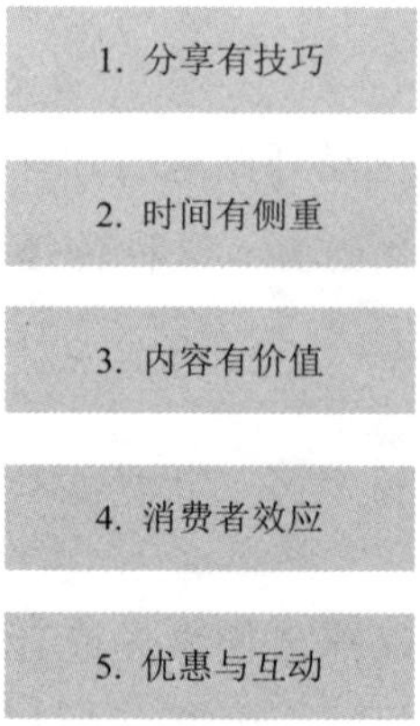

图 6-8　优秀电商的五个技巧

1．分享有技巧

很多人在刚开始做微商时，为了提高产品的曝光率，经常在朋友圈里没有节制地长时间刷屏，严重影响了用户正常的信息流通。长时间无节制刷屏，时间短的话可能别人还能忍一忍，但是时间一长基本都会被用户拉黑或者屏蔽。

微商本来就是利用朋友关系销售，微商小白要做的首先是和用户建立起信任关系，再利用朋友关系促进销售，而不是利用大量的消息刷屏或者通过几张图片就能等到朋友过来买东西。

2．时间有侧重

推送时间段是一个特别重要的因素，做微商一定要注意合理利用时间段，做到能够积极有效地推广产品信息。

晚上 10:00 以后就不建议再推送消息了，因为这个时间刷朋友圈的人已经比较少了，而且此时大家都属于疲惫状态，不愿意再看到广告，你的推送内容得不到应有的曝光效果。因此微商小白一定要根据用户的习惯，选择合适的推送时间。一般为早上 8:00~9:00，中午为 11:30~12:30 和夜间 8:30~9:30。这个时间是根据大部分人的习惯确定的，一般人会在这个时间点刷一刷朋友圈，看一看微博。

但这也不是确定的时间段，微商可以根据自己朋友圈中用户的生活习惯来确定合适的时间。但要注意事不过三，一般一天推送三次就可以了，推送的次数多了会引起用户的反感。

3．内容有价值

做微商时切记一定不能只推送和产品有关的信息或照片，可以分享和产品有关的故事、品牌文化或者一些相关的使用方法等等。比如说卖手链，可以为大家讲解什么样的人适合戴什么样的手链、如何搭配颜色等等，也可以从网上收集整理一些资料给大家。这种文章网上有很多，但是真正整理下来发给顾客看的却很少，只要用心了，顾客一定能感受到。

整合信息的方法不但让顾客从侧面了解了产品信息，也增加了对微商的信任，不能为了卖商品而做什么，而是能做些什么促进销售。

4．消费者效应

消费者效应和淘宝的售后评价是一个道理，商品都是好评、信誉好，购买的人自然就多。而且微信朋友圈是一个建立在熟人关系上的平台，由于大多数人都是彼此认识的，所以可信度更高。

微商小白可以在用户购买产品后向顾客询问用后感受，让他们给予一定的评价。然后将评价内容整理出来，分享到朋友圈，通过口碑效应吸引更多的顾客。

5．优惠与互动

很多人认为优惠和互动这两者与推广似乎没有什么关系，实际上，优惠和互动都是很好的推广手段。优惠能够带动人们的购买率，吸引更多的新顾客，同时留住老顾客。而互动则会使顾客有更好的消费体验，一个卖完产品还询问使用效果和感受的微商，会增加顾客的信任，而且会使顾客感觉产品更有保障。

就像很多人都是到实体店里或者超市里买东西一样，因为商家一直在那里，有什么问题可以随时咨询。微商同样如此，一个既能提供优惠又能兼顾后期服务的商家，往往会积累更多的顾客。

做微商是一个长期积累的过程，就像微商大咖陈振飞所说，不能在意别人的目光，一定要坚持自己的目标，即使是艰难的时期，也一定要坚持下来，打破了三个月的瓶颈期，就离成功不远了。

世上没有一蹴而成的成功，只能靠坚持不懈的努力和一点一滴的积累。掌握做微商的基本技巧，再结合实际情况加以改善，只要用心，每个人都有可能成为微商大咖。

6.1.4　良品铺子：个性化布局微商城

当微商小白发展到一定的规模，对自己的能力有一定的了解时，可以转战微商城，打开微商新世界的大门，下面就来介绍一下布局微商城的具体模式。

微信商城不仅仅是一个增加零售的渠道，还是一个传统企业可控的销售渠道，是品牌和粉丝以及用户交流以达成交易的重要路径。

根据现在微商的发展状况，线上获取新客户的费用一般都比较高，但是良品铺子的销售预算显示，其线下商铺平均获取一个新客户的成本只有4 元左右。经过线上线下的结合，获取一位微信新客户的成本只有 2 元，线上平台电商新客户是 7 元。因此，像良品铺子一样做传统线下流量入口资源的商家，持续聚焦微信、固化粉丝，有着极大的发展优势。

那么，良品铺子是如何打开微商城世界，做到一年的营业额达 2 亿的呢？

微店模式曾被很多人唱衰，说其获取大规模的粉丝比较困难，而且把粉丝都变成客户更加困难。但良品铺子却是微信官方极力推荐的样板合作伙伴，它有大量的免费资源可以使用。那良品铺子是如何做好微店的呢?

很多传统企业都想转型电商，但真正转型成功的却屈指可数，致力于发展休闲零食的良品铺子是其中之一。在移动端，良品铺子一直没有上线App，也没有主推官网，但在企业的微信公众号和微商城上却花了很多的心思。良品铺子微信公众号的粉丝目前在600万左右，粉丝量位居新榜企业号前十，它前面的都是建行、顺丰这样的大企业。

2015年，良品铺子的线上渠道销售额已经达到12亿，微信商城上线仅仅2年，就为贡献了8000万营业额。2016年，良品铺子产值近60亿，在全国有近2000家门售店，线上营业额占30%。

在2017年“中国500最具价值品牌”排行榜中，湖北一共有11家企业上榜，良品铺子就是其中一家。食品饮料行业共有82个品牌入选，占总入选品牌数的16.4%，是入选数量最多的行业。良品铺子的副总裁赵刚表示，休闲零食依然很有发展前景，是一个朝阳行业，预计2020年市场规模会达到万亿，他说，“目前在该领域，还没有企业市场份额占比超过2%，未来还有很大发展空间。”

良品铺子从2012年起就开始进军电商，到2015年，其所有渠道的销售总额达45亿，线上销售额高达12亿，仅次于同样做互联网销售的零食品牌“三只松鼠”。作为线上线下共同进行的休闲零食企业，良品铺子也成为了天猫、支付宝、京东等各大渠道的典型成功样板合作企业。

对良品铺子在App的谨慎表现出了其自身对于移动互联网时代的思

考，它能够感知消费者的发展趋势，不靠 App 来吸引客户，而是到消费者常去的地方寻找他们，和他们沟通、互动，打开新的销售渠道。深度思考、尽早尝试，这是良品铺子能够成功的一个很重要的经验。

2012 年，天猫双 11 的营业额为 100 万元，这让良品铺子开始意识到消费者的购物习惯已经发生了很大的变化，在最初的是否转战线的问题上，良品铺子内部也有很多不同的意见，但是最终确定要开始做电商，在各大电商平台开设店铺（图 6-9）。

图 6-9　良品铺子 618 宣传页面

随后在 2013 年年底，良品铺子从之前的电商平台团队中调出来了一部分人，又招了一批“90 后”新员工，正式开始做官方微信平台的运营，除了与消费者交流互动外，良品铺子也开始在微商城上推广、销售店铺内的优惠产品，推出了“降价拍”等销售方法，开展主题营销活动。

根据微商城消费者多分布在年轻一代，良品铺子会给在微商城销售的商品设计更加别致的包装，用更多新潮有趣的元素来吸引消费者，比如“会说话的星空棒棒糖”、“来往饼”等就是其自媒体的专属商品。

“来往饼”是良品铺子设计的第一款具有社交意义的零食，良品铺子在微信和微博同时发起投票，邀请粉丝投票选出自己最心仪的社交零食，产品的包装、重量、赠品以及定价等都是由粉丝投票决定的，良品铺子尝试通过微信和微博与粉丝互动，把产品和品牌融入社交网络以及消费者的社交关系中。

在欧洲杯期间，良品铺子还通过对消费者进行大数据分析，在微信商城推出了“看球零食桶”，其中包含 5 种球迷最爱的零食。然后利用热门的网络直播和千名斗鱼网红主播合作在线观看欧洲杯，并为观众表演“看球零食桶”的 100 种花式吃法。另外，还利用朋友圈的 H5 传播形式，制作特殊的文案让消费者利用朋友圈的互动分享参与活动。

根据统计数据显示，这些定制产品和配套活动让良品铺子微信粉丝有了大幅度的增长。在欧洲杯主题活动期间，良品铺子微信公众号一共增加了 20 万左右的粉丝，但是“看球零食桶”的销售量却并没有达到预期的结果。这说明，微商城的销售并不是很容易就能找到方法的，需要经过不断地尝试。

之后，良品铺子举办了一个粉丝圈层活动，一夜之间粉丝数量增加了数百万人。很多人认为微信增粉是比较难的事情，但是只要不断研究和尝试，找到粉丝的痒点和痛点，就能带动粉丝的热情。

现在，良品铺子在研究和尝试的社交电商活动还有很多，比如世界杯期间已经应用过的网络直播，通过社群的形式进行交易；还有通过共享经济，推动良品铺子的上千万会员帮助在全球寻找美食，这为良品铺子节省了大量的研发和寻找资金。

除此之外，良品铺子也关注了小米、华为，包括罗辑思维等众多企业的营销方式，通过各种社交渠道，包括微信公众号、微商城、微信群等形成独特又广泛的社群运营体系，和消费者产生互动，让消费者从简单的购买者变成参与者，参与到商品的设计和构造中来。

尽早起步让良品铺子赶上微信高速发展的时期，但是认真分析消费者结构、紧跟时代的发展、推出各种新颖有趣的活动则是它能够取得成功的主要原因。不断尝试、不断探索，才有成功的可能。

6.2 微博电商

随着信息时代的发展，微博这一开放平台也为热门信息服务起来，“织围脖”也变成了很多人日常生活的一部分，但是，随着商品经济的发展，微博先后和淘宝、支付宝合作，也变成了电商的一种形式。

微电商是微时代下电商企业存在的一种形式。在微博、微信等一系列营销方法下产生了大量的微生态，像微店铺、微团购、微卖场等各式各样的电商微形态，微电商成为了主流的营销方式。

大量的微博达人迅速找到了发展方向，从之前的普通分享者变成了月收入过万元的微博电商，但微博电商仍有很多的问题没得到解决，难以获取大量的粉丝、微博关注度不高、销售量达不到预想值等成为大部分微博电商的难题。

6.2.1 微博六大吸粉指南

有很多人认为微博、论坛营销等都已经过时了，在这些平台上引流并不会有很好的效果。实际上并非如此，有人这么形容微博："当你的粉丝超过 100 个，你就是一本内刊；当你的粉丝超过 1 万个，你就是一本杂志；当你的粉丝超过 100 万个，你就是本地电视台。"

在微博粉丝量巨大的情况下，微博是微商不可忽视的引流平台，但是如何吸引粉丝对于很多微商来说确实很难。下面向大家介绍一些微博引流的方法和技巧，如图 6-10 所示。

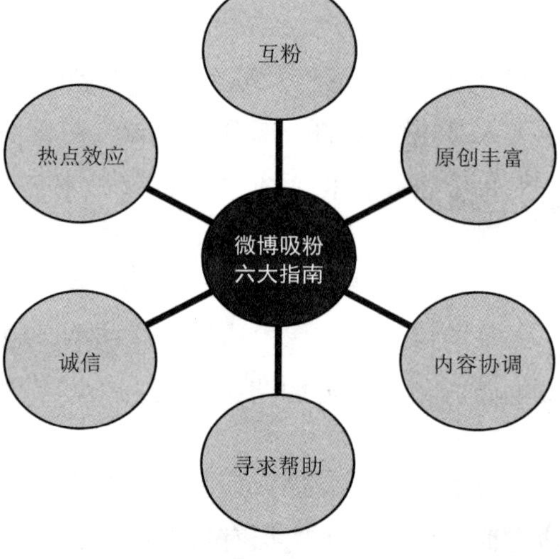

图 6-10 微博吸粉六大指南

1. 互粉

在微博中，搜索"互粉"，系统就会自动推荐很多微博博主，可以找一个粉丝比较多的博主点进去，找到热点话题，然后在微博下面评论："求互粉”，就会有大量的人关注你。

这种方式比较快捷，而且效果比较好，刚刚开始做微商的人可以尝试这种方法。

2．原创丰富

想要拥有一批粉丝，博主肯定要有一些吸引人的原创，或者是过人之处。人们一般会对和自己有着同样兴趣爱好或者持相同观点的人产生好感，而微博是一个开放的平台，也就会比较容易获取粉丝。

你可以在微博中晒一些比较有特点的照片，也可以写一些有独特见解的影评、书评、剧评等等，如果写得比较好，自然会增加大量的粉丝。也可以写一些幽默的小故事之类的。

3．内容协调

如果微博里只有广告，而且是从早到晚地刷屏，肯定会引起很多人的反感。一个好的微商应该把控微博内容的协调性，在发广告的同时加入一些使用产品的小知识和生活常识，让粉丝感觉到微博内容是有价值的，能够更了解产品信息，同时可以收获一批热爱此类消息的粉丝。

4．寻求帮助

你可以在平时就多结交一些朋友，如果能处理好彼此之间的关系，他们就会成为你的微博粉丝。以后在发微博时可以寻求他们的帮助，让他们多多点赞、转发，当然这是互惠互利的，博主也要以同样的方式对待朋友。

人们一般都有从众心理，看到大量点赞或转发的微博，肯定会有所关注，人越多的地方，就越容易聚集人，只要人气高了，就会有更多的人聚拢过来。

5. 诚信

就像在日常生活中一样，在微博中也要讲诚信，不能说和别人互粉没有几天就把别人取消关注了，这种行为会让人非常生气。另外，对于朋友及粉丝的承诺也一定要及时兑现，不发布虚假信息。

人们常说“以其人之道，还治其人之身”，如果你不诚信，粉丝自然会取消关注。

6. 热点效应

可以在发现热点以后寻找具体的资源分享给粉丝，或者就某个热点发表自己的看法，这种事情一般都会很快涨粉。

关注度越高，就会有更多的人过来看，如果他们觉得你和他观点相同，那他有很大可能会成为粉丝。

6.2.2 设计微博电商文案的技巧

一条微博必定要有好的文案才能够吸引到其他人的关注，那么微商要怎么设计自己的微博文案呢？下面是写微博文案的几个要求，如图 6-11 所示。

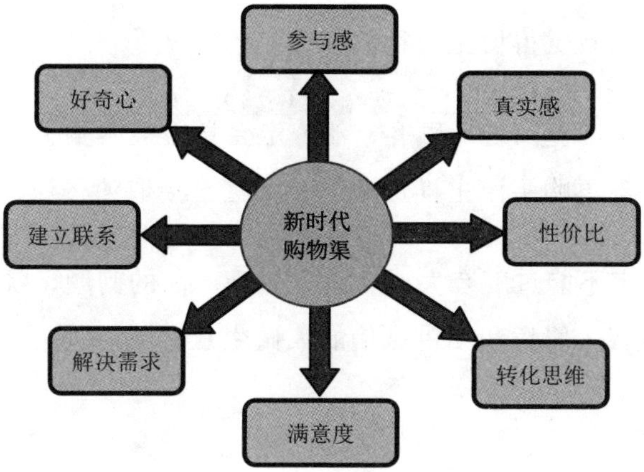

图 6-11　微博文案的要求

1．参与感

微博的文案一定要让读者能产生一种参与的感觉，或者说让他体会到拥有产品的感觉。可以利用文字营造出一种情景，引起他的共鸣。

比如说，让读者在想象中跟着博主沿着一条鸟语花香的乡间小路漫步，让他们也感受到乡间宁静、悠闲的气息，或者让他们进入使用产品的场景，感受博主的情绪，体会产品带来的效果。

参与感会带来认同感和归属感，这样读者才会想去了解拥有某个特定产品的团体，也会自然而然地购买产品，因此写博文一定要充分利用读者的心理感受。

2．真实感

真实的文案往往让人更有认同感，也更容易接受，广告文案的内容越真实，也就越容易引起顾客的反响。比如说在文案中向大家说明商品存在的小瑕疵，告诉用户这些瑕疵不会对使用有太大的影响，有需求的人依旧会购买产品，而且觉得博主值得信任。

相反，如果不提前告诉顾客，他一定会觉得被欺骗了，这会产生信任危机，用户将不再购买博主推送的产品，甚至会取消关注。

另外，一定不能过度夸大或者故意掩饰产品的问题，欺骗顾客的后果非常严重，没有人愿意和不讲诚信的人做生意。

3. 性价比

在撰写文案时，一定要写出商品的内在价值，让顾客自己判断出商品的价格。顾客一般不会害怕东西贵，但是他们害怕自己买亏了，所以文案一定要表现出产品的优点，展现它的性价比。

以买一瓶水来举例，矿泉水一般只需要 2 元钱，而乳制品则需要 4 元钱左右，但是牛奶中含有大量的蛋白质等营养物质，需要补充营养的人依旧会选择乳制品，尽管它贵了一倍的价钱。其他的东西同样如此，不怕东西贵，就怕性价比太低。

4. 转化思维

你要站在顾客的角度上思考问题，考虑客户对什么感兴趣，客户在买东西时看重什么，判断出顾客的疑虑，在文案中给予合理的解说，打消顾客的疑虑。像是很多人爱买打折的东西，文案中就可以写出商品的原价和现在的销售价格，让顾客感觉自己买的产品很实惠。

文案还要写明质量和后期服务等问题，让顾客一目了然，不再需要多加询问，这样成单率会比较高，也节省了回答顾客问题的时间。

5．满意度

在文案中出现其他顾客使用后的感受能表明商品的高品质、高体验性，这会提高销售量。

6．解决需求

在销售中，不仅要了解产品的本质，更要了解目标客户的需求。产品或服务只有能够解决顾客的某种需求，顾客才会产生购买的欲望。文案可以详细介绍产品的功能，比如适用于什么对象、能为顾客解决什么问题，这样的文案才是顾客需要的。

像是卖儿童玩具的，可以写产品的益智性、趣味性、亲子合作的好处等，解决顾客的当前或潜在需求。

7．建立联系

建立联系是文案写作中非常重要的一点，它使新产品能够更容易被顾客接受、认可。将顾客熟悉的东西与销售的产品联系起来，建造一座桥梁。

比如说卖化妆品，可以着重说明其主要成分，当然这个成分要大家所熟知。相宜本草曾经做过一款产品，是藏红花系列的，文案详细介绍了这款产品的作用和价值，起到了很好的宣传作用。

8．好奇心

每个人或多或少都有好奇心，顾客的好奇心是决定他们是否会了解产品信息的重要因素。只有产品的包装、性能或品质等引起了顾客的兴趣，他们才会想要买来一探究竟，文案可以在不经意间留一些问题给顾客，引起他们的好奇心。

像是麦当劳的一个商品广告语——“辣么大鸡翅”，很多人看了都会疑惑到底有多大，自然而然也就想自己体验一次。

文案在很大程度上决定了顾客是否会购买产品，所以微博电商在撰写文案时，一定要结合实际、运用技巧，吸引顾客的目光。

6.2.3 网红经济

从芙蓉姐姐开始，“网红”这个词逐渐出现在大家的视野中，之后凤姐、犀利哥等以独特的言论或造型进入到这个行列，他们开启了网红时代，但当时信息相对不流通、粉丝碎片化，他们的商业价值并没有被很好地开发出来。

然而在芙蓉姐姐变身知性姐姐、凤姐赶赴美国、犀利哥销声匿迹的几年之后，网红界开始迅速崛起，他们通过微信、微博等平台以及各大直播平台聚集大量的粉丝，并且将粉丝力量变成现金收入，产生了一种新的经济模式——网红经济。

网红经济，简单来说就是依赖互联网传播及社交平台推广后得到大量人群的关注，将粉丝转化为购买力、消费力的一种经济方式。有的依靠颜值，有的网红依靠才华，有的依靠兴趣……网红也开始渗透到社会的各个阶层。

网红可以通过粉丝送礼、打赏获得收益，也可以在巨大的粉丝群发中广告赚广告费，还可以开网店。他们的变现能力非常强，少则数十万元，多达几千万元，甚至上亿元。据统计，淘宝上已经有 1000 家左右的网红店铺，其中收益较高的店铺年销售额均已上亿。

网红雪梨主要通过展示她美丽的外表、优雅的日常生活来聚集粉丝，并通过淘宝店铺赚钱。雪梨的微博粉丝已经达到了四百多万人，据淘宝提供的数据统计，2015 年雪梨的店铺盈利已经达到了上亿元。

网红经济的兴起让网红成为了资本的新宠。但是网红经济也有可能是信息时代的美丽泡沫，一碰就破。一味靠颜值的网红是不能长久经营下去的，粉丝也会有审美疲劳，看得久了、烦了以后难免会取关。

自媒体视频脱口秀《罗辑思维》的主讲人罗振宇曾直言不讳地说：“网红长不了，所以我们要一次性地把未来收割掉，落袋为安。”

随着网红数量越来越多，他们内部的竞争也变得更加激烈，观众自然会更加挑剔，如果空有外表，无论给观众带来有价值的内容，他们定不会继续买账。所以，网红要走一条可持续发展的道路。对于网红来说，想要长远，创作内容比 PS 重要。

就像演艺界的艺人一样，能够长远走下去的，都是靠着扎实的艺术功底和表演能力，那些只靠颜值吃饭的演员往往不能长久地发展下去。被人们牢牢记住的艺人都是有一定实力的。因此，有价值、有思想的内容比一味追求美感要有用得多。

另外，网红经济也需要逐渐形成具有规模化的产业链，现在的网红大多都是草根明星，有专业的团队对其进行包装、定位、营销，毕竟一个人的力量和思想都是有限的，难以在激烈的竞争中取得胜利。

6.3 淘宝/京东

淘宝和京东都是大型的网上购物平台，但是两者又有一定区别，下面从三个方面分析两者的区别，如图 6-12 所示。

图 6-12 手机淘宝和京东的区别

1. 商业模式

从两者的商业模式来看，京东是价值链整合模式，而手机淘宝则是开放平台模式。价值链整合模式的核心是产品流管理，把现金流管理作为系统支持，把信息流管理作为资源，形成纵向一体化的在线零售模式。这种模式有业务闭环、平台开放和收益长期递增等特点。

而开放平台模式则是为买卖双方提供购物平台和条件，以在线交易规模化盈利系统为核心的在线零售业态。平台开放模式主要有平台建造、招商引资、规模扩增并形成商业壁垒等几个特征。

综合来看，手机淘宝在信息流和资金流上领先一步，但是在产品流方面不如京东，京东在商品品质、价格系统、配送速度以及售后等方面都有着明显的优势。

2. 盈利模式

从盈利模式上来看，除广告费和服务费外，京东属于自营电商，以自买自卖来赚取其中的差价，以低价甚至放弃毛利率的方法来获取巨大的销量，从中获得一定的利润和更加重要的现金流。

而天猫本身不参与任何产品的销售或服务，产品销售的所有流程都由卖家负责，极大地降低了平台的配送和服务费用，另外，淘宝以同为阿里系的支付宝为支付工具，天猫的盈利和对资金流的控制能力更强。

3．物流体系

物流体系在电商业务中有着举足轻重的地位，从物流的配送形式来看，京东和淘宝完全不同。京东是自己创建仓库进行物流配送，利用分布式库存管理模式，提前把供应商提供的货物配送到各个库存地。而淘宝则完全依赖第三方物流体系，利用集约式库存管理模式，在顾客下单后由快递公司完成货物的汇集，再进行配送。

前者费用高，但是用户体验好；后者的成本费用较低，但无法掌控物流进程。双方都有自己不同的地方，可以说差异是多方面的，但也使两者通过自身的优势建立坚实的商业堡垒，实现长久的发展。电商可以根据自身的情况选择淘宝或者京东销售，也可以两者同时进行，开启自己的销售模式。

6.3.1 打适爆款，与平庸说拜拜

很多人都知道，爆款都是销量很高的产品，一旦成就了一款爆款，那么收入也就会蹭蹭蹭地往上增，但它却不是那么容易打造的。

淘宝在不断地改进搜索模式，这意味着将越来越难出现爆款，而且最近又开始流行小而精的店铺，随波逐流的大众模式不再是主流。那么，到

底该怎样成就爆款呢？ 下面从四个方面进行讲解，如图 6-13 所示。

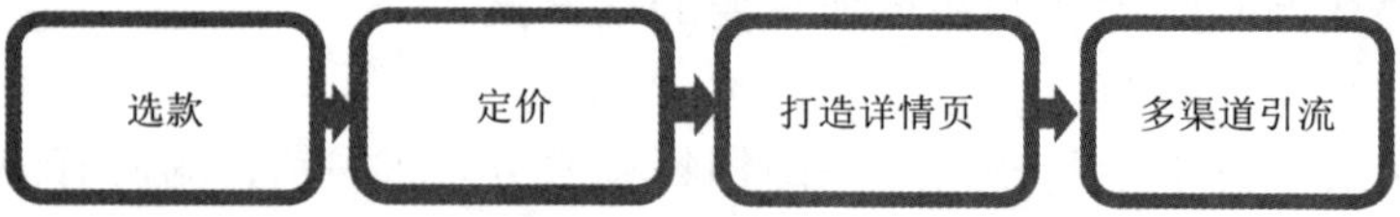

图 6-13 打造爆款的流程

1. 选款

选款包括但不限于对产品适用人群的年纪、颜色、品质、风格等的选择，微商可以借助平台的数据工具进行分析，比如数字魔方、销售大数据等。在了解了一定的数字信息之后，可以按照之前同时期的数据来设计店铺现阶段的产品风格。

一定要抓住时机，比如什么时候该预热、什么时候开始猛攻、什么时候该换新品，一定要利用好时间。像冬天的棉装，要在 9 月份就开始预热，10 月份就要加大力度，等到 11、12 月份的时候才能获得比较好的销量。

系统地分析收集到的数据，将产品的材质、设计风格、包装等进行多方对比，在上货时加以选择，然后在店铺首页推出最具有潜力的产品。一定要结合消费者的喜好，不能只凭个人感觉，不然往往会得不偿失，往正确的方向前进才有更大的发展空间。

2. 定价

款式选择之后，就要确定商品的价格了。

电商中大多是中小型卖家，对于一般的淘宝产品来说，往往没有明确的价格定位。微商可以在店铺发展一定时间后，将价格的布局拉大一些，以便吸引不同阶层的顾客。现在淘宝的客单价一直在慢慢增加，未来可能会由中高消费群体主导，但目前中低水平的消费者依然很多，微商可以先发展中低水平的用户，积累一部分顾客。

在定价时也要考虑近几年的价格消费阶层，同时结合自身的盈利情况等多方面考虑。在了解了价格数据以后，要确定自己能有一定的盈利，不然如果利润较小，即便将产品推成了爆款也不赚钱，还有可能赔钱。

3．打造详情页

一个好的产品详情页就如同一名优秀的导购员，产品描述在一定程度上决定了商品的销售量。视觉效果往往是产生第一印象的重要因素，当你用视觉打动了客户，也就离成交不远了。

在详情页上要用一句话提炼出产品最独特的地方。还可以在一件商品的下面加入关联产品，增加成交量，但不宜添加太多，以免分散买家注意力。其次，要多方面地介绍产品的性能和美感，可以适当多加入一些产品多方位的图片信息，让买家更了解产品。最后要注意图片的大小和清晰度，太大了访问时间长，太小了不清晰，一般控制在500k左右。

4．多渠道引流

爆款需要多渠道引流，包括自然流量、付费流量以及活动流量等。分析电商数据后要选择最好的时间段推广商品。

直通车、钻展都是付费引流的方式，但是建议微商小白使用直通车，钻展的竞争对手多，而且需要的资金也比较多，不适合中小型商家。直通车不能保证产品一定能成为爆款，但是没有直通车的话打造爆款绝对会非常艰难，直通车做好了会成为很好的催化剂。

做好这几个方面的事情，成就爆款就成了一件简单的事情，微商一定要合理分析数据，结合市场发展和客户需求，全面考虑各方面条件，在实践中不断积累、不断进步。

6.3.2 手机淘宝、京东，策略制胜玩法

手机淘宝和京东可以说是最成功的网购平台，入驻其中的电商基本都有大量的盈利，那么微商小白该怎样做才能够尽快获得利润呢？下面从四个方面讲解手机淘宝与京东的制胜玩法，如图 6-14 所示。

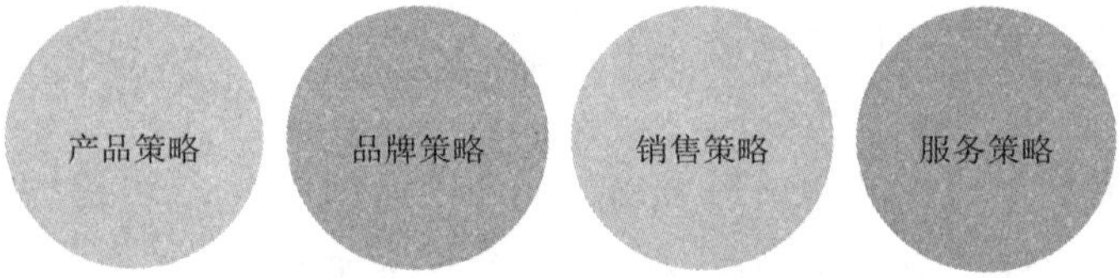

图 6-14 手机淘宝、京东的营销策略

1. 产品策略

以下五个问题都是在开网店之前需要你认真考虑分析的，确定后才能真正开始做电商。

- 什么类型的产品适合在网络平台上销售？
- 什么类型的产品能够成为爆款？
- 什么类型的产品有较高的利润空间？
- 什么类型的产品能够做赠品？
- 店铺该怎样布局？

网站上的店铺要每隔一段时间更新产品，要用多种类型的产品满足不同用户的需求，提高产品的销售率，同时解决顾客的需求，获得好评。另外要积极参加网站举办的各种活动，618、双 11、年终庆等，适当给予顾客一些优惠，吸引顾客的关注，打造良好的品牌形象。在顾客购买产品时，可以附赠小礼品，让顾客感觉到店家的用心，节假日可以打折促销，增加营业额。

2．品牌策略

- 对品牌进行一定的炒作。
- 制作官方网站。
- 做一些有效的品牌推广活动。

建立网店，完善所有的店铺和产品信息，然后对品牌进行适当的炒作和推广，获得一定的关注度和知名度，这样有利于产品的销售。还可以多参加网站举办的各类活动，让顾客多接触、多了解品牌信息。

3．销售策略

- 错觉折扣：提高价格，再给予一定的折扣。
- 超值一元：第二件半价或者一元，也可以用一元超值换购。
- 临界价格：商品价格达到临界值。
- 阶梯价格：将产品价格市场调整，形成阶梯式增长或下降趋势。
- 降价加打折：在降价的基础上再进行两件九折、三件八八折等优惠。
- 一刻千金：在实施促销时，设定一定的时间限制。

合理利用打折、促销等优惠活动，依赖顾客的购物心理促进销售额已经成为了许多店铺的销售法宝，在原价的基础上给予一定的折扣，顾客会感觉很实惠。

4. 服务策略

- 注重与顾客的沟通，及时回复顾客的问题。
- 给予顾客适当的建议，帮助顾客下定决心。
- 在顾客下单后，及时和顾客确认订单信息和物流信息。
- 顾客收到货物后，及时和顾客沟通，了解产品使用效果。
- 对于购买商品的顾客，可以赠送会员卡，在下次使用时给予一定的优惠。

6.3.3 手机淘宝技巧图片式汇总

随着电商的发展，移动端流量逐渐增加，手机端的各项信息变得更加重要。因此，作为一个微商，也要更加重视手机端的相关工作。

在淘宝所有的图片中，主图是点击率最高的，也是淘宝是否会给予流量扶持的关键因素之一。而且手机端的主图不但影响点击率，对于提高转化率也有很大的帮助。

但是手机端的图片和电脑端是共用的，而手机显示屏和电脑显示屏又有一定的区别。随着手机端流量的增加，制作照片时应该迎合手机端的特点，这样才能获得更多的流量扶持。下面从五个方面介绍淘宝制作主图的技巧，如图 6-15 所示。

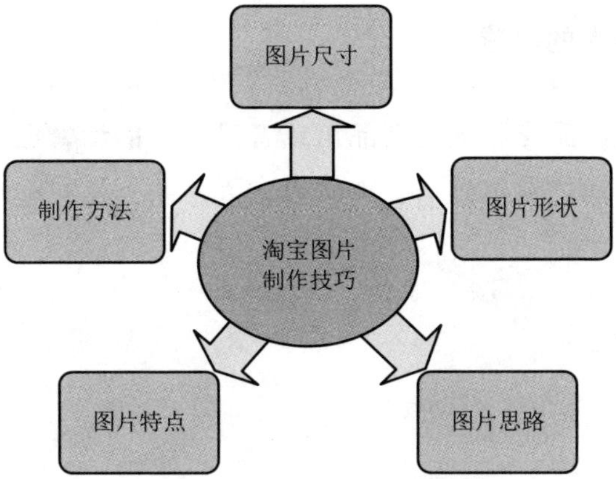

图 6-15 淘宝图片制作技巧

1. 图片尺寸

淘宝上的图片是长宽一致的，也就是正方形，这样在查看的时候不会发生变形的情况，否则淘宝会将商家的长方形图转为正方形。

商品图片的最小格式为 310×310px，可以放大。因此，建议微商在制作时按照 800×800px 的大小设计图片。

淘宝图片大小一般控制在 500KB 内，太小了看不清晰，太大了刷新时间长。bmp、png、tif 等格式的图片比 jpg 格式的要大一些。

图片是影响点击率的最重要的因素之一，但是也要注意图片与标题的结合。

2. 图片形状

正常情况下，图片都要做成正方形。图片做成长方形的效果比较差，但是在淘宝上有一部分新品馆和风格馆里的图片是“瀑布馆”的形式，比较别致，能吸引人的眼球。

所以，如果产品能够进入新品馆或者风格馆的话，也可以做长方形的图片，等到新品期过去了以后，再换成正方形的，要充分利用最有力的条件展示产品。

3. 图片思路

（1）选图

- 展示角度：根据产品的使用功能和实际大小选择最好的拍摄角度。
- 拍摄条件：根据产品的外形和材料选择最合适的拍摄环境和模特。
- 产品质感：要注意灯光和景物搭配，展现出产品的质感。

（2）内容

- 元素：加入一些时尚、新潮的元素，引起顾客的共鸣。
- 标识语：加入促销、打折等标语，引起顾客的注意。
- Logo：制作自己的 Logo，放在图片上，宣传自己的品牌，提高辨识度。

4. 图片特点

- 手机端的图片会上下浮动 20 像素左右，因此可能看不见图片顶部和底部的信息，在作图时需要注意。
- 图片能够展示的最大尺寸是 220×200px，在设计时 800×800px 是为了放大功能，但是展示出来时，最大只有 220×220px。
- 服装类目第六张图片的尺寸大小为 800×1200px，也就是 2：3 的长方形，如果服装类的图片有第六张竖图，手机搜索时会优先展示。

5. 制作方法

- 图片色系和形式尽量统一：图片颜色和形式太多会显得整张图特别混乱、逻辑不清，让顾客产生视觉疲劳。
- 图片不设边框，单张图显示内容：图片设计边框会特别丑，而且有可能只有部分显示。另外，不要拼合多张图片，内容复杂又看不清楚，给人的视觉感受比较差。
- 宣传文字适当："基础内容+宣传语+Logo"就可以了，不要写大段的文字，又多又乱还看不清楚。
- 注意细节：在展示商品时要注意细节问题，细节往往是最容易打动人心的。
- 图片顺序规划：第一张放产品正面图，第二张放产品信息图，第三到五张放细节、促销活动、承诺图等，其他带有具体信息的图片可以放入到商品的信息展示栏里。

7

微商商学院社群：积累的代理与客户也是金矿

微商商学院随着近几年微商的迅速发展而出现，并逐渐形成一个庞大的、有影响力的社群。影响力能够推进快速变现，社群电商的核心就是将积累的代理与客户的影响力商业化。

对于微商商学院社群来说，积累代理与客户是一个比较困难的过程，但都是有极大开发前景的金矿。

从现实意义上来看微商，它是依赖兴趣玩出来的产物，在互联网初期，一群比较活跃的网络分子不断地在互联网上分享自己的观点、看法和趣事，并逐渐形成了一个以分享者为核心的社交流量中心。

这种分布式的流量中心没有固定的平台，分散在各类社交网络中，其中一部分在分享过程中走向了变现的道路，他们开始通过社交网络人脉和流量中心人群的信任做一些销售活动。

7.1 微商课程运作模式

微商商学院的发展使很多空有赚钱梦却找不到方法的人们看到了希望。微商课程的学习让许多草根群众变成了身价过百万元甚至千万元的人。那么，微商课程到底是怎样运作的呢？下面从三个方面进行介绍，如图 7-1 所示。

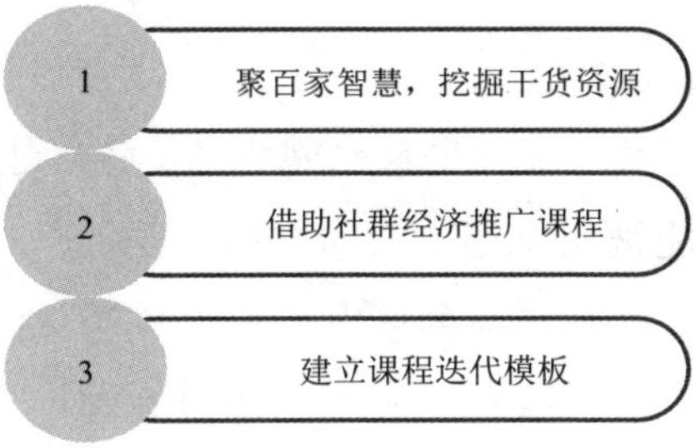

图 7-1 微商课程运作模式

7.1.1 聚百家智慧，挖掘干货资源

微商已经形成了一个庞大的群体，众多微商在销售过程中都积累了极具参考价值的大量经验和方法。微商课程往往就是将那些成功的微商聚集在一起，观察这些人的相似经历后总结出成功的法则，挖掘干货资源。

每个行业都有出色的人，也都有属于自己的发展规律和模式，找到其中的技巧就成功了一半，微商商学院就是这样一个集百家智慧，挖掘干货资源的地方。微商商学院一般让微商小白从以下四个方面进行深入学习，如图 7-2 所示。

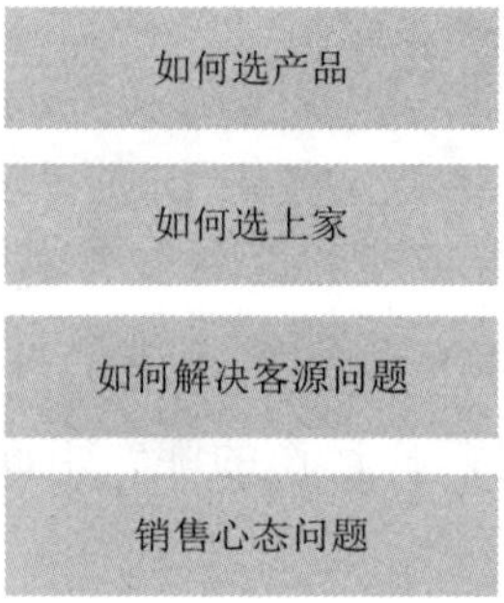

图 7-2　微商课程内容

- 如何选产品：产品一定要是自己熟悉的、感兴趣的、可以用得到的。另外，产品要能被朋友圈中的朋友所接受。
- 如何选上家：做同类产品的朋友都可以成为你的上家，但是一定要选能够信得过的人，这样做起来才能没有顾虑。
- 如何解决客源问题：客源要长期积累，现在消费者不但注重质量，对商家的服务也有了更高的要求，所以在保证质量的基础上也要保证服务质量。
- 销售心态问题：做微商就是打持久战，在短时间内的收益一般不会很大，所以一定要有耐心和信心，坚持下去。

一个成功的微商必然要经历许多次的尝试和创新才能逐渐走向正轨，那么做微商需要注意的问题有哪些呢？

1. 分析朋友圈

由于微商一开始都是借助朋友关系卖货，所以首先应大体了解自己的朋友圈，包括财务状况、日常消费、消费目标等。很多朋友经常会分享自己的生活、休闲方式，可以结合他们的喜好，对朋友圈的人群进行分类。

2．品牌的选择

通常来说，应该选择具有较高知名度的品牌，因为这样的公司发展的时间一般都比较长，能够保证产品品质和供货量，而且拥有一定的知名度也利于推广和销售。

3．产品的定位

应该选择一些快速消耗的产品，如果效果好的话，顾客往往还会进行回购。快消品的使用周期较短，销售速度比较快，有助于微商更好更快地发展。

4．推广方法

很多网络公众平台都是很好的推广方式，可以写一些文章或者发送一些图片，对产品进行一定的介绍，普及产品的相关知识，从而让潜在客户对产品产生兴趣。微商要自己先使用产品，这样才能有信服力，而且增加微商对产品的全面了解，有助于销售。

5．避免朋友圈刷屏

大量广告会让很多人反感，因此，微商要避免连续发送广告，选择合适的时间每天推送两三次就可以了。

6．要经常维护已有的顾客

对于微商而言，不要仅仅为了卖产品而卖产品，应该在空闲时间多和朋友聊一聊，询问一下他们的使用感受和消费体验。不但能够掌握他们对产品的满意程度，还能了解产品的使用速度，这样才能更好地留住顾客。

7.1.2 借助社群经济推广课程

随着网络的发展，社群经济逐渐走进人们的视野，在微商课程的推广中，社群经济也是一个很好的方式。但是对于社群经济来说，社群才是重点，而不是经济。下面从三个方面说明如何借助社群经济推广课程，如图 7-3 所示。

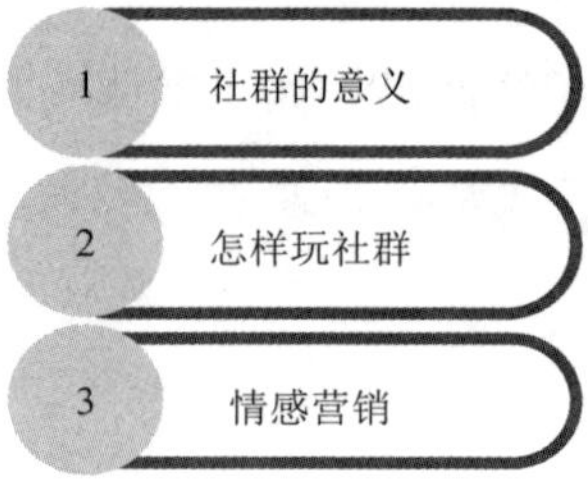

图 7-3　社群推广的方式

1．社群的意义

社群从传统意义上来说是基于血缘和地域而产生的群体，但在互联网时代，社群已经不再是由亲戚或者邻居组成的群体，而是通过互联网端口联系在一起的具有相同兴趣爱好的人们所产生的新型社群。在这个社群里，大家通过大量的沟通交流逐渐建立感情，形成信任关系，产生强大的凝聚力，而且社群会随着时间的积累不断扩大。

在社群中，最重要的是你和谁一起玩，就像孟母三迁一样，不同的环境会对人产生不同的影响。社群中的成员也都相对比较了解微商的意义和发展市场，因此，在社群中推广课程是一个很好的方式。

很多人把朋友圈看作单纯的营销场所，每天在朋友圈发送产品信息，也有经常刷群推广的，丝毫没有考虑顾客的感受和体验，这是一种错误的销售方式。在保证产品质量的基础上，要充分考虑顾客的感受，建立一个互相信任的、有温度的、持久的、不断发展的社群。

2. 怎样玩社群

每个人的社交关系都可以分为强、中、弱三个层次。强关系指的是一个人的社会网络的同质性较高，人员之间的关系较为密切，有很强的感情因素，比如亲人、朋友、工作伙伴等。弱关系是个人的社会网络异质性较强，人员之间较为疏离，没有太多的感情维系。而中关系则介于两者之间，是社群经济开发中最有效的关系。

相对于强关系来说，中关系有更大的开发空间，相对于弱关系而言则多了一定的信任基础，更容易沟通交流。一旦打破冰冷局面，开始了第一笔交易，中关系人员可能会成为最稳定的客户源。因此，每个推广人都应该积极发展自己的中关系。

中关系可以是强关系的裂变，像朋友的朋友、亲戚的朋友；也可以是弱关系的转变，比如论坛、贴吧、微博等的人群，把陌生人转化为朋友。

3. 情感营销

情：腾讯对于朋友圈的定义是“连接一切”，也就是增加朋友之间情感的连接。大家在朋友圈也都是晒工作、晒学习、晒生活等，让远在他乡的朋友也能了解自己的情况，拉近彼此之间的关系。因此，推广人要把朋友圈看作真正的“朋友圈”，摆正自己的观念。只要是在圈里的，都是朋友，需要沟通交流、点赞评论、相互关心等，建立彼此之间的情感桥梁。

感：朋友圈的交易都是以信任为基础的，而建立信任，首先要做的是让朋友对自己有好的印象。你可以在朋友圈展现自己的正能量，比如积极乐观的生活态度、认真负责的工作态度、高效解决问题的能力等。

营：即经营，是建立朋友情感的一个长期积累的过程，如果没有经营，想在朋友圈发个产品广告就有人来下单，基本是不可能的，长期积累的过程必不可少。

销：即销售，这基本是所有的推广人最关心的一步，但却也是最不重要的一步。因为只要前面三步做好了，线上推广活动也就很容易进行了，无论是品牌传播还是产品销量都会有很好的发展。销售不可以采取强推的方法，甚至要为朋友提供多种选择方案，让他相信自己的产品才是最好的选择。

推广课程和产品销售的道理差不多，而且课程就是为了让学员学会微商销售，因此，课程的推广如同产品一样都需要借助社群经济。

7.1.3 建立课程迭代模板

好的课程就像好的产品一样，会有比较大的市场需求。随着微商的发展以及市场的变化，课程的内容也要及时更新、跟进，虽然总体的内容没有过多的改变，但还是要建立课程迭代模板以适应快速变化的市场需求。

迭代模板的建立需要课程设计者不断学习，在自身不断进步的过程中，通过不断地积累和改进，给顾客带来更好的学习体验。建立迭代模板的优点，如图 7-4 所示。

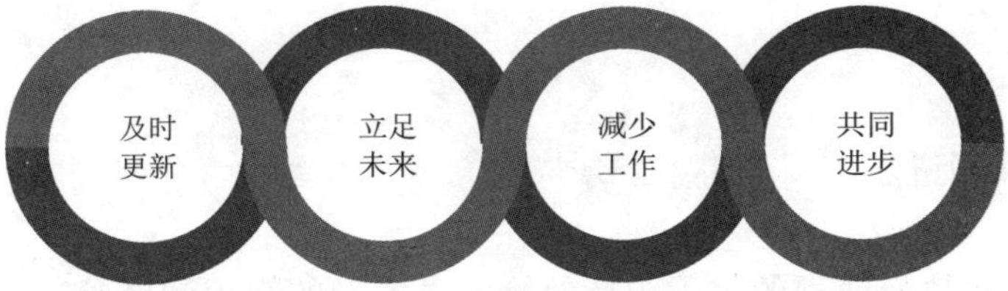

图 7-4 建立课程迭代模板的优点

1．及时更新

社会一直在发展，知识文化同样如此，不同的时代下，人们关注的重点也不同，及时更新课程就可以及时加入新鲜的内容，紧跟时代的变化。

学员也可以在学习过程中了解到新事物的发展，而不是听着几年前的案例思考现在的问题。内容新奇有趣，也会吸引更多的学习者。

2．立足未来

人们常说立足现在看未来，课程不断地更新，自然会融合大量新事物的发展，也就可以让学员更多地考虑现状，从而更好地考虑微商行业未来的发展状况，及时跟进有助于抓住机遇。

3．减少工作

每一个课程的设计都需要大量的思考和准备工作，但是建立了模板以后，就不再需要过多地思考形式的问题，只需要把新加的内容融合进原来的课程里就可以了。

不需要重新构建课程框架和结构，也不再需要重新整理全部的信息以及课程思路，课程的更新也就变得特别容易。一般来说只要有了框架，内容就好想了，大体就是这个意思，模板在很大程度上减少了复杂琐碎的工作量。

4．共同进步

微商在教授课程的过程中，教给学员大量的知识和经验，让学员有了大量的收获。同时也是对他自身的查缺补漏，在反复跟进课程的过程中，发现自身的不足，让自己变得更加优秀，教授者同样是学习者。

7.2 微商课程运营技巧

微商就像蚂蚁搬食物，不声不响却已经抬出了很远。那些第一个吃螃蟹的人们组成了一个团队，开始总结自己的经历，与后来者分享自己的成功经验，那么微商课程运营技巧有哪些呢？如图 7-5 所示。

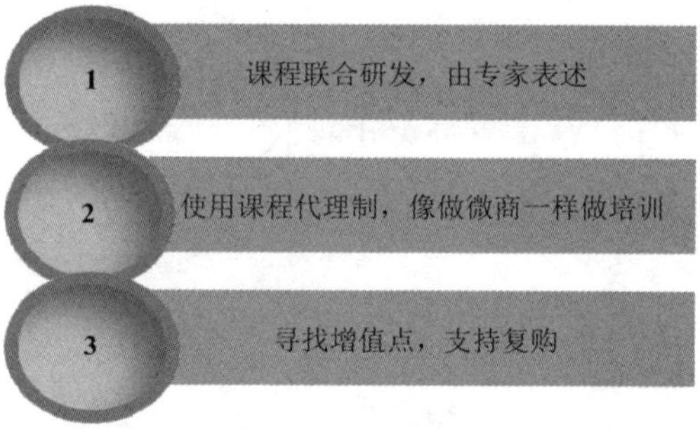

图 7-5 微商课程运营技巧

7.2.1 课程联合研发，由专家表述

课程研发是指培训机构在培训课程设计和授课内容方面所做的工作，这是一个能够持续发展又能够及时变通的过程。通过需求分析确定课程目

标，再根据课程目标确定教学内容和相关的教学活动。

课程研发可以根据不同诉求分为两类，一类是以各大高校为代表的理论课程研发体系，另一类是以各大中型企业为代表的实战课程研发体系。微商课程属于后者。

企业课程研发首先要做的是根据岗位需求和工作内容需求对现有的岗位进行分析，了解该岗位所需要掌握的技能；其次，对在职人员进行知识和技能的测评，找出可以改进的地方；再根据改进点设计课程内容，确定课程目标。

一旦确定课程目标，就必须研究、开发、建造出一个能够满足课程目标的培训体系。科学合理的、能够完成课程目标的培训体系，要配合一个健全的、灵活的、能够获得较大收益的课程方案。这一方案的确定，必须依据课程目标所限定的规模、层次和岗位任务，科学合理地构建课程框架、内容以及培训目的，要遵循五个基本原则。

1. 超前性原则

人才的培养必须要以市场为导向。但是对于教育机构来说，人才的培养往往具有一定的周期性。因此，这就要求课程设置必须对未来的社会发展趋势、人才需求、经济增长等作出精确的分析和预测，为课程的开发提供依据。

2. 多元性原则

现代的职业劳动者基本都需要掌握多方面的才能，不再只专攻一项工作，这就要求对培训者进行培训时要开发多元化课程。

3. 及时性原则

市场经济以盈利为主要目的，必定会不断引进新设备、开发新技术、研发新产品。所以，培训者要在原有知识的基础上，及时跟进新技术的发展，向学员们展现经济发展的最新方向，让他们充分掌握时代的变化。

4. 实践性原则

实践是检验真理的唯一标准，实践教学能更快地让学员掌握真实有用的知识，因此，课程的设计要充分融合实践，还要体现实践的可操作性。

5. 灵活性原则

课程设置要注重基础知识、实践内容、理论研究的结合，更要反映客观需求。在纵向上，能够组合出不同层次人才的培养方案。

课程由众多有经验者联合研发，取百家精华，结合实际发展和需求，再由著名专家表述，这是微商课程的一种运作方式。将众多人的经历综合起来，可以总结出其中的规律和方法，让课程内容更具有价值，而让专家表述则更加具有信服力，会吸引更多的学员参与其中。

7.2.2 使用课程代理制，像做微商一样做培训

代理制也可以叫作代销制，是指生产者在销售产品时不将产品的所有权售卖给第一名买者，而是通过这名买者卖给下一名买者，或者第三名买者。也就是说，代理者拥有的是销售权。

微商就是这样一种模式，每个微商都可以看作一名代理者，他购入的产品不是自己使用，而是售卖给他人并以此盈利。微商课程也可以使用代

理制度，通过多渠道售卖，而不是单个的课程制作者销售。

就像许多大学的培训课程一样，机构会在各大院校招代理，代理自己往往不会学习所售卖的课程，他主要负责找需要学习课程的人，而再从购买课程的人那里获得相应的利润。利用代理商模式可以为生产商解决很多问题，如图 7-6 所示。

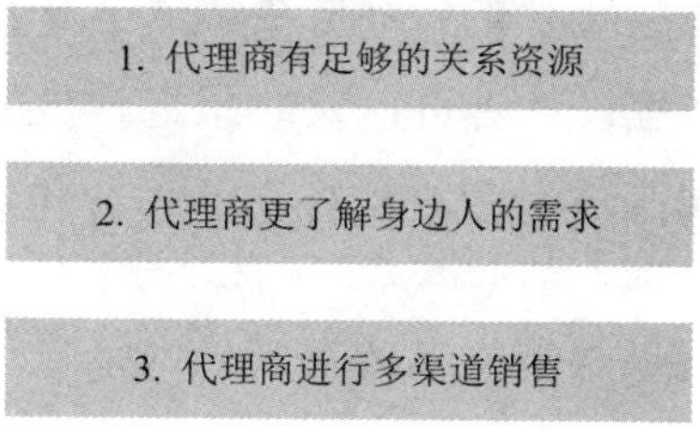

图 7-6　代理商的优势

1．代理商有足够的关系资源

每个人都有自己的关系网，而能够做代理商的人往往都有比较复杂的关系网，把课程交给他们售卖，能够快速找到消费者，打开消费市场。

2．代理商更了解身边人的需求

代理商的销售模式和微商一样，前期都是在朋友圈中进行。对于自己的朋友，代理商往往更了解他们的需求，会有更好的销售手段和方法。

3．代理商进行多渠道销售

不同的代理商有不同的销售渠道，而且一批代理商往往会带来下一批代理商，在众多的销售人群中形成一定的规模。在人数较多的情况下，会有更好的宣传推广作用。

7.2.3 寻找增值点，支持复购

在任何产品的销售中，寻找增值点都是特别重要的事情，在微商课程的运营中同样如此。对于许多课程开发者来说，最想看到的就是课程被大家所需要，对学员有所帮助，并且不断有人购买。

要找到课程的增值点，首先要了解学员的学习体验，好的体验不是一次性学习完之后就能直接反映的，而是在学员学习之后运用到微商中的作用和其效果的反馈。课程设计者可以及时跟进学员的体验，了解他们的动态和需求，让他们在实际应用中给出自己的体会和建议。

然后课程设计者可以根据学员的反馈及时地做出调整，在解决新问题的同时支持学员复购，并给予相应的优惠政策，让他们可以在新的课程中找到解决问题的方法。另外，课程设计者要主动观察市场的动向和学员的实践应用效果，寻找市场需求和解决方法，并在新的课程中给出详细的解答，这样才能留住大量学员。

学习是一个长期的过程，人一生中几乎每天都要接触新的事物和新的变化，因此不断地学习是不可避免的。由此，课程的需求量也会一直存在，最重要的就是找到课程的增值点，发现学员的痛点和痒点，并加以有效地利用。

就像是卖化妆品一样，有了客户的需求，找到了增值点，这个增值点可以看作产品的价值，那么自然就会有大量的顾客持续购买。像面膜有护肤作用、防晒霜有防晒作用一样，课程也要有学习的作用，能给学员带来知识和收获，还可以寻找其中新的作用，开发新的市场。

复购是一种选择后的再选择，能够坚持选择，那么必然是被充分认可的，每一个微商课程都有自己已经开发和未被开发的作用，重要的就是发现那些隐藏的作用并充分利用。

7.3 经典课程案例分析

伴随着微商经济的发展，微商商学院也越来越多，在潮流的更迭中，出现了许多比较成功的微商社群和经典课程。这些微商商学院从初期的建设、宣传，到后期的招募、培训，一步步积累下来，有着良好的口碑和发展前景，下面分析三个经典的课程案例。

7.3.1 馒头商学院课程设计方法

馒头商学院成立于 2014 年，到目前为止公开的用户数量已达到 60 万人，付费用户有 1 万多人。2015 年 3 月推出微课，在同年 7 月份依据“李叫兽”等系列课程迅速走红网络，已经举办过上百场在线万人微课。

馒头商学院的口号是所有人向所有人学习，所有人支持所有人成长。其教学模式是类学校班委式，将成员进行分班分组，再从成员中选出班长、组长帮助管理其他成员。

馒头商学院的产品结构如图 7-7 所示。

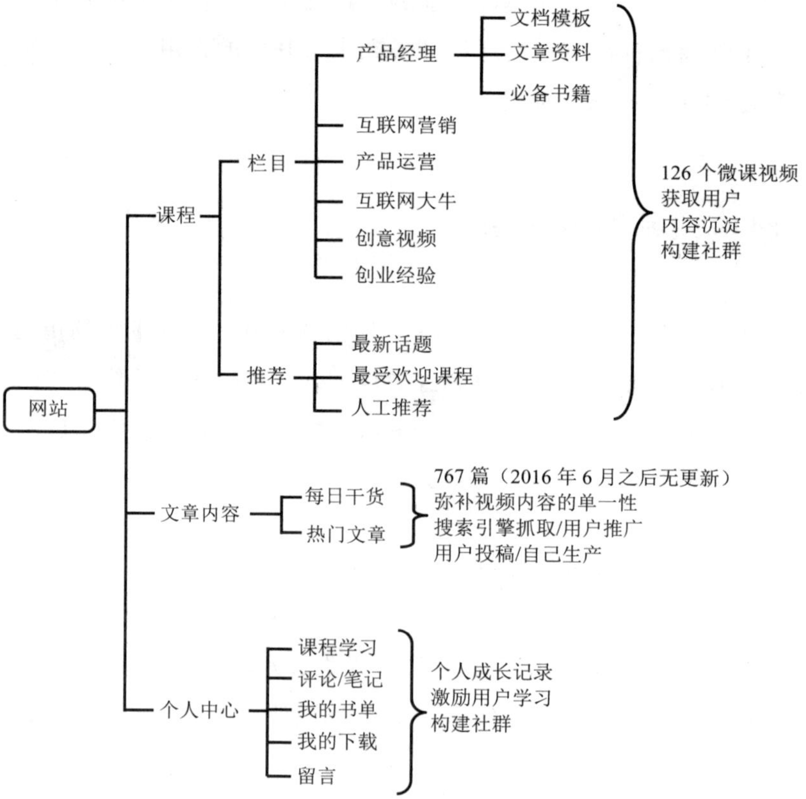

图 7-7　产品网站模式

据统计，馒头商学院共制作了 126 个微课视频，767 篇干货文章（自 2016 年 6 月之后没再更新），内容主要是产品、运营和营销。微课视频主要是为了获取新用户，因为观看视频需要注册登录，干货文章则是用来抓取搜索引擎和用户推广，其中的内容主要源于自己制作和用户投稿，其亮点是基于微课视频学习建立用户之间的关系。

- 馒头商学院（订阅号，定位：外围用户获取、发声渠道以及精品课程推广，其产品公众号模式如图 7-8 所示。）

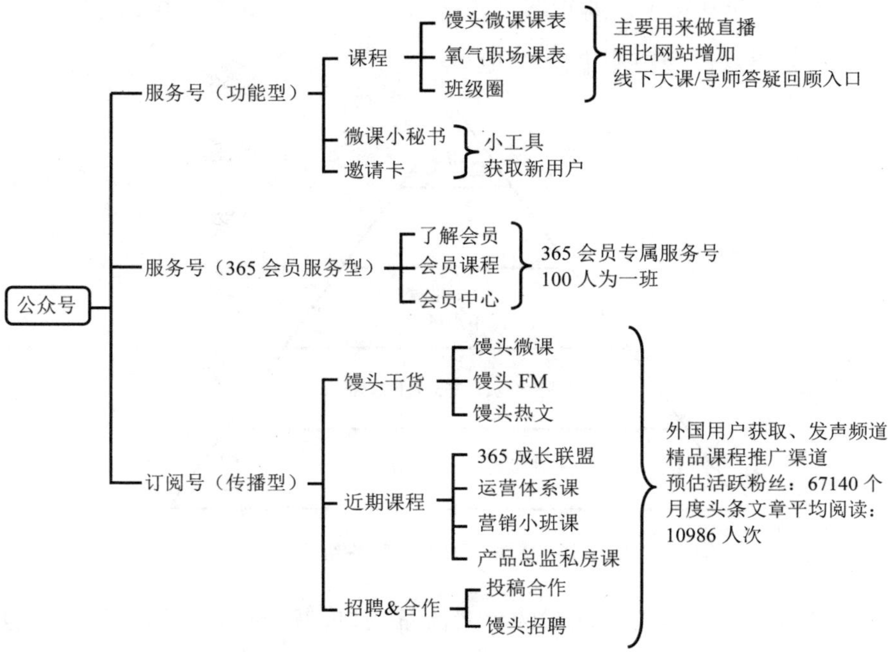

图 7-8 馒头商学院产品公众号模式

- 馒头学习联盟（服务号，定位：功能服务型，如通知、支付、微课小秘书等。）
- 馒头成长联盟（服务号，定位：专门为【365 会员】提供服务）
- QQ 群/微信群（定位：增加用户黏度，获取用户信任。主要作用：早/晚报；课程内容推送；开课通知；观点讨论。其产品模式图如图 7-9 所示。）

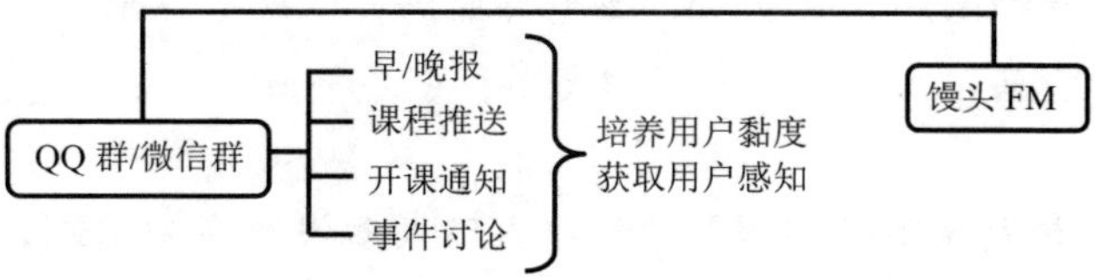

图 7-9 QQ 群/微信群产品其他模式

- 馒头 FM（定位：课程的音频录制作品，转接在喜马拉雅 FM 上。产品服务结构图如下 7-10 所示。）

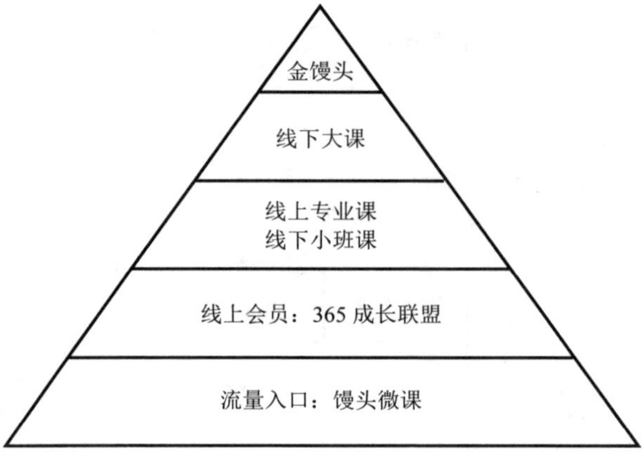

图 7-10 馒头 FM 产品服务结构图

- 课程有馒头微课（底层的免费流量入口，每周二、周四开课）；包年会员（499 元/年，最基础的付费课程，包含 30 次在线课程，一共读 30 本书籍，在此基础上购买其他服务有八折优惠活动，每个班 100 人）；线上线下专业课、小班课（1300 元/课，属于精品课程，讲师会帮带，与学员进行互动、共同产出，一月一次线）；线下大课（3000 元/课，以城市为单位巡回授课，主要是为了增加品牌影响力）；金馒头（12800 元/年，高级 VIP，在一年的时间内，可以免费学习线下大课）。馒头微客用户路径如图 7-11 所示。

其主要依赖网站、公众号、线下专业课、微课小秘书以及群众渠道的邀请卡来获取新用户。

【365 会员】、【精品课程】的转化入口大多设置在微信端，通过课程内容和邀 8BF7 卡的形式进行转化。

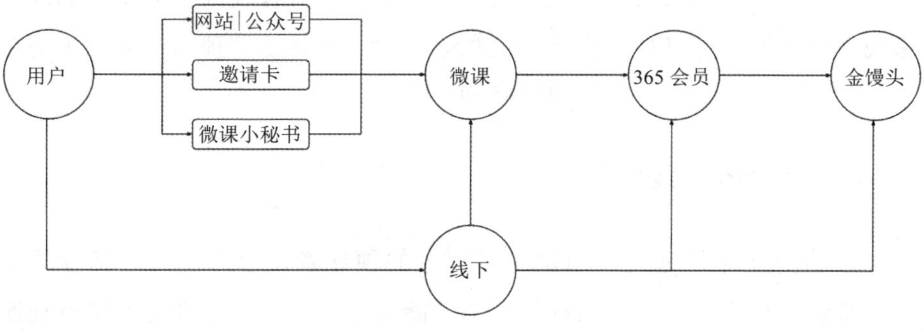

图 7-11 馒头微课用户主要路径图

具有高活跃度、高转化率的微商商学院，能把握自身产品的内容，结合线上线下，合理利用用户资源。

7.3.2 人人都是产品经理的运作模式

产品经理是企业中专门负责产品方面的人，产品经理要负责市场调研、数据分析，并根据用户的需求，确定选用哪种技术开发什么样的产品以及运营方式，并推动产品的开发。他还需要根据产品的生命周期、协调研发、营销、运营等的时间，确认并组织相对应的产品策略，以及其他一系列与产品相关的活动。

现在的微商营销模式就是每个企业内产品经理的工作范畴，需要研究一切与产品相关的内容，包括产品选择、开发、销售、后期等一系列活动。微商需要具备和产品经理同样的能力。

1．35%的项目管理能力

项目管理方面的能力要占总能力的 35%，也包括团队合作能力。一名好的产品经理首先要是一名优秀的项目经理，项目管理经验对于产品经理来说十分重要，可以帮助产品经理积累经验，更好地管理与产品相关的项目，团队合作能力能够让产品经理更好地处理团队成员之间的关系。

2. 15%的个人能力

成功的产品经理也应当是一名优秀的领导者，个人能力包括领导能力、亲和力、执行力等，拥有优秀个人能力可以让产品经理更好地管理团队和产品。

3. 20%的业务能力

业务能力包括业务管理技能，好的产品经理必须具备一定的业务能力。

4. 15%的技术能力

技术能力是产品经理必须要具备的技能，技术能力可以协助产品经理增加对产品性能和特点的了解，更好地进行产品的开发和销售。

5. 15%的沟通和处理冲突能力

产品经理是项目组的领导者，要指导产品从概念设计到市场开发，保证解决在设计、收益、市场份额和利润目标等过程中出现的一切冲突和矛盾。另外，产品经理还需要进行项目管理，制订项目计划和前期预算，组织、协调参与项目的人员和所需资源，跟踪项目的进展。同时，产品经理还要与管理层沟通交流，反馈项目进展的情况，准备并确认最终审核内容。

一名成功的产品经理要具备多方面的能力，从产品的研发到销售以及后期服务都需要产品经理的参与。微商所做的工作和产品经理的工作基本没有太大的差距，也需要具备产品经理的能力，时刻关注市场变化、产品发展、后期服务。

微商和产品经理一样，既是研发者、协调者，又是销售者、鼓动者，不是老板，但却在产品的开发和销售中有着极其重要的作用，每一名微商都应该把自己看作产品经理，担起产品经理的任务和责任，成为自己的产品经理。

7.3.3 姜汝祥的新微商大学培训思路

姜汝祥，企业执行力咨询品牌锡恩公司的创始人，在新微商大学培训上有着自己独特的见解和思路。他认为互联网让每个人都有机会参与到社会的各项事物中，使教育遍及到每个人的生活中去。对于企业家而言，互联网是在帮助他们成长，促进教育的发展，把社会的一些重要资源分享出去。他把目标市场放在中国亿万考生的身上，希望通过他们的力量做一件既有功德又能够赚钱的事业。

姜汝祥主要是做战略规划的，也就是描绘未来的景象并为大家做路径规划。他们经营的是赢鼎机器人的名能机器人，又叫名师机器人。这个机器人汇集了中国大量优秀教师的教学内容，是一个高智能的大数据设备。

高考学院为学生创造了一个全新的学习环境和获取资源的途径。第一步是建立微信学习群，在群里和大家分享学习资源以及优秀的课程内容，帮助学生成长和学习。由有兴趣的人报名做群主，不断地吸引有兴趣的家长、学生以及其他相关人员加入到这个微信群中，以群主为中心建立一个体系。之后，通过举办峰会聚集大量优秀的人才和资源，然后将资源进行整合售卖。通过微信的群体，大家自行选择是否购买资源。

新微商大学售卖的不是产品而是资源，它聚集了全球化的资源，不但包括高考内容，还有大量的出国资源，满足中国学生学习的各方面需求。它相当于一个整合资源的平台，就像百度、谷歌一样，但是它把关注的内容变小了，不再面向全体社会人员，也不包含所有的知识，而是针对学生和家长的学习资料，是对高考和出国资源的把控。

通过多方面的收集和整理，这个资源更加具有价值，内容也更加丰富，可以解决大多数中国考生的学习问题。最重要的是，它以微商的形式在微信社群中进行销售，让顾客先接触一部分资源内容，吸引他们的加入，引起他们的兴趣，继而促进销售。

中国的高考市场是一个庞大的市场，而且高考被很多家长和学生看作人生的第二次选择，所以这个市场有着极大的发展前景，微商模式将有着同样需求的人群聚集在一起，相互作用，市场也会更好地发展。

8

微商合伙人：让辛苦积累的专家资源转变为百万元现金

据统计，国内的中小企业占全国企业数量的 98%以上，许多中小企业在发展过程中都采用了灵活的方式，比如合伙人制，让企业更快地走向正轨。

有微商曾说过，让客户认可你、喜欢你，跟客户搞好关系，将客户当作朋友。任何事业都是围绕着人而运作的。

在许多客户认可产品的质量和发展前景之后，有一部分是比较有影响力的专家人物，可以利用他们的影响力帮助宣传，促进产品销售。

8.1 信息中介

信息中介指的是为供需双方提供商品信息的网站。有许多公司专门从事收集信息和传达信息的工作，就像手机通讯一样，将通讯两边的人联系在一起，传达彼此的消息，但是信息中介有着更宽广的范围，可以同时连接大量的人群。

在网络时代，最重要的就是信息的传递，人们通过信息了解各行业的发展、了解全球各地的发展状况。信息中介可以说是一个利润非常大的行业，现在大量出现的网站，像淘宝、美团、去哪儿网等都可以看作信息中介，它们通过传递信息获得利润。

8.1.1 早期的微商红利其实是信息红利

微商就如同人生一样，做得比较好的春风满面，做得不好的还在原地挣扎。早期的微商基本都是靠着最初的信息流通量不是特别大，把握住了信息盲点，快速进入市场，获得了大量的利润。

自古以来就有很多专门以提供信息为生的人，常被人称作“百事通”，而现在这种利润被各大平台获取，以信息中介的身份连接着供需双方的市场。早期的微商红利也可以看作信息红利，依靠着信息的流通性获得潜在客户，而现在信息红利这块大蛋糕已经被分得差不多了。

信息红利已经被各家获取，接下来就是内容红利了。人们可以很容易地通过这种渠道查看各方面的信息，但是到底选择哪一家，内容则是关键。像是有很多粉丝的微信平台，阅读量却一直不高，推送产品的购买量也不高，而另外一部分平台也许粉丝数量暂时不多，但阅读人数比例较高，粉丝反馈较活跃，产品自然会有较多的人购买，也会随着平台的发展积累更多的粉丝。

如今，小团队数量、内容生产都在不断增加，基于微商发展趋势和传播渠道的分散，微商在享受内容红利的同时，也要注意将输出的内容精细化、团队化。把内容和产品连接起来，但又不能刻意地推销产品。

同时，还要注意产品的场景化，将产品融合到使用环境中会更有生活气息，具有亲和感，也更容易被大众接受。单纯的销售产品是冰冷的，没有场景的依托，产品很难销售出去。信息红利过后微商的四大红利风口在哪里？答案如图 8-1 所示。

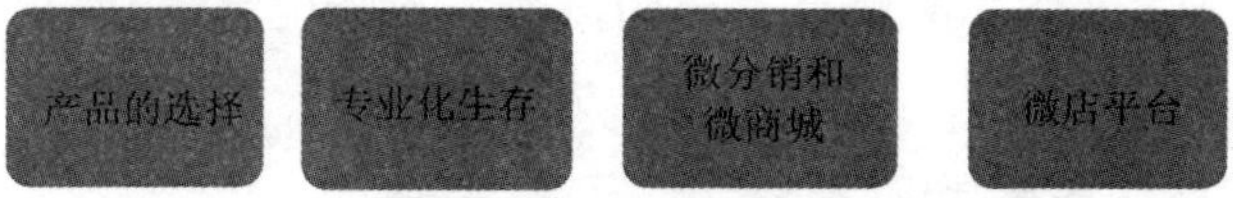

图 8-1　微商四大红利风口

1．产品的选择

2013 年是微商的面膜年，基本上卖化妆品的微商都赚了一笔，2014 年则是微商的健康品年，足贴、酵素、花茶等的销量都很好，2015 年，化妆品的利润已经不大了，目前在寻找新的产品。处于微商的风口，最重要的就是选对产品，好的产品能够带动一整个团队的发展。

2．专业化生存

现在做微商的人有很多，要么是自明星，要么是网红。如果在社交群体中没有自己的品牌和社群、没有个人价值，是很难和顾客建立起长久联系的。微商从 2014 年就已经开始强调专业化的作用，但是真正做到的人并不多，坚持每天更新、每天分享的微商现在基本都做得很好。

3. 微分销和微商城

微分销和微商城只是一种销售渠道。需要微商有足够多的粉丝和较强的传播能力。可以看作花钱买了一个平台，再找代理分销，所以一定要有足够的粉丝资源。

4. 微店平台

据不完全预测，微盟、有赞等平台很有可能在后期崛起，因此，要在前期抢占风口。微店的运营模式和淘宝类似，要保证商品的购买力以及产品的标杆力量，这样才能获得平台的流量，不断地完善平台。

8.1.2 微商与庄家差的不是资金，而是策略

很多微商以为自己和庄家的差距是资金，实际上最重要的是策略上的差别，那么微商和庄家的策略到底有什么不同呢？

- 庄家往往会将所有的资金专注于一个项目的投入。微商往往会小规模发展多种产品。
- 庄家做一件产品要用一年甚至几年的时间，陪着产业一点点发展。微商只做一年半载甚至几周时间，看不到收益后就匆匆离开。
- 庄家一年内开发出一两个成功的产品就感觉成功了。微商同时做着几十种，甚至上百种产品的销售还觉得数量远远不够。
- 庄家喜欢集中所有资金打歼灭战，力求做一个成一个。微商喜欢同时做多种产品的销售，有的赚，有的赔，最终收益均衡。
- 庄家在进行一项产品的销售之前，会全面了解该产品的市场动态、

目标对象、发展前景、对手信息等，制订了详细的计划之后才开始行动。微商则往往是看一时的心情或受亲友的影响，在较短的时间内决定是否销售。

- 庄家喜欢一些比较冷门的产品，将其由冷门转化成热门。而微商喜欢现阶段比较热门的产业。
- 庄家有资金、信息等众多的优势，依旧对技术理论很上心，将销售的方法基本都研究了一遍。微商基本只关心如何把产品卖出去。
- 庄家往往很重视微商，经常会去了解他们的销售模式和动态，做到知己知彼。微商往往不太关注庄家的变化，感觉他们离自己比较遥远，没有什么实用性。
- 庄家基本上做成一件产品就出去游玩放松了，让资金也有缓和的时间。微商则是赚得不多就不能休息，必须要继续做下去。
- 庄家年复一年专注于个别产品赚钱。微商年复一年地关注热门产品的变化，小钱不断，大钱没有。

做一名成功的销售者，必须要时刻专注行业各方面的动态，不能只局限于自己产品的销售量，要学会眼观六路、耳听八方，多学习、多研究，才能有成功的可能。另外，不能浅尝辄止，还没有深入了解产品发展就一棒子打死了它的未来，这样往往得不到好的销售量。

要专注于产品，更要多了解同行业的发展，互相学习借鉴。

因此，我们说庄家和散户的最大区别就是观念。事实上，庄家的资金优势、信息优势、人力资源优势是我们没有的，我们能做的就是改变观念。因此，希望上面几点能对你有所启发，让你领悟到其中深层次的意义。

8.1.3 来，带你看一眼世界中介形式的变化

中介主要起中间媒介作用，并不直接提供顾客所需的产品或服务，但会帮助寻找这些服务或产品，找出产品或服务信息供客户选择。

市面上的中介机构有很多，有贸易中介、服务中介、网络中介、物流中介、房地产中介等一系列为人们生活提供方便的中介公司。

近几年随着网络的发展，中介的形式也有了巨大的改变，同时也影响着人们生活和工作方式。下面以房产中介为例讲一下中介形式的变化。

1．二手房的市场规模会进一步增大

一线及部分二线城市的流通率逐渐上升。2016 年北京、上海、深圳这三个一线城市的流通率已经分别达到 3.5%、5%、8%，很多二线重点城市的流通率也都在 3%～4%之间。与国际大都市相比，国内城市的流通率还有很大的提升空间，未来提升最快的应该是二线城市。预测在未来五年的时间里，一线城市的流通率平均应该在 8%左右，二线城市则在 5%~6%。

弱二线和部分强三线城市也会快速进入二手房市场，二手房的成交量可能会逐渐超过新房。在 2016 年，中国的二手房交易额已经突破 6.5 万亿元，其中排名前 30 的城市的交易额超过 5 万亿元，集中度很高。因为很大一部分二三线城市的房地产市场发展得还不成熟，在未来，二三线城市甚至是四线城市的二手房市场会快速从萌芽期走向启动期。

客单价上升。正常的房屋中介如果不吃差价或者没有其他收入，在房屋均价低于 1 万元的情况下是很难存活下来的。当客单价达到 1.5 万元甚至更高的情况下，中介才能得到生存空间，中介行业才能有发展。

2．真房源

假房源时代即将终结，真房源已经是行业的基础标准和门槛，互联网把中介行业从信息端过渡到交易端和服务端。真房源可以看作一种价值观的体现。中介公司以及房地产互联网企业要以为顾客提供真实有效、无差异的房产信息作为职业底线。检测真房源需要完善的技术工程和信息工程，也是一种中介能力的体现。另外，真房源还是一种生存策略，只有真房源才能给顾客带来更好的体验，获得更高的利润。

也只有在真房源的基础上进行，互联网对中介行业的作用才能发挥得更好，能够简化交易流程、降低交易成本、优化用户体验，中介行业才会有更好的发展。

3．服务

从注重成交到注重服务，这是行业发展的必然趋势。完成这个转变，行业才会有更好的发展前景，否则依然是低水平的恶性竞争。不再把成单作为主要的目标，而是不断提升服务质量和用户体验，把消费者的利益和社区利益放在个人利益之前，消费者也会更加信任中介公司，从而促成交易。

这是一个长期的改变，需要中介不断地提升自己的职业操守，提高服务水平，为消费者带来满意的体验。

其他中介行业和房地产一样，都需要注重产品内容和服务质量的提升，为消费者带来更好的体验，而不是像以往听见中介就觉得是“骗钱的”。

8.2 为什么专家愿意共享

各行各业人才辈出，每个行业都有成功者，微商同样如此。这些成功者被称为某个领域的专家或者成功人士，他们会发表文章、录制视频、出版书籍等，还有专家经常到各地开展免费讲座，那么他们这么做是为了什么呢？下文将给出答案。

8.2.1 给予荣誉、金钱、情怀

微商专家之所以被称为专家，自然是在微商领域有着良好的发展，取得了很大的成功，那么金钱自然不在话下，但是在盈利之后，追求的就是荣誉和情怀了。

微商专家开办讲座可能收费也可能免费，但是承办方肯定要支付专家一定的费用，那么收益也就来了。在各种类型的宣传后，微商专家就会有更高的知名度，也就是荣誉。情怀，可以看作对某一行业的热爱以及通过这个行业给人们带来的福利，做得很好并乐于分享的人往往会被人看作有情怀的人。

金钱是一个人在社会中生存所必须拥有的东西，而分享往往会带来大量的金钱，为更好的生活提供保障。

荣誉在一定程度上会给人带来心灵上的满足感，被众人所知、被众人肯定和赞扬，自然会增加对自己的肯定和自豪感。

情怀是执着于某一件事或某个行业的情感，可能在互联网时代这个词被打上了不一样的标签，但就其本意来说，是值得推崇和赞扬的，一个被

认为有情怀的人必定是被大众所认可的人。

分享会带来金钱的收益，有了大量的金钱之后，日常生活已经有了保障，这时候就开始追求精神上的财富，荣誉和情怀大抵如此，因为不再为日常的生活操劳，自然想去做一些更有意义、能帮助别人的事情。

而情怀也因此而生，当然不断追求的过程同样可以看作情怀，有了荣誉和情怀，金钱似乎也就更容易获取，这三者在某种意义上来说是相辅相成的。

锤子科技的创始人罗永浩在锤子的发布会上多次提到情怀，他说："尝试努力去把这个世界变得更好，是我们启动这个公司的初衷。通过处心积虑地改善人类的生活品质来获取利润，而不是通过处心积虑地获取利润来获取利润。"这是他所传达的锤子手机的情怀，也是锤子科技获得利润的方式，当然这一次发布会也获得了很大的成功。很多人说他以情怀炒作，但不能否认他真的有情怀。

对于很多微商专家来说同样如此，埋头苦干是一种方式，名利双收是另外一种方式。况且，有了荣誉之后，知名度会更高、粉丝会增加，微商也就更好做了。

8.2.2 资源互换，给对方一个平衡点

资源互换也就是资源相互交换，是双方商定的在一段时间内交换信息或者产品等资源的交易方式。

资源互换会增加双方的信息量和资源量，让彼此获得所需的优质资源，达到 1+1>2 的结果。小陈擅长技术，小李擅长管理，按照过去的思维，

应该是小陈努力学习管理技能打败小李，小李努力学习技术打败小陈，但结果往往是双方都没有成功，两败俱伤，并同时付出了巨大的成本和代价。

资源的互换让竞争变成了合作，找到了发展的平衡点。通过金融模式设计，一个人只要掌握一种核心资源就可以快速获取资金、技术、材料、品牌等大量核心资源，将企业迅速做强、做大。

在企业的发展过程中，需要不断地从外界获取一定的资源以弥补自身的不足。这种资源的获取通常有两种形式，一种是花钱购买资源，另一种是资源互换。在大多数情况下，资源互换是一种更好的方式，更容易被双方接受，而且，通过资源互换建立起来的关系往往更加牢固。

在很多人的观念中，没有现金交易在某种程度上就相当于免费，特别是无形资源的互换。在资源互换模式下，双方都是供给者，又是需求者，而且双方资源往往具有自己的独特性，因此交换双方的利益有捆绑，基于这种性质上的合作，比一般的交易关系要坚固得多，而且往往可以结合成更大的经济共同体。

许多大公司都采用这种资源互换的模式，并在此基础上形成了有效的战略合作关系。像钢材、汽油和重卡企业之间，往往都存在资源互换，互为供应商。互换的资源包括信息共享、技术交流、联合营销等多方面内容。

对于个人来说，资源互换可以更好地实现个人价值，基于已经建立的资源共享平台，可以进行信息分享、人脉流通、知识交流等。这种方式所建立的合作关系，共享的资源越多，关系也就越牢固，能够更好地找到双方的平衡点，更好地发展。

对于资源互换而言，如何确定资源的价值、是否要引入等价交换原则很重要。从长远的发展来看，任何合理的交易都应当遵循等价交换的原则。像有着明码标价的商品就可以按照不同价格进行交换，但是对于很多其他资源来说，市场上往往没有明确的标价，只需要建立在双方协议的基础上就可以了。

对于资源互换的等价交换问题，可以更弹性地对待，对于一些无形的资源更需要如此。资源交换往往是一个长期的过程，因此不必强调每一次都是对等的，只要长期发展下来是对等的就可以了。

聪明的人懂得资源互换，利用双方的优势共同发展，让自己有一个更好的平台，也能让对方找到发展的平衡点，共同进步才是发展的根本。

8.2.3　微商合伙人这样设计才赚钱

微商合伙人的出现是时代发展的必然，在经济快速发展、信息全球化的大环境下，只有合作人模式才能更好地弥补互相的不足，促进共同的发展。下面从三个方面介绍微商合伙人的转变，如图 8-2 所示。

图 8-2　微商合伙人的转变

1．关系转变

以后的公司的层级模式将不再是老板与雇员，而是合伙人。微商的合伙人有董事、合伙人、官方平台，但是是以合伙人的形式而不是上下级的模式。从依赖自然资源发展为依靠人力资源，开发出每个人的潜力。

挖掘出每一个人的潜力，发挥每一个人的作用，让每个人都为自己的事业奋斗，而不是因为生存而为别人工作。

这样的公司才会有更强的凝聚力，成员也更加有战斗力，因为大家不再是为了公司工作、为老板获取大量的财富，而是为了自己工作，所有人都是合作的关系。

2. 管理结构变化

在微商的关系转变了以后，管理结构也要发生一定的改变。在合伙人关系下，不再是一方要求另一方去做什么工作，而是对方主动自觉地去做。每个人都有老板的思维和心态，自然也要以老板的高度去看待问题。要他做、他想做、他要做、拼命做，这是四种完全不同的状态，自然会产生不同的结果。

微商的管理模式要实现第四种结果，也就是做自己的老板，和团队共进退。在这样的管理模式上，让每个合伙人对自己负责，实现高度自治，抓住关键指标，达到预期结果就可以了。

在合伙人模式下，每个人都是平等的，没有上下级之分，只需要共同确定目标，一起实现就可以了，可以监控，但不是管制。

3. 组织结构变化

微商合伙人的组织结构应该尽量扁平化，实现快速高效的做事效率，要有互联网的思维模式，达到去中心化、去权威化、去组织化。社会是平的，互联网是平的，未来的公司结构也是平的，大家都是平等的合伙人关系，大家在同一个平台上共同为事业奋斗。

之前上下级分工明确、制度严格的结构模式已经不适合“90后”、“00后”这些在“互联网+”时代下的成长者，他们喜欢自由、不被约束，喜欢被点燃、主动做事。

微商同样是在“互联网+”的形势下发展，新一代的崛起，自然要发展新的模式，创造一个全新的局面。

只有紧跟时代的变化，才有高速发展的可能，微商合伙人制也要有一定的改变，顺应人心、顺应社会，才能有更好的发展前景。

8.3 这些招式你一定不知道

在微商经济的发展过程中出现了大批优秀的微商，他们在工作中不断积累经验，形成了一套自己的工作模式，能够更有效地增加销售量，下面主要介绍微商中几个实用的招式，帮助微商小白更好更快地发展。

8.3.1 借势

古人常说的“善假于物”也就是现代的“借势”。在现代的商业竞争中常常用到这个方法，随时关注身边的事态变化，结合自身的产品和发展，抓住机遇借势而上，达到推广企业或产品的目的。

20世纪50年代末，美国黑人的化妆品市场一直被佛雷化妆品公司占据。后来，这家公司的一位名叫乔治·约翰逊的销售人员建立了一个只有500美元资金、3名员工的约翰逊化妆品公司。

约翰逊最初集中所有精力生产一种粉质化妆膏，而且打出的广告语是："当你用过佛雷公司的化妆品后，再抹上一层约翰逊的粉质膏，将会收到意想不到的效果。"员工对于这种宣传方式感到很不满，感觉是依靠佛雷公司生存，而且在为他们打公告。但是约翰逊却坚持这样做，并向他们解释，就是因为他们名气大，才要借着他们的名气宣传自己，不然肯定没有人理会约翰逊这个品牌，就像一个平凡的人站在总统身边就会立刻变得有名气一样。

这种宣传方式果然收到了很好的效果，约翰逊获得了很大的收益。之后，约翰逊开始研发新的产品，并通过强有力的宣传，将佛雷公司的许多产品挤出了市场，并在美国黑人化妆品市场站稳了脚跟。

借势借力，虽然用起来很简单，却往往有着很好的效果。对于微商而言同样如此，就像很多产品请明星代言一样，会快速被消费者记住。微商也可以借助品牌效应、明星效应、网红效应等，用借势的方法快速获得大量粉丝，增加销售量。

8.3.2 从 0 到 1 自己做，从 1 到 N 雇人复制做

微商从 0 到 1 是一个开始的过程，需要投入大量的精力和时间，通过不断地学习才能达到从 0 到 1 的跳跃。而从 1 到 N 可以看作一个不断复制的过程，在获得第一批客户之后，通过不断地扩大顾客范围，增加销售量。

从 0 到 1 是一个自我积累的过程，微商需要在这个过程中不断地探索正确的方法和道路，找到最适合自己的营销方式。每个人的朋友圈都是不一样的，圈内的需求自然也不一样，因此产品的广告信息需要有自己的特点和侧重点，顾客服务也要有不同的方式。这是一个艰难探索、不断发现的过程，但是只要这个过程做好了，之后的问题就很好解决了。

已经有了 1，自然也就有了大量的经验和方法，掌握了基本的微商营销模式，这时候就可以开启雇人复制模式。有许多微商从 1 到 N 的复制模式做得非常好，可以直接跳过很多阶段，获得了很好的收益。

周楠是一名销售面膜的微商，最开始做韩束的面膜销售。尽管初期阶段每天在朋友圈里发广告，也没有特别好的收益。后来经过一段时间的积累有了一部分客户，她开始征询客户的意见并不断地改进，逐渐有了一部分固定顾客。后来，她从固定顾客中招代理，代理从她手里买面膜，她只需要关注进货量就可以了。之后代理又不断招收新的代理，有了更大的销售量。这种模式复制下去，到后期，她基本只需要为代理提供货源就可以了，而且收入比之前要高很多。

她在招收代理的时候，除了提供货源外，同时还负责一部分前期的培训，让代理们能够快速走上正轨，再通过代理招收代理，不断扩大销售模式。

这是一个很普遍的从 1 到 N 的例子，大多数微商不仅做微商，同时还要招收大量的代理，依靠代理的力量不断增加自己的收益，共同发展。这种方式要比零售简单得多，而且更加方便快捷。

从 1 到 N 的复制虽然很简单，但是也要讲究一定的方法，要拿出自己前期从 0 到 1 的成果去说服别人，让别人相信这是一款有前景的产品。

在自身有大量积累的前提下，才能有更多的事实证明自己的能力，也就有更多的自信和说服力。像徒弟出师一样，有一定的本事之后才能独当一面，带领其他的人开始工作。

8.3.3 合伙人：游戏规则+机制调控+持续跟进

在合伙人制度下，每个人都是自己的老板，都为自己而工作，但是也要有一定的规章制度来约束每个人的工作方式，以达成更好的效果。

1. 游戏规则

每个合伙人都要有合理的游戏规制，以调节各成员之间的关系以及成员和顾客之间的关系，开发成员的活力和创造力。

游戏规则是每个人都要遵守的，需要适应团队的发展，也可以根据团队的发展及时调整，达到最好的管理效果。

比如开会时迟到的人需要给其他每个人买一份吃的作为补偿，而收益最好的成员会受到大家的赞扬，也要请大家喝茶。

让所有成员都参与到游戏规则的制订过程，明白游戏规则的含义，发自内心地遵守并维护游戏规则。

（1）制订方法

- 对出现的问题提出解决方式，如做到了会有怎样的奖励，做不到会有怎样的惩罚。
- 遵循公平原则，所有人举手表决，少数服从多数。
- 每个人都要在规则的后面签字画押
- 另外，要选出第三方，保证规则公正、透明。

（2）制订原则

- 不要刻意地去研究怎样制订，而是根据出现的问题提出解决方案。
- 利他性。
- 可调控性。

（3）制订步骤

- 出现问题。
- 召开会议，商讨对策。
- 按照规则解决问题。
- 制订新的规则。

2. 机制调控

机制调控是以利益为基础形成的调节方式。既有总体，也有个体；既可以全面，也可以局部；既有外部，也有内部。每一种调控都是主观不断地适应客观的过程。通过机制调控让成员之间更加融合，让产品的流通性更高。

就成员来说，主要是个人调控和总体调控。每个微商的朋友圈都不一样，所面临的顾客和产品需求也不一样，这就需要微商进行自我调控，在实际销售过程中不断地改进自己的营销方式。而对于大方向而言，依旧是要根据团队的变化及时调整产品类型和工作模式。

对于产品来说，主要是外部调节和内部调节。外部不断了解市场的需求，及时改变销售模式；内部不断改进产品的品质，开发新的产品以满足更多的需求。

3. 持续跟进

微商的成功必然是一个长久的过程，很少有人在短时间内获得大量的收益。而对于合伙人而言，双方是合作的关系，共同进退，因此在这个长期发展的过程中，更要时刻关注彼此的动态。

只有持续跟进、不断地改进、互相吸取经验，成功的几率才会更大。就像是种一颗小树苗，要伴随着它从幼小到参天大树，在这过程中出现的所有病害、虫害、干旱等都需要一起面对。

后记：我与山丘的故事——本地网红的变现

笔者于 2006 年从大学毕业，毕业后就想着要做点什么，机缘巧合下开始创业。先后进行了 3 次创业，第一次做的是高校招生咨询方面的工作，几个月后便以失败告终；第二次是做格子铺，就是将一间商铺分块租赁，前前后后折腾了两年，辛苦不说，最后也没有挣到钱；第三次创业是做微信营销，微信给了众人一个跳板，笔者抓住了这个跳板，而且也成功地跃过了这个跳板。

在 2015 年的春节，当大家还在享受节日带来的乐趣时，作为一个深知流量红利的人，笔者潜心做了一套微信营销方面的教程，随后便在网络上通过百度和微信公众号去推广。这套教程每天要花费几千块的推广费，得到的销售结果是什么呢？一周内产生了 2.5 倍的利润。在销售教程的过程中，一位苏州的燕窝老板加了我的微信号，他并没有购买我的教程，只是觉得燕窝是个挺好的项目，沟通后我们就想拿来做，所以跟这位老板聊得比较深，而他就是我们故事的主人翁，山丘。

我们见面后聊了很多，但主体的思路是在本地把他的燕窝扩大化。方法也很简单——“造红人”（这个方法也是之后才领悟到的，包括我），我们通过在微信公众号投放软文来让大家与山丘建立关系，从而销售燕窝，在产品同质化的今天，唯有对人产生了好感，才能实现最终的销售。记得我跟山丘说，一篇好的文案价值 1000 万元，当时他是不信的，今天他已经深信不疑了。

于是山丘按照笔者的文案思路写出一篇《辞职后，10 个月从月薪 3200 元做到月薪 90000 元》的文章，此文章写的是他自己的故事，原文如下。

做微商，最重要的是“卖真货、敢承诺”。

燕窝不像零食啊面膜那些，针对的消费群体还是比较狭窄的，很多人都不懂、也不敢吃螃蟹，那口说无凭，怎样才能让潜在的客户看一看我们的燕窝呢？开始确实比较被动，既然客人不愿意承担风险，那就我来吧。所以，这一点还是略感自豪的，我们提出了一个“先吃后付”“先货后款”的概念，应该是比较大胆的创新，据我所知当时所有同行中还没有人这么做。也就是你想吃就拿去吃，随便查资料对比、随便炖、随便吃，我们鼓励客户通过学习使自己成为专家再反过来考量我们的产品，觉得确实不错再付款，不满意可以退货，我们出运费，不管是谁这一条政策都适用，不管要多少，我曾给远在吉林的陌生人发过两千克燕窝，对方也对燕窝的质量心服口服。这一条确实有用，打出了我们的气度和胆魄，整体的销量一下子就上去了。当然，确实有不自觉的人，最后就是不给钱赖掉了，说不心疼是假的，几千块钱虽然不算太多，交给我妈妈买菜，也可以吃几个月了。不过绝大部分人都很好，诚信有爱，结果也算是瑕不掩瑜。

多的时候我们一天零售三四千克，对于我们这样松散的组织来说，很不容易了。售出以后自然有售后，买了后悔了怎么办、吃不掉了怎么办、放着受潮了怎么办……可以退吗？我们给的回答是可以。需要什么理由吗？不需要。我当时的原话是：即使是你家的狗不喜欢，也可以终身无条件退换。“终身无条件退换”这一条说出去后，我们的销量又冲到了新高。所以，当大家都有这个东西卖的时候，我们出彩的点就是滴水不漏的服务，对的，就是滴水不漏。当然，前提是燕窝的品质真的过硬，这一点，此刻的我，可以挺直腰板说，我的产品在整个燕窝行业中属于上乘，包括网上那些大的旗舰店，任他说得天花乱坠，就一句话，他们背后的货源我们都很熟，包括他们出货的数据、营销包装的手法，也都清楚，甚至他们去东南亚取景做素材拍的哪几家厂也知道。当然，他们做得确实很专业，因为他们拥有绝对顶级的美工和策划团队！

扯远了，我这个人做事还算比较较真的，拥有90个分销商的概念就是每天都会有人反馈各种稀奇古怪的问题，什么都有，但我又特别讨厌被人问倒，所以没得选择，必须自己成为“燕窝专家”。到什么程度呢？有时候新的问题过来我确实不懂，怎么办？那就假装在开车，说不好意思啊我停好车再跟您说，然后马上去请教同行前辈，再回答。就这样周而复始锻炼了大半年，现在的我真的是实打实的专家了，没什么好假客气的，就算是从业多年的前辈有时候也会来和我讨论品质问题。而这些，都是逼出来的。

做微商，会玩的人总会玩，而不会玩的人总是忙忙碌碌混日子。每一门生意都有踩点得分的几个点，做微商也是一样，笔者把常用的一些方法技巧总结出来，其实做微商就应该简单粗暴。笔者从来不用免费的“站街软件”，因为来的人意向度极低，几乎不会买你的产品。笔者也从来“不卖自己人”（我管这叫杀熟），你自己的粉丝能有多少人呢？你能做到商业化吗？“轻轻松松就能月收入百万元”都是胡说的，做微商哪有那么容易，

它是需要长期学习和不断努力才能做成功的。

另外，有些微商每天收入 1000 元，有些能做到每天收入 10000 元。笔者的微信号（song891701）里面有篇文章，是讲一位小兄弟是怎么运用技巧做到日赚千元的。这些方法都是笔者总结并且经过实践检验的，笔者周围的小伙伴们也都利用这些方法赚了钱。

当然，你可能会问，这么赚钱你怎么不做？笔者跟你说实话我也在做！只是我是一边在做“打水的生意”，一边在做“打井的生意”。打井的生意图长久，打水的生意赶时代。赶时代是流行做什么我就去做，图长久是做能够做大的生意。方法和教程都是笔者根据亲身经历总结出来的，因为实在是不习惯卖别人的东西。目前，我和我的小伙伴们也在用这个教程的方法赚钱，效果也很好。

要知道，互联网生意的方法很多都是有时效性的。如果你想靠自己摸索，那么等到你摸索好了，黄花菜都凉了。所以，对微商小白来说，想要快速在行业中立足，必须有微商达人的指导，才能快速赚钱。

然而很多微商是每天起早贪黑地跟客户聊天，编写软文、文案，但效果却不好，这让他们很无奈。其实，这些人做微商是走了很多弯路的，而这些弯路是完全可以避免的，好的指导能让微商小白在做微商时事半功倍。笔者看过太多没有经验、没有技巧的微商从业者，因为在前期走了很多弯路，最后放弃做微商。鉴于这种情况，笔者创作了这本书，目的就是想指导那些没有做过微商的小白们，让你们少走弯路。本书从创业思路、品牌打造、信任培养、吸粉、营销、内容、团队、社群、自我学习等方面系统总结了微商必备的方法和经验，本书能够指导大家少走弯路，帮助大家以最短的时间从一名微商小白成为一名微商界的大咖。

“微信之父”张小龙说：“我特别希望微信能帮助到个人，让个人发光。一个人只要有一点点想法，就可以有100个读者。哪怕一位盲人，只要有一技之长，比如按摩，也能通过微信找到他的100个顾客生存下去。那么这个盲人，也可以有自己的品牌、自己的粉丝群、自己的客户。”笔者也特别希望本书能帮助到个人微商，让个人微商在短时间内就可以发光，然后打造自己的品牌，拥有自己的粉丝群，建立自己的客户圈。

致谢

本书得以出版，我满怀感恩，生活并不像想象中的一帆风顺，有阳光也有雨露。7 年前我开始接触互联网，从利用网络赚钱到构建商业模式，再到商业化，历经磨砺，也碰到过一些贵人，感恩父母和妻子的陪伴。“诗与月的远方”也许是黑暗中的灯火，生活之美也许正来自于她的“参差多态”，感谢我大哥“逐浪”一路以来的支持，感谢“山丘”帮我实现了我梦想中商业化的理论。

最后感谢我自己，没有放弃自己。也许未来会有很多坎坷，但是我坚信，有了你们一切将会更好。

反侵权盗版声明

举报电话：(010)88254396；(010)88258888

传　　真：(010)88254397

E-mail：　dbqq@phei.com.cn

通信地址：北京市万寿路173信箱　电子工业出版社总编办公室

邮　　编：100036